中世ヨーロッパの騎士

フランシス・ギース

椎野 淳 訳

講談社学術文庫

THE KNIGHT IN HISTORY
By
FRANCES GIES

Japanese translation rights arranged with
HarperCollins Publishers
through Japan UNI Agency, Inc., Tokyo

目次

中世ヨーロッパの騎士

第一章　騎士とは何か

貴殿はみずから騎士と名乗られたが、騎士とは何ですか。
――ヴォルフラム・フォン・エッシェンバッハ『パルジファル』

騎士像に刻印された時代錯誤

古代ギリシャの装甲歩兵やローマの軍団兵、オスマン（トルコ）帝国の近衛騎兵、近代の軍隊の専門部隊兵。多種多様な兵士が古今東西の戦場で戦ってきたが、活躍期間の長さといい、歴史、社会、文化、政治に及ぼした影響の大きさといい、中世ヨーロッパの騎士の右に出るものはない。騎士がヨーロッパの戦場に登場した時期は八世紀から一〇世紀まで諸説あるため、活躍期間も六〇〇年から八〇〇年と開きがあるが、火器が導入され、国民国家が出現してからはるかのちの一六世紀に至るまで、時代遅れにはなりつつも突出した存在でありつづけた。

当初、騎士は馬と甲冑（かっちゅう）という高価な財産を持つという意味で農民よりましという程度だったが、その後は徐々に社会的地位を高め、ついには貴族の仲間入りを果たした。貴族のなかでも最下級であることはその後も変わらなかったが、騎士ならではの特徴を伴ったため、上級貴族はもちろん王族までが騎士になる栄誉を求めるようになった。この特徴は、騎士の身分をキリスト教化するという教会の方針に依るところが大きかった。この方針に則って教会は、騎士の叙任式を神聖な儀式とする一方、騎士道精神と総称される行動規範を称揚した。行動規範は守られるより破られることのほうが多かったかもしれないが、後世の人々の思考と行動に深く影響したのは明白である。

騎士と聞いて思い浮かぶのは、鎧を着けて馬に乗る戦士の姿ではなかろうか。「サー」という称号で呼ばれ、城に住み、野外の騎馬試合と孤独な諸国遍歴に生涯を過ごす。この騎士像は時の経過が欠落している上に、現実というより伝説や物語に属する概念というべきだろう。とはいえ通俗的なイメージも、歴史上に実在した騎士とまったくかけ離れているわけではない。確かに騎士は板金鎧を身に着けていた。ただし、板金鎧が鎖帷子に取って代わるのは、長い活躍期間の後期に入ってからではあるが。「サー」（フランス語では「メシール」）も同様に後期に使われはじめたもので、イングランドでは現在も一般的尊称、または下級貴族の称号として生きている。騎士はときとして城に住んだが、みずから城を所有することは稀だった。騎馬試合には参加したが、騎馬試合が野外行事の色彩を強めたのは頽廃期になってからだった。また、短命に終わることの多かった騎士たちが冒険に遭遇しがちだったのは事実であるが、諸国遍歴は何人か連れだって旅するのが通例で、旅の目的はロマンスよりむしろ収入を得ることだった。

イングランドとアメリカでは、アーサー王物語の圧倒的魅力のせいで、騎士のイメージといえばイングランドのそれだった。しかし、現実世界の騎士はフランスで生まれ、ノルマン征服までイングランドでは知られていなかった。アーサー王伝説を創り上げたフランス人、ウェールズ人、イングランド人たちは、ほんのひと粒の歴史的事実の上に六世紀ブリテンの族長たちの伝説を山と接ぎ木して、騎士が甲冑をきらめかせて馬に跨がり、政治的にも未成熟なローマ後のブリテンの田園を疾駆する、という時代錯誤な光景を描き出したのだった。

騎士を定義する三つの視点

騎士はその長い歴史を通じて切れ目なく変化をしてきたが、全体を三つの段階に分けて考えるのも有効かもしれない。第一は、九、一〇世紀の混乱に満ちた世界に鎧を着け、馬に乗った戦士が登場した時期。第二は、一一世紀から一三世紀の、騎士の身分が制度として成熟していく時期、すなわちアーサー王伝説の構築者たちの時代。第三は、中世末期から近代初頭にかけて新たな社会勢力が台頭した結果、騎士の制度が衰退していった時期である。

騎士は三つの異なる、いずれも重要な視点から定義することができる。すなわち軍事的、経済的、社会的視点である。

騎士はラテン語の「ミレース（兵士）」、アングロサクソンの「クニヒト（ナイトと同源）」と同一視されていたことからもいえるように、何よりもまず兵士だった。そして、例外なく馬に乗っていた。ほとんどの言語の中世日常語では、「乗馬者」を意味する言葉が「ミレース」に取って代わった。たとえばフランス語の「シュヴァリエ」、ドイツ語の「リッター」、イタリア語の「カヴァリエレ」、スペイン語の「カバレロ」など。さらに、これまた例外なく鎧を身に着けていた。つまり、軍事的視点から騎士を定義すれば、鎧を着けた騎馬兵ということになる。

経済的視点からいえば、騎士は封建制度の一構成要素である。中世の主要な経済（および政治）体制である封建制度においては君主が、家臣の軍事的奉仕およびその他の軽い奉仕の見返りに、封土（ほうど）を与えていた。君主の側は保護と援助を、家臣の側は忠誠を誓う。封建制の最盛期には、騎士がこの制度の礎石の役を果たした。基本通貨の役といってもいいかもしれない。君主が家臣に封土を与えるときは通常、特定数の騎士の奉仕が見返りとされた。家臣は自分が君主と交わしたのと同様な誓いを交わし、封土を与えて騎士の忠誠を確保した。君主、家臣、騎士は相互の約束によってのみ結ばれる自由人だった。

つまり、騎士の経済的原型は封土を所有し、見返りに軍事的奉仕をおこなう自由人である。ただし具体的詳細にはかなりの差異があった。ドイツでは一三世紀に至るまで、一部の騎士が、農奴と特徴を共通にする使用人として暮らしていた。また、ヨーロッパ全土で中世を通じて多くの騎士が封土を持たず、厳密に言えば封建制に組みこまれているとはいえなかった。さらに中世末期の騎士たちは、封土の見返りに軍事的奉仕をすることをやめて単なる職業軍人になっていった。一般の兵士との違いは「騎士」としての名声と、装備と俸給だけである。

社会的に見れば、原型としての騎士はすでにごく初期のうちから、高価な装備と馬を持つことで他と一線を画していた。職業的自負心のなかから徐々に階級意識が育ち、教会の後ろ盾がこれに輪をかける。そうなる以前の戦士を「騎士」と呼べるか否かは論の分かれるところだが、騎士の身分が完全に成熟しきるには、階級意識の獲得が欠かせない。

以上要するに、西ヨーロッパの「騎士」とは馬に乗り、武器と鎧を重装備した戦士で、ほとんどの時期と場所で封土を所有する自由人であり、何より重要なことに強い連帯意識を持つ階級の一員であった。

中世騎士――その登場と、成熟と、緩慢な衰退と

本書では中世騎士の登場から成熟、緩慢な衰退までを追い、現実の騎士たちを例にとりつつ彼らが歴史に及ぼした影響を分析する。

まずは騎士の出現と、一〇世紀における姿である。軍人階級を管理監督する力を失った社会にあって、粗野で暴力的な騎士たちは事実上野放しの状態にあった。しかし、この野獣を馴らし、引き具をつけようとする教会の努力によって、ひとつの集団に帰属するという意識

が彼らの間に芽生えてきた。教会によって義務と規律が定められた組織に、特別な忠誠心を抱くようになったのである。

成長を続ける一一世紀の騎士は、教皇グレゴリウス七世の「キリストの戦士」という革新的考えに自己イメージがさらに高められるなか、第一回十字軍という前代未聞の冒険に参加する。騎士たちは宗教的動機のみならず、社会的、経済的動機にも突き動かされていた。結果として短命に終わった動機もひとつあった。封土を持たない騎士の多くが、地所を手に入れる夢を抱いて東方に向かったが、夢を実現してその場に残った者はほとんどいなかったのだ。しかし、十字軍遠征が騎士階級の評価を高める一助になったのは事実である。旅を通じて見聞を広めた結果、地方の一兵士がヨーロッパの上流戦士になれた一方、「神の敵」と戦う「神の軍隊」という役割も担えたからだった。

一二世紀には十字軍遠征の陰にあった社会的、経済的動機づけの一部に動かされて、意外で、常軌を逸したとさえいえる道を歩む騎士もいた。「吟遊詩人（トゥルバドゥール）」である。トゥルバドゥールは南フランスの洗練された社会で活躍し、多くの抒情詩を産んでヨーロッパの文学に影響を与えただけでなく、プロヴァンス語（南フランスの方言群）を使ったという内在的意義もあった。残念ながらプロヴァンス語が文学界の国際的言語から一地方方言になり、この意義は判然としなくなったが、トゥルバドゥールの詩的後継者である北フランスやドイツの騎士たち（トルヴェール、ミンネジンガー）はこの伝統も受け継いでいった。影響を受けた叙述詩や散文は一二世紀ルネサンス文学をも豊かに潤し、アーサー王物語で最高潮に達する。アーサー王物語は多数の作者による物語の集まったもので、騎士自身と同時代人と後世に中世の騎士像を定着させた。

アーサー王物語の諸国を遍歴する騎士たちには歴史上の鏡像ともいえる存在があり、冒険の内容こそいささか華々しさに欠けるが、ヨーロッパを遍歴して馬上試合や戦争で生計を立てていた。のちに王たちの相談役として信任厚かったイングランドのウィリアム・マーシャルの場合は、貴重な年代記が今に残っている。一三世紀に入った頃には政治的変化のために騎士と貴族の結びつきが固くなり、騎士の役割も厳密な意味で軍事的とばかりはいえなくなった。貨幣経済の台頭と、それに続くインフレによって騎士の経費が高騰する一方、騎士になる資格はあるのに叙任を望まず、地主のままでいたいと考える人々が新しい階級を形成する。同時に、平民——富裕な農民や商人——が騎士階級を侵食しはじめた。

教会にとって「キリストの戦士」を最も理想的に体現するのが、スペイン、東ヨーロッパ、そして特に聖地イェルサレムで異教徒と戦った騎士団だった。テンプル騎士団、ヨハネ騎士団、ドイツ（テュートン）騎士団、スペインのカラトラバ騎士団、サンティアゴ騎士団、アルカンタラ騎士団は、騎士の伝統になっていた手に負えない個人主義とは裏腹に、修道僧的な規律をもって軍事的責務を果たしていた。最も有名だったテンプル騎士団は、騎士にはおよそ似つかわしくない銀行業に手を染め、当初は財を成したが、結局は没落のもととなった。

西ヨーロッパの騎士が封士を所有する家臣から職業軍人に変身する最後の一歩となったのが、百年戦争（一三三七年－一四五三年）だった。一四、一五世紀の騎士の姿の好例として、ブルターニュの英雄ベルトラン・デュ・ゲクランと、戦争で大儲けしたイングランド中流階層出身の騎士ジョン・ファストルフのふたりの、騎士としての生涯を追っておきたい。

結局、騎士は新しく出現した国民国家の常設軍に吸収され、たちまち騎士らしさを失っていく。それに比べて「シヴァルリ（騎士道）」にいう作法・道徳の影響は、簡単には失われなかった。ちなみに英語の「シヴァルリ」は意味が曖昧で、騎士軍団そのものや、馬上試合などの壮観な様子を意味したり、騎士が守るべき行動規範を意味することもある。「ナイト」の称号は下級貴族のそれや、民間・軍事叙勲名として生き残った。馬上試合の壮観さは長く人気が衰えず、特に王族の間ではそうで、ヴィクトリア朝時代にも一度開催され、最後の集まりとなったこの大会はいろいろな意味で人々の記憶に残ることになった。また、行動規範と、寛大さを求める祈りの魅力が減じたことはなく、騎士道文学のなかに永遠に祀られている。

第二章　黎明期の騎士

原初……ひとの生まれに上下の差はなかった。すべてのひとは、ただひとりの父とただひとりの母にさかのぼれたからだ。しかし、この世に妬みと欲が登場し、正義に勝利する虞（おそれ）が生じたとき……ある種の人々が弱き者、卑しき者にとっての担保者、擁護者に任ぜられた。

――『*The Book of Lancelot of the Lake*（湖のランスロット）』

中世の騎士はいつ出現したのか

騎士は、正義をおこない弱き者を擁護するために、社会の武器として選ばれた、と中世のモラリストは信じていた。これははるか古代に起きたこととされ、ユダ・マカバイやダヴィデ王などの旧約聖書の英雄たちも騎士に数えられた。しかし現実の騎士は、これほど劇的に歴史に登場したのではなく、さまざまな社会的、技術的要因が長い期間を経て徐々に融合し、騎士という身分が形成されていった。

「長い期間」と言ったが騎士の出現は中世の出来事で、古代ローマの延長線上にあったわけではない。ローマには独自の「騎士」階級（エクイテス）があった。元来はローマ陸軍の騎兵軍団で、陸軍にとっては士官の供給源でもあった。共和制が終焉を迎えた頃、エクイテス階級はすでに軍事的役割を放棄し、軍需品調達や徴税請負、公共事業などで財を成し、上流階級中の下層、元老院議員に次ぐ身分となっていた。ローマ帝国全土の劇場や競技場ではエクイテスを記念して、観客席最前列数列の元老院議員席に続く数列が、エクイテス用に確保されていた。しかし、一九世紀の一部歴史家の推論とは裏腹に、ローマのこの「騎馬軍団」と中世の騎士は、歴史的に何の関係ももたなかった。

中世の騎士の出現についてはいまだ、学問的対立が解消されたとはいえない。肝心の時期に関する記録がきわめて少ない上に、用語上の問題――古代ローマ後期の、ある種の軍人を指す用語と、中世初期のラテン語用語の関係――が困難に輪をかけているからである。シャルルマーニュの時代にある社会的階級を指した用語と、一一世紀のそれの関係も同様に曖昧である。近代初期の歴史家たちの偏見も理解の妨げになった。封建社会が後進的かつ野蛮で混乱をきわめていたとみなされた一九世紀には、ハインリッヒ・ブルンナーを筆頭とするドイツ史家の一派が、封建制はドイツの部族慣習ではなく八世紀フランスに由来することを証明しようと試みた。ブルンナーの説によれば騎士の起源は、メロヴィング朝フランク王国の宮宰カール・マルテルが、ムスリムの騎馬団とその戦術を採用したことにはじまるという。カールは新設した騎馬団を維持するために教会の土地を没収し、騎馬兵に「恩貸地」として与えた。これが「封土」のはじまりである。ブルンナーによれば、こうして生まれた騎士が中世貴族の先祖となった。

二〇世紀のふたりの史家がブルンナーの説に磨きをかけ、より精緻なものにした。そのふたりとはフランス人中世史家のマルク・ブロックと、アメリカ人のリン・ホワイト・ジュニアである。ブロックは一九三〇年代の著作のなかで、中世初期の貴族階層は、ローマの元老院議員層とドイツの族長層はともに八世紀までに姿を消し、血筋ではなく王への奉仕がもたらす力によって特別視される新たな階級がそれに取って代わった、と書いている。中世貴族の家系は「決定的転換点となった紀元八〇〇年」までしかさかのぼれない。一方、わずかながらそれに先だって、軍馬、鎧（よろい）、盾、槍、剣を所有する当時の職業戦士が存在して、新たな階級の源となった。「一〇世紀頃、あぶみが採用された論理的結果として、それまで片手で投げ槍のように振り回していた短い槍に代わって、長く重い槍が使われるようになった……」。兜（かぶと）と鎖帷子（くさりかたびら）もあぶみと槍に加わった。これだけの改良が重なると装備が高価になりすぎて、富裕な者かその家臣にしか手が出ない。した

9世紀の象牙の飾り板に見られるカロリング朝の兵士。円錐形の兜をかぶり、円形の盾を持っている。（ルーブル美術館）

がってカロリング朝の王たちは戦士の生活と装備を助けるために、土地（恩貸地）を与えた。こうして新たな貴族階級が形成された、というのがブロックの説である。リン・ホワイトは一九六〇年代にブルンナーとブロックの説を敷衍し、あぶみを「ブルンナーが構築した見事な仮説」の「かなめ石」とした。ホワイトは、あぶみが西ヨーロッパに導入された時期を八世紀初期にまでさかのぼらせ、あぶみが採用されたのは「カール・マルテルの天賦の才」に負う、とした。ホワイトによれば「封建制、騎士階級、および騎士道文化」は「八世紀のこの新軍事技術」から生まれたという。

徐々に成長していった封建制

近年の学説は、騎士と中世貴族と封建制の起源をもう少し複雑なものととらえている。歴史学者の大半は、騎士が八世紀に誕生したとも、騎士が中世貴族や封建制の起源だとも考えていない。シャルルマーニュとその後継者たちの時代にも由緒正しい貴族は存在したこと、王に土地と任務を与えられたことによって富裕になったのは事実であること、しかしその起源は近年出現したばかりの騎馬戦士階級ではなく、フランク王国時代の貴族であること、が大方の見解の一致するところである。このカロリング朝貴族が騎士も含めて絶えず新しい血を注入されつつ成長したのが、中世盛期の貴族である。家系を（それも「決定的転換点となった紀元八〇〇年」どころか多くの場合、紀元一〇〇〇年以前でさえ）たどりにくいのは、成り上がりの新興貴族が多かったからではなく、九、一〇世紀の「家」の概念が一一、一二世紀のそれと異なったからである。中世初期社会に関する現代のある権威は、こう書いている。「カロリング朝およびカロリング朝後の世界における貴族の血縁関係を歴史家の目で見ると、垂直というより奇妙に水平で、のちの州伯や城主、一二世紀の騎士のそれと大きく異なって見える」。父称――姓――はまだ使われていない。家は、封建制が最盛期に入ったあとの時代と違って、一枚岩の組織ではなかった。一〇世紀のヨーロッパでは、土地の大半がまだ一定の条件下での封建的保有ではなく、保有者の思うままに売ったり贈与したりすることができる、条件なしの完全私有地だった。持ち主が死ぬと、土地は相続者の間で等分相続されるのが通例だった。家の主要資産を長男が相続する長子相続、あるいはその変形の一括相続は、まだ規則とはなっていなかった。

この新しい図式では、封建制はカール・マルテルの軍事的ニーズによって突然出現したわけではなく、ドイツとローマの社会組織が合流するなかで、キリスト教教会という第三の力の強い影響も受けつつ徐々に成長していった。君主と家臣の個人的関係がドイツ社会とローマ社会の双方にルーツを持つことがわかっている。古いゲルマンの慣習では若い戦士と年長の戦士のつながりを「コミタートゥス」といい、年長者の庇護（ひご）の見返りに若者が忠誠と奉仕を誓う。ローマにも同様の慣習があり、被保護者は忠誠を誓う見返りに、支援と保護が受けられた。もうひとつ、フランク人の間でも同様の相互関係があり、自由民が自主的に君主に隷属し、自由を放棄し忠誠を誓う見返りに君主の庇護が得られた。

封建制のもうひとつの重要な基本要素、条件付きの土地授与は教会からはじまった。教会は土地の譲渡が禁じられていたので、恩貸地またはプレカリウム（賃貸地）の制度を考案し、俗人に所有権を移すことなく教会所領の使用を許していた。

封建制とは要するに、君主と武装家臣の間の、条件付き土地贈与に支えられた関係である。封建制の萌芽は中世初期までたどることができるが、成熟したのは一三世紀に至ってからで、地域（特にイタリア）によってはついに支配的な制度にはならなかった。一三世紀にはヨーロッパの封建化された地域の大半――北フランス、北海沿岸の低地帯、イングランド、ドイツ――で、完全私有地の存在は認められなくなっていた。土地はすべて封土とみなされた。一方、南フランスとスペインでは完全私有地がすっかり消滅することはなく、イタリアでは中世を通じて完全私有地が主要な土地保有形態でありつづけた。

武器技術の革新と戦術の進化

軍事的革命も徐々に進行したように思われる。ギリシャ・ローマ時代の武器技術が長年停滞していたのに比べると、中世のそれはたしかに劇的変化をもたらしたのではあるが。ローマの兵士は盾と簡略な鎧で身を守りつつ、短い剣をふるって徒歩で戦った。一方、中世盛期の騎士は重い鎧で全身を覆い、長剣と重い槍を携えて騎馬で戦った。槍を小脇にかいこみ、鞍とあぶみのおかげで安定した姿勢をとった騎士は、馬と自分の重量と力をひとつにして敵に打撃を与えることができた。ときに過大評価されたこともあるが、効果的には違いない打撃攻撃である。

蹄鉄（ていてつ）やあぶみも含めてこうした騎士の姿で体現される技術革新は、中世初頭に中東とバルカン半島を侵略した中央アジア遊牧民にまで痕跡をたどることができる。あぶみの存在が最初に確認できる文字資料によると、あぶみは紀元五世紀に朝鮮半島北部からもたらされた。それを受けたアヴァール人がモンゴルを発し、五五〇年代に、のちにハンガリーとなる地域を侵略する。あぶみはアヴァール人からビザンティン帝国を経てアラブ人に伝わった。西ヨーロッパであぶみが使用されている絵画的証拠は九世紀を待たねばならないが、考古学的証拠から見て、少なくとも一世紀前から知られていたといえる。あぶみの採用がカール・マルテルの「天賦の才」に負うか否かは証明するすべもないが、文字記録的、考古学的、絵画的資料から見る限り、（一）あぶみは初めてヨーロッパにもたらされてからかなり長期にわたって、広く普及することはなかったであろう、そして（二）カール・マルテルや直

9世紀のブロンズ製カール大帝騎馬像。あぶみがないことに注目。（ルーブル美術館）

近の後継者にとって、騎馬による打撃攻撃は戦いの決定的要素ではなかった。それどころか彼らのかなりのちのヘースティングズの戦い（一〇六六年）においてさえ、当然の戦術にはなっていなかったようだ。征服王ウィリアムの権威デイヴィッド・C・ダグラスはこう書いている。ヘースティングズの戦いでは「騎馬隊の『古典的』用法がなされた証拠は見られない――古典的とは、重装備の騎馬兵がぴったり隣り合って一斉突撃し、馬の力で敵を圧倒してから剣や槍で攻撃することをいう」。この戦いの数年後、イングランドで制作された有名な「バイユーのタペストリ」を見ると、ノルマン人はあぶみを使ってはいるものの軽い槍を持ち、馬の勢いで敵を蹴散らすというより歩兵の槍か投げ槍のように投げつけている。軍事技術の決定的変化が八世紀から一二世紀の間に生じたことは疑問の余地がないが、それは革命というより進化と呼ぶべきものだったかもしれない。

蔓延する無秩序

以上要するに、中世の騎士はカロリング朝の騎馬隊から現れ、軍事技術の革新とヨーロッパの封建制化に伴ってその身分を変えていった。ここで最後の要素が登場する。騎士たちの荒々しい行動をまずは矯め、次いで御そうというキリスト教教会の試みである。

フランスでは混乱に満ちた一〇世紀から騎士の称号として「ミレース」という語が登場してくる。ここでいう騎士が自由人としての農民なのか、下級貴族の子孫なのかは地域によっ

ヘースティングズでのノルマン人の攻撃。槍は構えて突撃するのではなく、投げて使われた。（バイユーのタペストリ、ファイドンプレス社）

て違いがあるようだ。身分としては上流階級の最下層に位置し、まだ貴族とはみなされていなかった、というのが現在の定説である。保有する土地はごく狭い。ノルマンディ人が封建制と騎士身分をイングランドに伝えたあとの、ドゥームズデーブック（一〇八六年の土地台帳）の時期になっても、騎士の平均的封土は「非常に富裕な農民をわずかに上回る」にすぎなかった。ノルマン征服ののち、アングロサクソン人が「ミレース」に代わる言葉として選んだのが「クニヒト（従僕）」――君主に軍事的奉仕をする下級の兵士で、以前は歩兵だった――だったところにも、騎士の身分の低さが表れている。

王室の権威が相変わらず強力で、封建制の発展にも時を要したドイツでは、騎士身分の歴史が当初、独特の道をたどった。地方行政官、王室職員、騎士など、フランスであれば自由民が担う職責をドイツでは、「ミニステリアーレ（家士）」と呼ばれる世襲の一団が埋めていた。彼らは君主の同意なしには結婚できず、奴隷と同じ税の対象になり、裁判に訴えることができず、君主の同意なしに所有物を売買してはならず、自分が売買の対象になることさえある。ドイツの王侯はこの「奴隷貴族」を本来の貴族に対する拮抗勢力として雇用していたが、彼らは徐々に封土と独自の家臣を獲得し、ついには自由も手に入れて下級貴族にまぎれこみ、騎士階級を形成していった。家士の子孫の一部は上級貴族の仲間入りを果たし、政治、文学、知的生活の分野で秀でる者も出現した。

初期の騎士たちの暮らし方や訓練、儀式などは、フランスとドイツいずれについてもほとんど何もわかっていない。おそらく、見習いの時期を過ごしたあと、一定の年齢に達したら剣と拍車を授与されたのだろう。正式の叙任式があったとしても、教会はまったく関与していなかった。

一〇世紀の過渡期にある騎士については、フランス人学者ジョルジュ・デュビー率いる調査隊によって、光が当てられた。場所はフランス中央部、マコン地方である。この地方は、騎士の土地のかなりの部分がまだ完全私有地で、封建的義務は課されていなかった。騎士は私有地の一角に壁を巡らせて住んだ。壁の内側の自称「宮廷」を構成するのは住居、使用人寮、納屋、貯蔵小屋、バター・チーズ製造小屋、鳩小屋、パン焼き場、豚小屋、牛小屋、そして場合によっては礼拝堂。これらが四角に並び、中央の裏庭に麦わらや干し草の束が積んである。近くに農夫の家が建つ。農夫はわずかな小作料を払う一方、主に種付けと収穫の時期に労働力を提供する。騎士の生活の大半を支える農作業は農奴が受け持つ。農奴が農作業と家事手伝いのふた役をこなすおかげで、騎士が長期間家を空けても収入が減る心配がない。騎士は一定の間隔を置いて、地元の城で当番勤務に就く。城はヴァイキングやサラセンの襲撃から住民を守る手段の一環として、九世紀、一〇世紀に城主の命令で建てられた。この時期、城主はすでに世襲になっている。城のいくつかは石造りで、小さな四角い石の塔が通例である。しかし大半は木材と土を使ったモット・アンド・ベイリー式城郭で、土塁の上に木造の塔が建ち、土塁と前庭を壕と防御柵が取りまいている。隣接する中庭には通常、君主――城主――の居宅と、守備隊騎士の兵舎数棟が配される。

イングランド征服に向け、ノルマンの船に積み込まれるホーバーク、兜、剣。裾の割れたホーバークが鎖帷子であることが、図式的に表現されている。（バイユーのタペストリ、ファイドンプレス社）

　騎士が登場してまもないこの時期からかなり長期にわたって、騎士の鎧といえば兜とホーバーク、またはボディアーマーに限られていた。兜は固体鉄で円錐形、または丸形。ホーバークは鎖帷子の一種で、大部分が手作りの時間のかかる作業である。木の棒にワイヤを螺旋状にまきつけ、棒の片側に沿ってワイヤを切断して、一ヵ所が開いたリングをつくる。リングの開いた両端を焼きなまし、叩いて平たくする。ホーバークの形（シャツやコートのようなもの）に合わせてリングを鎖状につなぎ、開いた両端を重ねてリベット止めする。着丈や形はさまざまである。バイユーのタペストリに見られるホーバークは膝に届くほど長く、乗馬の邪魔にならないよう裾の前後が左右に分かれ、袖はゆったりしている。首を通すところは紐でしっかり締め、兜の下には鎖編みのぴったりしたコイフ（フード）を着けて、首と喉元を防護する。鼻と目は当初、無防備だったが、一一世紀には顔面を防護する鼻当て（ネイザル）をつけた兜が登場し、一二世紀には広く普及した。同時に鎖編みのすね当ても使われるようになった。バイユーのタペストリではノルマンの指揮官たちがこれを着けている。

一〇世紀の騎士は、木を皮で覆った長い盾をからだの左側にかまえる。縦に凹み、上部が丸みを帯び、下部がとがっている。ストラップで首から下げ、別の短いストラップを左手で握る。からだの右側は、刃幅の広いブロードソードを、木を皮で覆った鞘に収めて腰に下げる。このほかにも扇状の刃をつけた斧と、穂先が木の葉の形をした軽い槍を携行することもある。拍車は先のとがった棒拍（ぼうばく）が一本ついている。

一〇世紀の生身の騎士は、上品な円卓の騎士とほとんど共通点がない。一〇世紀の騎士は無知、無筆で、言葉遣いもふるまいも粗野。主な収入源は暴力だった。彼らを制御するはずの公共の正義は事実上、消滅していた。民事の紛争であろうと刑事犯罪であろうと、力を失った王たちに裁きを期待することはできず、すべては剣で決着がつけられた。丸腰の教会と農民は、被害者や傍観者に甘んじるほかなかった。ジョルジュ・デュビーの言葉によれば、「[騎士の]暴力と貪欲さに歯止めがかけられるとすれば、それは道徳的義務感と仲間の説得しかなかった」。

無秩序状態の蔓延に、何とかしなければという動きが起きた。動いたのは教会で、このあと起きたことは騎士と中世貴族の双方に甚大な影響を及ぼすことになった。一〇世紀と一一世紀にふたつの相互に関連する運動がはじまった。「神の平和」と「神の休戦」である。このふたつの偉大な改革は、教会の権威を力強く宣し、歴史学者から一括してグレゴリウス改革と呼ばれることになる動きの先触れともいうべきもので、第一回十字軍として知られる一大運動への道を拓くものでもあった。

教会の「平和攻勢」——そのふたつの動機

教会が神の平和と休戦を言いだした動機にはふたつの面があった。第一は自己利益である。教会の資産と聖職者を守る一方で、税、賃料、奉仕の形で教会収入の一部を担っている農夫や商人も守る必要がある。政治的自己利益もひと役買っていた。九九四年と一〇二五年にマコン、シャロン、オータンの司教がアンス・シュル・ソーヌで平和会議を開いた。目的は、マコンのオットー・ギヨーム伯が教会の領地、とりわけクリュニー修道院のそれを自分の権威下に収めるのを阻止することだった。アンスの会議開催を示唆したのは、伯の世俗の競争相手、フランスの敬虔王ロベール二世とシャロン伯だった。教会が話にのったのは、ギヨーム伯のみならず俗人一般の権力下から脱したかったからである。

要するに、教会の平和攻勢の、動機のひとつは自己利益だった。第二は理想主義である。教会は、秩序、正義、キリスト教の不可分性をよしとする絶対的善としての平和を信じていた。会議で示された基準の前文は、「平和という名がなんと公正で、キリストが昇天されたとき弟子たちに残された統一という概念のなんと美しいことか」とはじまっていた。「神の平和」では、教会の努力は特定の階級をつねに守るという方向に向かっていた。「神の休戦」では、すべての階級を特定のときに守ることが目指された。しかし、いずれにしても騎士の荒々しい傾向をせめて限界づけ、封じこめようとしたことに変わりはない。「神の平和」は九八九年に、アキテーヌのシャルー修道院で開催された司教会議の席上、発表された。教会を略奪または冒瀆(ぼうとく)した者、丸腰の聖職者を打った者、「農夫またはその他の貧しい者」から奪った者には精神的刑罰が与えられることになっていた。禁令はのちに範囲が広がり、丸腰の俗人——具体的には商人——を襲うこと、水車やブドウ畑を破壊すること、教会へ行き帰りする途中の者を襲うことも刑罰の対象に含められた。「神の平和」を実行に移すために、各地の評議会は貴族、騎士、農民を野外に招集した。群衆は福音主義的熱狂のうちに、聖人の遺物にかけて平和を守る誓いが立てられた。集まりの主旨が神聖なものであることを強調するため、治癒の奇跡が披露された。年代記作者のラルフ・グラベールは、「居合わせた人々が熱狂し、手を差し伸べて『平和！ 平和！ 平和！』と一斉に叫ぶので、神と自分だけの間で取り決めた永遠の約束の印ではないか、と思うほどだった」と書いている。もうひとりの年代記作者シャバンヌのアデマールは、サン・マルシャル大修道院長のたっての頼みで九九四年に、リモージュで開催された平和会議の様子をこう書いた。三日間の断食のあと、会議の出席者は郊外の小山の上に集まった。「聖人たちの遺骸や遺物があちこちからうやうやしく運ばれてきた。一方、ガリアの守護聖人サン・マルシャルのからだが聖墓から運ばれて、誰もが言いようのない歓喜に満たされた。すべての病気が止まり、［アキテーヌ］公と［王族］貴族が平和と正義の相互契約を交わした」。平和の誓いを破った者には破門が待っていた。

一一世紀に入ると、第二の動きが登場した。「神の休戦」は「神の平和」ほど広く一般に福音的ではなく、騎士と貴族に焦点が絞られていた。彼らの好みの仕事、戦いに敬意を表して、禁欲的規律が用意された。悔悛者が特定の日々に断食をしなくてはいけないのと同様に、騎士は日曜日と聖日に戦う楽しみをあきらめる。また、教会のなかと教会周辺の特定の場所では、いつ何時でも暴力行為をつつしむ。休戦の日が渋々ながら受け入れられる気配を見せると、リストは徐々に長くなり、最終的には木曜、金曜、土曜、すべての聖人記念日、降臨節と受難節にあたるすべての日々が組みこまれた。

一〇四一年、南仏トゥルージュで開催された平和会議が、平和と休戦双方の運動の主要な要素を結合した規則を提示した。

何人(なんびと)も教会のなか、または教会の周囲にあって教会の特権の及ぶ空間のなか、または埋葬地、または教会から三〇歩以内にある、またはあると思われる住居のなかで暴力行為をおこなってはならない……。さらに、武器を持たない……または何らの悪をなさない聖職者を攻撃することは禁じられる。同様に、修道会員、修道士、修道女の共同体を荒らす、あるいは略奪することは禁じられる……農民および聖職者の住居、鳩小屋、穀物倉を何人にも焼かせる、または破壊させることはあってはならない。何人にも農民、または農奴、または彼らの妻を殺す、または打つ、または傷つける、または彼らを捕らえ、運び去ることをさせてはならない……。週の第四日、すなわち水曜日、の日没から週の第二日、すなわち月曜日の日の出まで、すべてのキリスト教徒が享受する「神の休戦」を司教は……厳粛に追認する……。

教会の制裁が戦士たちの現実の行動にどの程度の影響を与えたかは憶測の域を出ないが、騎士の心理に、ひいては騎士道精神に与えた影響は大きかった。合同立誓(ごうどうりっせい)は、教会と丸腰の住民に対して個人的責任を負う、ということも含めて階級意識を創出する一助になった。聖職者と貧者への攻撃を禁じた教会は次に、両者を積極的に庇護することを騎士の使命とする。一〇五四年にナルボンヌで開かれた司教会議は、「神の休戦」を次のように拡大解釈してみせた。「キリスト教徒に他のキリスト教徒を殺させるなかれ。キリスト教徒を殺す者が、キリストの血を流すことになるのは疑いの余地がないからである」。この驚くべき見解を文字通り受け入れられる騎士はほとんどいなかっただろうが、そこに含まれる意味はのちのちきわめて大きなものになる。すなわち、騎士は持てる戦闘技術をキリストの敵に対して使う場合にのみ正当化される。

教会は騎士の剣を祝福する手順を定めて、すでに正当化に一歩踏み出していた。一〇世紀に見られるようになったこの現象は、一一世紀にはもう一般化していた。また、騎士の叙任のとき、通常は教会のなかで、騎士の肩を軽く叩く「ダビング」という式があるが、これは一〇七〇年を少しすぎた頃はじめて、フランスの資料に散見されるようになる。この叙任の儀式を採用したことによって教会は、これまで異教の休日やサンクチュアリ（聖域）など多くの俗世の制度を取りこんできたのと同様に、騎士の制度も取りこんだのだった。

教会はまず、騎士と正面対決して、彼らの略奪行為に制限をかけた。次に、集団としての騎士たちに、禁欲的規律を処方する一方、彼らが本質的には善であり、高潔であって、教会の祝福に値する、と説得した。ここまでくれば残るのは、教会独自の目的のために彼らの奉仕を取りつけることだけである。ナルボンヌの会議からクレルモンの集会と、「キリストの戦士」、神聖なる十字軍としての騎士までが最後の一歩となる。

第三章　第一回十字軍の騎士

神は何を約束したもうたのか、あの、
十字を手にした者たちに？
なんということ！　主は彼らに十分報いようと約束された。
永遠の天国を。

——一二世紀初頭の十字軍の歌

汝の財産に縛られている場合ではない、家庭内の心配事も今は措いておくことだ、なぜならこの国は、四方を海と山の峰に囲まれ、汝らあまたの民を擁するには狭すぎるのだから。しかも富にも恵まれない。農民すべてを養うだけの十分な食糧も備えていない。汝らが互いに殺し合うから、そうなのだ。戦いの挙句、互いに傷を受け滅びることを繰り返すから、そうなのだ。それゆえ、汝ら同士の間から憎しみを取り除き、言い争いを終わらせ、戦いをやめさせ、あらゆる不和と論争を休止させよう。聖なる墓所へと向かう道に入ろう。邪悪な人種からかの地を奪い返し、汝ら自身で治めるのだ。「乳と蜜が流れる」と聖書に記されたその地は、神がイスラエルの子らのものとして与えたもうた土地だ。
イェルサレムは世界の中心。その大地はどこにもまして実り多く、もうひとつの歓喜の天国である。

――クレルモンにて、ウルバヌス二世　修道士ロベール『イェルサレムの歴史』による

涙を流し、大地を踏みならし、喝采して熱狂する大群衆

一〇九五年一一月二七日、教皇ウルバヌス二世はフランス中部クレルモン郊外で、第一回十字軍遠征を説いた。「神の平和」会議を髣髴（ほうふつ）とさせる光景だった。年代記作者たちの記録によると、大群衆が涙を流し、大地を踏みならして喝采した。彼らの熱狂はやがて「神の御旨（みむね）だ！」というひとつの叫びになっていった。貴族の出で、騎士の見習い修行をしていたルピュイの司教アデマール（のちのローマ教皇特使）が一歩進み出てひざまずくと、聖地イェルサレムへ赴く誓いを立てた。教皇はアデマールに祝福を与え、遠征の総指揮官に任じた。ついで教皇は、「かくも高貴な職業にふさわしい印として、十字架の形を神の……戦士の紋章に選ばれた。そして、彼の地に向かおうとする者たちのシャツ、マント、外衣の上にこの印を縫いつけるよう命じられた」。貴族や騎士はアデマールの例にならい、ひざまずいて誓いを立てた。

これに続く八ヵ月間、教皇ウルバヌスはフランス各地をまわって十字軍遠征を説き、幾千の騎士たちが、トゥールーズ伯レーモン、ヴェルマンドワ伯ユーグ（フランス王の弟）、ゴドフロワ・ド・ブイヨン、フランドル伯ロベール、ノルマンディ公ロベール、南イタリア、タラントのノルマン人領主、ボエモン・ドートヴィユといった諸侯の旗のもとに馳せ参じ

た。一〇九六年、五つの騎士軍団が、サラセン攻撃の前進基地、コンスタンティノープル目指して陸路、海路それぞれに出陣した。

強まる軍事エリートとしての連帯意識

騎士たちはフランスとその近隣地域——ロレーヌ、ノルマンディ、フランドル、ブルゴーニュ、北フランス、南フランス、ドイツ、イタリア——から集まっていた。地域が異なれば社会的身分や暮らし方、封建的ヒエラルキーへの組みこまれ方も異なるが、紀元一〇〇〇年以降に騎士の身分、相続法、騎士道の概念に生じたさまざまな変化に影響を受けていたことはすべてに共通していた。それどころか、これらの変化があいまって十字軍参加の動機を形成していたのだった。

当時の年代記は王侯貴族の指導者に焦点を当てていて、騎士はほとんど無名扱いされている。しかし、各地の記録文書には数多くの騎士の名前や、彼らの生涯の断片的情報が残されている。フランス中

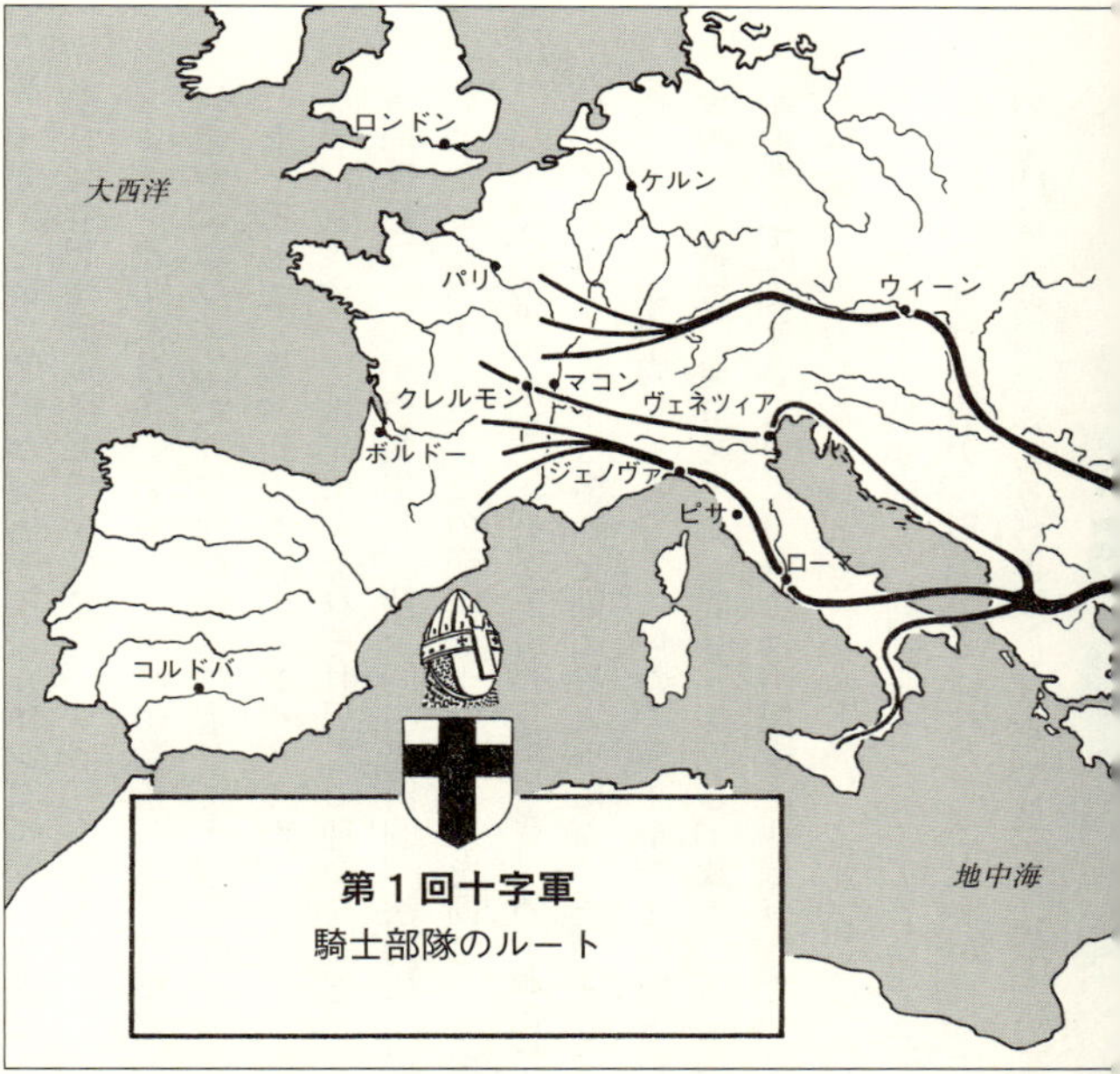

央部は最も多くの十字軍騎士を送り出しているが、第二章でも軽く触れたジョルジュ・デュビーはこの地域の記録文書を研究対象としてきた。なかでも中心となるクリュニー大修道院の文書からは、第一回十字軍に参加した男たちの人数、社会的身分、婚姻・相続の慣習、封建的関係と義務、暮らし方などの情報が読み取れる。また、彼らの受けた訓練、鎧（よろい）、武器や、どのように生計を立てていたかについてうかがい知ることのできる文書もある。デュビーが描写した騎士のなかに、ルオン

グル兄弟という名前が登場する。ルオングル家の土地はトゥルニュの西にあり、地元ユクセルの城主グロ家の家臣だった。

ルオングル家は多くの点で、当時の騎士一家の典型だった。五人の息子のうち、ふたりは修道僧になり、ふたりは呼びかけに応じて十字軍の一員として聖地に赴き、二度と帰らなかった。そして、残った五番目のアンベールが、一家の土地を受け継ぐただひとりの相続人となった。ルオングル兄弟がそれぞれ異なる運命をたどった背景には、騎士を取り巻く状況が一一世紀に少しずつ変化し、社会的、経済的、法的に、以前とは大きく異なるものになっていったことがあった。この変革が十字軍と期を同じくして起きたのは、偶然ではない。

一方で、「神の平和」運動と、騎士道のキリスト教化によって「騎士」の称号は、領主や城主でさえもうらやむ格式を備えるようになった。そしてこの格式が、二層から成る上流階級に新たな結合力をもたらしていた。領主や城主は富と貴族の身分を先祖代々受け継ぐごく少数の家系で、命令を下し、罰し、課税し、裁き、軍事奉仕を強いる権利を有して、広大な領地を独立支配していた。騎士は小規模土地保有者で、家臣としての義務は負うが、城主のそれ以外の権力からは除外され、限られた自分の領地内では独自の力をふるうことができた。騎士が城主の娘や姉妹と結婚することはあり得たが、城主自身や息子の結婚に際しては、同等の身分家柄から相手が選ばれた。にもかかわらず、領主や城主と騎士というふたつの集団は、武器をふるう戦士という点で他の住民とは一線を画し、騎士叙任の儀式と「騎士」という称号によって結ばれた軍事エリートの一員として強い連帯意識を抱いていた。

世襲化する騎士の身分

しかし、社会的身分の階梯を上っていくまさにその時期に騎士たちは、壊滅的な経済危機を経験していた。この危機が家族の構造と相続慣習に変化をもたらし、ひいては騎士のありかたそのものに甚大な影響を及ぼしていく。相続資産を息子、娘全員で平等に分けるという旧い慣習を守ってきたために、保有する土地が細切れになり、多くの相続人が貧しい農民の状態に陥っていた。紀元一〇〇〇年前後のヨーロッパ全般が農業危機に見舞われていたことも、問題をいっそう深刻にしたかもしれない。歴史的変化が起きた仕組みは判然としないが、一一世紀が終わる頃にはほとんどの地域で資産を平等に分ける慣習が姿を消し、ひとりの子どもがすべての資産を相続する制度に取って代わっていた。

一括相続は長子相続の形をとる地域が多かったが、ルオングル家の住むあたりでは「兄弟団」または「同胞関係」と呼ばれる方式が最も一般的だった。この場合、土地は分割せず、男子の親族全員が保有するが、相続人のうちひとり（長子とは限らない）が全体を管理する。いずれの方式にせよ単独相続によって結婚し、一家を立てることができる相続人はひとり、多くてもふたりに限られる。長子相続が慣例となったところでは、年下の息子は家を出て、教会に入るか剣をふるうことで生計を得なければならなかった。ルオングル家のあった地域では、弟たちも生家で暮らしつづけることができないわけではなかったが、いまやただひとりの「大人」と認められた家長の監督下に置かれることになる。年下の息子たちはいつまでたっても「未婚」の「未成年者」扱いだったから、生計を得る必要はなくても、せめて自由と成功を求めてやはり家を出るほかなかった。

一一世紀初頭、騎士という身分はいまだ開かれた階級だった。軍馬と鎧、装備を調え、自分が留守にする間土地を守るための農民が雇えるだけの資金さえあれば、誰でも騎士になれた。しかし実際は、下から脅かされることはめったになかった。中世の商業復興はすでにはじまっていたが、富裕な商人や農民が出現するにはいまだ時が必要だった。一方、少なくとも一部の地域では、既存の騎士が貧乏になり、装備を調える金にも事欠いて人数が減少する現象が起きていた。デュビーの調査によると、一一世紀初頭の数十年間に、マコン地方では騎士の数が減っていた。たとえばメルゼという地区には、紀元一〇〇〇年に七名の騎士がいた。このうちひとりは跡継ぎがいないまま没した。ふたりは騎士の身分が維持できるだけの財産を息子たちに残してやれなかった。第一回十字軍の頃にはふたりの騎士の子孫は農民になり、彼らの村に土地を持つ城主に管理人として仕えていた。七名のうち騎士として残ったのは四家族だけで、農民や中産階級から新しく騎士が出ることもなく、減少分は埋め合わされないままだった。

このような人口減少によって騎士階級が実際に絶滅寸前に至った地域もあったが、一一世紀が経過するなかで、減少に拮抗する変化もいくつか生じていた。経済全般が上向きに転じたことと、相続に関する新たな家族慣習が定着したことによって、騎士の金銭的基盤が固まった。「ミレース」という称号の用途が広がり、姓（通常、最も重要な家産の名称）に添えられるようになった。家族の連帯意識が強まり、個々人による土地保有が衰退するにつれて、騎士も世襲と見られはじめた。一〇五〇年以降、騎士の身分は父から息子に譲られるのが通例になった。階層だったものが世襲の排他的階級になり、新しい成員を排する一方、旧来の成員を固定化する。要するに、生まれを参加資格とする「団」になったわけで、こうなると農民や商人はどれほど裕福になっても参加はできない。

臣従礼。臣下は両手を主君の両手の間において、主君に口づけをし、儀式を終える。（アルベール1世王立図書館、ブリュッセル、MS. 5, F. 285V）

進行する上流階級の封建制度化

騎士の身分が世襲になるにつれて、上流階級の封建制度化が進んだ。ノルマン征服後のイングランドでは王を頂点とし、その下にバロン、ロード、最後にナイト（騎士）と続く整然としたピラミッドが形成された。中央フランスでは封建制がこれほどきちんとは組織されず、階層の意識も弱かった。ノルマン・イングランドでは封建的土地保有が主流だったが、中央フランスではそうではなかった。自由保有地がいまだ優勢で、封建的土地保有が騎士個人、城主個人の保有地に占める割合はわずかだった。

　城主たちの間にはオマージュに似た関係が成立し、四方八方網の目のごとく城主たちを結んでいた。ただしこれは支配と従属の関係を成立させるというより、友好関係と相互安全を保障するだけのものであるのが通例だった。たとえばある城主が、自分の城から遠くに土地を所有している場合、その土地を守るのも有効利用するのも難しい。近くに住む領主に封土（ほうど）として与えれば、友好関係が結べると同時に、土地経営上の厄介事からも解放される。騎士と城主、騎士と教会施設、さらには騎士同士も、この種の封建的関係で結ばれた。マコン地方では第一回十字軍の頃までに、城の近隣の全騎士は城主の封臣に、また、クリュニー大修道院のように大規模な聖域の近隣に住む者は、大修道院長の封臣になっていた。騎士が他の騎士の封臣になることも少なくなかった。

　ルオングル家のアンベールはシャペーズの近くに完全私有地を所有し、そのほかにユクセル城主ランドリー・グロから封土を与えられていた。この封土はランドリーの父である先代城主がルオングル家に与えたものだが、封土を含む土地区画はクリュニー大修道院から先代城主が不法に奪取したもので、したがって所有権の所在には問題がある、と修道院側は主張していた。アンベールは父と同様に、城主に忠誠を誓っていた。つまり、感謝と友情を約し、城主を傷つけないことを誓った。加えてアンベールは、ユクセル城主に対して「援助と助言」からなる奉仕義務を負っていた。「援助」は、年間四〇日を限度とする通常軍務（「オスト」）と、短期遠征や護衛のための騎馬軍務（「シュヴォシェ」）で構成される。このほかアンベールは毎年特定期間、ユクセル城の兵舎に詰めて城の騎馬警備にあたっていた。これらの奉仕の形はいずれも二〇〇〜三〇〇年をさかのぼるが、かつては王のための「公的」義務だったものが、地方の城主のための「私的」義務になって久しかった。「助言」は城主の御前会議への出席、政策への助言、裁判手続きへの参加、法的文書への署名などがあり、ときには城主のために人質役をつとめることもあった。その見返りとして城主は、アンベールの諸権利を尊重し、他者に脅かされた場合はこれを守り、必要とあればアンベールのために尽力する。

城主同士の間では、君主と家臣の関係が建前として存在したこともないとはいえないが、支配と従属の関係にはならなかった。城主と騎士の場合は、騎士のほうが法的、社会的に下位だった。ただし、この時期この地方では、従属といっても穏やかなものだった。騎士は通常、ある程度の私有地を所有しており、城主から与えられた土地だけに依存していたわけではない。辺境地帯では、軽い奉仕義務に大きな見返りを与えて家臣を集めようとする城主もいた。さらに、騎士の多くは複数の城主から封土を受けていた。アンベール・ルオングルは第一の君主であるユクセル城主のほかに、クリュニー大修道院と、一〇〇キロ離れたブルボン－ランシー城主から封土を得ていた。臣下がこんな具合では、命令を無理強いするのは難しい。

第一回十字軍の頃、騎士が受ける封土は、数エーカーの畑またはブドウ畑、あるいは「マンスス」と呼ばれる保有地（一所帯を養うのに十分な土地）が一般的だった。土地ではなく、教会、製粉所、地代、十分の一税その他さまざまな税の一部の形をとることも珍しくなかった。封土は他の騎士に再下封することができ、再下封はしばしば何度か繰り返された。一〇八〇年、シャロン伯が所有していたある教会は、城主のルボー・ド・ディゴワンヌに封土として与えられ、城主から臣下のユーグ・ルボーへ、ルボーからセギャン・ロングフェルへ、ロングフェルからジョスラン・ド・フォートリエへと人手を渡り歩いていた。アンベール・ルオングルは、隣の騎士と連名で、ブルボン－ランシーのふたりの領主から小さな三区画の封土を受けていた。三区画の小さな土地は、アンベールと隣人が別のふたりの騎士に譲ることで、封土に関する取り決めを通して六人の絆を結びつける役割を果たしていた。

一一世紀の騎士は、相変わらず地方の大地主（カントリ・ジエントルマン）で、利害と関心事の多くを農民と共有し、つながりも密接だったが、ときおり農業という職業から逃れて狩りをおこない、騎馬衛兵の任務につき、主君の出る会合へ出席し、巡礼に出かけ、主君の遠征へ随行し、とりわけ社会的地位の象徴である軍役を果たした。みずから土地を耕すことはなかった。お抱えの家令（スチユワード）がいなければ開墾を監督することもあっただろうし、収穫や干し草作りに立ち会うこともまれにはあったかもしれないが、農作業をみずからおこなうことはなかった。騎士は労働者ではない。日々の暮らしを支える単調な労働は、家付きの召使い、農作業者、家畜の世話人に任せていた。村の中心に位置する住居は、城でこそなかったが、農民の家よりも大きく、作りも立派で、調度もよいものがそろっていた。周囲には家畜用の厩舎や穀物倉庫、ワイン蔵などがあった。騎士の繁栄は、君主ではなく天候と収穫が左右した。

同一の城の領内の騎士たちは、拡大家族のような集団を形成していた。職務を通して互いに連帯感を持ち、城主に対しては主従関係で結ばれている。多くは、騎士になる準備として住み込みで城に仕えた少年時代、生活を共にしていた。衛兵として一定期間務めを果たす間と戦争の危険が差し迫ったときには、再び城内で寝起きを共にした。御前会議や裁判では周期的に顔を合わせている。その上、近い遠いはあるにしろ、彼らは親類のようなものだった。一〇〇〇年を境に、階級をまたいだ結婚が禁じられたため、婚姻は通常、一定の親等外で、近隣の地域で結ばれたのだ。騎士たちにはまた、古代の貴族の子孫として共通の祖先を持つ者同士という意識もあった。

騎士の人口は減少に歯止めがかかっていたが、それでもいまだに少ないままだった。デュビーは第一回十字軍の頃、マコン地方では騎士の家系が――教区によって偏りは見られるものの一五〇の教区に――たった九八家しかないことを確認している。数人の騎士がいる村があれば、ひとりもいない村もあった。教会の支配下にある地域には数が少なく、耕作地が新たに開墾されている森林地帯には、それより多くの騎士が居住していた。一一世紀におこなわれた大規模な遠征について当時書かれた年代記では、騎士の数は、第一回十字軍には一〇万、征服王ウィリアムの軍隊には五万というように、大きく誇張されていた。じっさいは騎士と歩兵を合わせてもそれぞれ三万と七〇〇〇という規模だっただろう。一一世紀、一二世紀の戦場では、数百の騎士は、相当大きな戦力だったといえる。

騎士見習いはたいてい、父親が仕える領主の家で、他の若者とともに訓練を受けた。フランスでは一一世紀の最後の四半世紀に、剣で肩を叩いて位を授ける儀式がおこなわれていたことを示す資料が見つかっている。神聖ローマ帝国では一二世紀終盤まで見られず、その後も王族の子息に限られたものだが、フランスでは、王や伯爵の子息から、城主の子息、さらにはそれより下級の騎士に至るまで、あらゆる社会階層でおこなわれてきたようだ。基本的には新任の騎士が武器を、とりわけ剣を帯びる儀式であって、剣は領主または有力な親族が手渡した。ただし必ずしも身分が上の者とは限らない（伯爵が将来の王に授けることもあった）。剣はたいてい後援者から贈られた。このような草創期にさえ、宗教的色合いを帯びていたことがいくつかの参考資料からわかっている。たいていは宗教上の祝日に聖職者の列席のもとでおこなわれていたのだった。

防具と武器は、いたって進歩が遅い。防具といえば依然として兜（かぶと）、盾、鎖帷子（くさりかたびら）、武器といえば槍と剣だった。飛び道具を使うのは歩兵に限られた。騎士たちは尊厳を貶（おとし）めるものとして弓を軽蔑したが、離れて戦うのは臆病だからというときおり聞かれる理由によるよりも、弓が安価だったからだと思われる（歩兵もまた白兵戦を戦っている）。いずれにしても弓は、鎧をつけた馬上の騎士にとって使えないことはないにしても、扱いにくいことは間違いない。

　軍馬と鎧の価格は上昇を続けた。大柄で強健な品種として改良された軍馬――突進するという意味の「デストリエ」――は、五〇スース（シリング）ほどで、良質な牝牛一頭の五倍の価格だった。騎士は自分自身と従者のために数頭の馬を必要とした。鎧はさらに高価だった。一〇八〇年に、ルオングル兄弟の城主のランドリー・グロは、クリュニーの修道院に一〇〇スースの鎖帷子の返礼として、一区画の保有地（マンス）を差し出した。鎧と武器は一家の世襲財産の重要な部分を占めていた。

　領地からあがる騎士の収入を補っていたのが戦利品だ。西ヨーロッパで引きも切らない小競り合いでは、馬や家畜、食糧が手に入った。第一回十字軍のような大がかりな遠征の場合、年代記の表現を借りると「金、銀およびさまざまな装飾品」「あらゆる調度品がそろった家屋」そして「莫大な富」を手にすることができた。年代記作家のレーモン・ダジールは、アンティオキアでの略奪品について書いている。「その見事なことといったら……筆舌に尽くしがたく、望む限りを思い浮かべても遠く及ばないほどのものと言えば、信じてもらえるだろうか」。貴重な品々は騎士たちにわたり、歩兵は食糧を山分けした。

中世ならではの騎士の収入源が身代金である。戦闘や攻城戦で捕虜になると、要求された金額を親族が用意できるまで囚われの身となった。額は捕虜の階級によって決められたので、身代金はほどなく自尊心の源となる。貴族を捕虜にすれば、一族に要求する金額が高いほど捕虜の虚栄心が満たされるのだから、捕えた側は交渉をする必要がない。

封土は伝統的に騎士の軍役に対する支払いとみなされた。逆に言えば軍役は地代と考えられていたわけだが、すでに一一世紀には、危機や特別な必要があるときの軍役に対して、騎士は金銭で支払いを受けるのが常になっていた。九九一年に、ブルターニュ伯との戦争に臨んだアンジュー伯フルク・ネラは、自身の戦隊内に騎士の身分の傭兵を有していた。一一世紀のノルマンディは中央フランスより封建制度が進んでいたとはいえ、イングランドを遠征中の征服王ウィリアムは、フランドル人その他の大勢の騎士を傭兵として抱えていたばかりか、お抱えのノルマン人騎士とその従者にも「気前のいい支払い」で報いた。征服してからは領内に封土を与えて騎士たちを定住させたが、その後、再び賃金を払って多数の騎士を雇っている。息子のウィリアム二世は「父から受け継いだ財産を精力的に使い果たした」が、出費の一部は傭兵を雇うためだった。「騎士が自身で賃金を決めたのだから」と年代記作家マルムズベリーのウィリアムは手厳しい。ウィリアム二世は「商才に恵まれた、騎士の給与支払い担当者」[1]として描かれている。一二世紀には、騎士に賃金を払うことはますます一般的になっていた。

グレゴリウスが提唱するある革命的な理論

受け取る報酬の形の如何に関わりなく、中世の騎士は戦争自体を楽しんだ。戦利品の獲得が約束される戦場に、騎士は仲間とともに馬で駆けつける。まさにトーナメントへ向かうように。そのトーナメントは、一一世紀には、少なくとも騎士にとって、戦争とたいした違いはなかった。

戦争は仕事でもあり競技でもあった。個人間の小競り合いが政治的に重大なできごとに端を発することはめったにない。侵害された権利や不当に奪われた土地をめぐって火花を散らすか、さもなければ他人の権利や土地を強奪するのが目的だ。国民国家は存在せず、愛国心という概念がまだ産声を上げていないなか、ヨーロッパ人が戦う大義といえば唯一キリスト教だった。神の名のもとに戦う。こうした考えを広めたのがイスラム教徒に対する一一世紀の多くの戦いだった。その最たるものがスペインの国土回復運動(レコンキスタ)である。強力で急進的な教皇、グレゴリウス七世が聖戦の概念をさらに推し進め、こうして十字軍遠征へ道が開かれたのだった。

教会の「グレゴリウスの改革」に名を残し、神聖ローマ皇帝ハインリッヒ四世と叙任権をめぐって争ったことで知られるグレゴリウスは、教会に対する平信徒の関係についてある革命的な理論を熱心に説いた（この理論はのちに騎士階級にとってきわめて重大な意味をもつことになる)。グレゴリウスは、「神の平和」と「神の休戦」の運動に立脚しつつ、世俗の問題に対する教会の介入を思い切って大きく飛躍させたのである。グレゴリウスによると、教会の利益は他の何よりも優先した。平信徒、なかでも騎士の役割は、俗世の政治その他の場で、教会の利益に仕えることだった。対立が起きたときには、教会に対する忠誠心は、領主に対するそれを超越し、臣従の誓いを撤回させることさえあるとされる。グレゴリウスは封建制の用語を巧みに取り入れながら、騎士は「聖ペテロの従者」であると宣言した。

封建貴族のなかの保守派や聖職者は強硬に反応した。教皇の関与は信仰の問題に限るべきというのが彼らの考えで、ある保守的な聖職者は、グレゴリウスの主張を受け入れたら、王は「村の執行官」に成り下がるだろうと書いている。別のひとりは、「騎士はこれまで誓約に縛られていた。主人が傷つけられれば怒り、主人の不正には報復した。主人の権力を守り、尊厳を保護して、慎重に行動してきたのは、みずからの救済のためだった。騎士が従者としての義務に反するなら、それは神聖なものを冒瀆する行為とみなされた。ところが今では、……騎士たちは主人に対して武装している……理非曲直が混同され、神聖な誓約が侵されている」と抗議した。

グレゴリウスは信仰の問題と同じく世俗の問題でも教会の優位を認めるよう世俗の支配者に要求し、要求を通すためなら武力の行使をためらわなかった。教皇のために戦う平信徒がキリストの騎士である。教会は何世紀もの間、トゥールの聖マルティヌスにならって、「私はキリストの兵士だ、戦うことは許されない」と厳格に不戦を貫いてきた。グレゴリウスは「二本の剣の理論」に立ち、この平和主義の信条に三行半(みくだりはん)を突きつけた。聖ペテロの代理である教皇は、みずから振り出す魂の刃と、貴族や騎士が自分の命を受けて振り出す世俗の刃のふたつの武器を手にしているというのである。

グレゴリウスはただ神学に訴えただけではない。とどめのひと押しをしたのだ──「キリストの兵士」として務めれば、すべての罪がゆるされると。騎士が──とグレゴリウスは言う──教皇以上に世俗の領主を敬愛することなどあり得ない。「なぜなら領主が与えるものは、取るに足らない、はかないものだ」、つまり、土地や戦利品だ。だがグレゴリウスは「騎士に」あらゆる罪からのゆるしと永遠の祝福」を約束した。グレゴリウスのためにハインリッヒ四世と戦った者たちは、「この世においても来世においても、[聖ペテロの」祝福を勝ち得ることになった」のだった。

何よりも聖戦の戦士を鼓舞した聖都のイメージ

剣によって救済を得る者──グレゴリウスが描き出したキリストの兵士像は、心理的にも思想的にも十字軍が誕生する動機となった。グレゴリウスの引き立てであとを襲ったウルバヌス二世は、前任者が編み出したこの論法を巧みに使って歴史に残る偉業を成し遂げた。ウルバヌスが焚きつけ、「かつてのフランク王国を隅々まで席巻した熱狂の渦」のなか、騎士たちは「神とわれわれの敵」を向こうにまわして戦う「主の軍隊」という役割を熱烈に受け入れたのだった。

じっさい、ウルバヌスの訴えは本人の期待を大きく上回る成果をあげた。ウルバヌスが意図したのは、せいぜい、トルコ人との戦いに助太刀を求めたビザンティン帝国皇帝、アレクシオス一世コムネノスの応援に駆けつける慎ましい部隊を編成する程度に過ぎなかったろう。ウルバヌスの説教をめぐってはさまざまな記録が現存する（すべて伝聞）。だがいずれの資料からも、ウルバヌスがイェルサレムに言及したかどうかさえ明らかではない。しかし聖地のイメージは、迫害される小アジアのキリスト教徒と教会を救出すること以上にたちどころに聴衆の心を捉えた。聖戦の戦士たちが思い描いたイェルサレムは、ヨハネの黙示録に描かれた神聖な都市であり、真珠の門を持ち、貴石をちりばめた城壁の内側では街路に金が敷きつめられ、「神の栄光の輝きに照らされて、太陽も月も無用」であった。そこには、「国々をいやすために」命の水が流れ、生命の木が葉を茂らせている。

聖戦の戦士たちが思い描いたイェルサレムの神秘的な魅力は、経済的社会的動機によってさらにふくらんだ。土地を獲得できるかもしれないと思うと、長子相続ゆえに相続の対象からはじき出された第二子以下の若者は胸躍らせた。ルオングル家の兄弟のような多くの者たちには、土地、戦利品、そして冒険に加えて、家長の監督から逃れる機会でもあった。だが魅力の最たるものが宗教にあったことは疑いない。「これまで盗人だった者たちを兵士たらしめよう」。ウルバヌスはある説教で呼びかけた。「かつて兄弟と争った者たちを今こそ、野蛮人との戦いに参加させよう……。一方には……神の敵がいて、他方には味方がいる」。味方が手にする報酬は、十字軍贖宥状（しょくゆうじょう）という新たな形の、罪の贖（あがな）いである。贖宥状の価値は、既存の懺悔制度のあいまいさのおかげで高まった。信徒は、告解の秘蹟がおかした罪に見合うものか確信を持てずにいたのだ。贖宥状の晦渋（かいじゅう）な神学はまだ編み出されていなかったが、罪ある者は神の恩寵によってゆるされることを、人々は理解した。

　十字軍は、騎士階級に受けのよい罪を償うためのもっと古い形式と緊密なつながりがあった。巡礼の旅である。ルオングル一家の城主、ベルナール・グロは土地をめぐってクリュニー修道院と争った罪を贖うため、一〇五〇年、ローマへ巡礼している。十字軍という武装した巡礼は、技能と武勇を通じて騎士がきれいに罪を贖える、さらに高位の形式とみなすことができるのかもしれない。なにしろ「巡礼の旅」（あるいは「聖地への旅」、または「イェルサレムへの旅」）は当時の人々が十字軍を指して用いる言葉であった。「十字軍」のラテン語は一三世紀に初めて登場し、各国語に誕生するのは（「封建主義」「ゴシック」「中世」とともに）一八世紀まで待たねばならない。巡礼の旅という習慣自体が十字軍の誕生に手を貸したのだ。巡礼者なら聖なる土地が異教徒の管理の下にあるのは耐えがたいからである。

　年代記作家シャルトルのフーシェは、十字軍の遠征に出発する騎士について書いている。「ああ、そこにはどれほどの苦悩があったことか！　愛する妻を、子や親や兄弟祖父母をおいて、そして財産を残して男が家をあとにするとなれば、家族はどれほど泣いたことだろう！……妻は夫の帰る日を指折り数える……。夫は妻を神に託して口づけすると、泣いている妻に必ず戻ると約束する。妻は、二度と夫に会えない恐怖のあまり、立っていることもできずに地べたに泣き崩れ、まるで生きている夫が死んだかのように、哀悼の涙を流した。男はというと、深い慈悲の心を抱いていたが、それは、泣きじゃくる妻でもなく……友の……悲しみでもないものに向けられているようだった。確かに彼は苦しんでいる者に力を貸そうとしていた。人知れず激しい苦痛を覚えながら……意を決して家をあとにしたのだから。だとしたら、われわれはこのように言うしかない。『これは神の御業（みわざ）。目の前で起きている、奇跡だ』と」。

急ごしらえでも、首尾は上々

騎士たちの聖戦部隊に先んじて、みすぼらしい群衆から成る「民衆十字軍」が東へ向かった。寄せ集めの群衆から成る民衆十字軍はウルバヌスの訴えが生んだ、教皇自身予想もしない異様な産物だった。修道僧の隠者ピエールと神聖ローマ帝国の無一文の騎士、ゴーティエ・サンザボワールのふたりのカリスマ指導者に鼓舞された、教会も諸侯も抑えのきかない何万という（年代記作家は誇張して一〇万と書いている）この群衆は、中央ヨーロッパを抜け、バルカン半島を南下して、一〇九六年秋、ニカイアに向かう途上、トルコ兵に殲滅（せんめつ）された。

まとまりを欠いた大衆の部隊とはまるで対照的に、騎士部隊の作戦行動はぬかりなく運んだ。フランス、フランドル、ノルマン領イタリアの諸侯（国王はひとりも参加していない）が率いる五つの部隊は、無傷で小アジアに到達し、戦闘態勢は万全、イタリアの商人と船乗り（それぞれこの遠征の恩恵に与(あずか)っている）の行き届いた支援のおかげで物資も十分だった。三年にわたる行軍、戦闘、そして攻城戦は、一〇九九年七月一五日、イェルサレムの攻撃でクライマックスに達した。

中世軍事史上刮目(かつもく)すべきこの勝利は、十字軍指揮官のリーダーシップもさることながら、困難に耐えて戦い抜いた個々の騎士の血のにじむような鍛錬、優秀な装備、高い士気をも大いに物語っていた。無名と言ってもよいが、騎士はこの物語の主役である。周知の十字軍の歴史を繰り返すことなく、騎士の歴史上、最大規模のこのできごとにおける騎士の行状を吟味すれば、得るところもあるだろう。

ひとりの騎士を聖戦の戦士たらしめたのは、クレルモンでウルバヌスが呼びかけた聖戦の誓いだった。それに従って騎士は、イェルサレムまで行軍し、キリストが復活したとされる聖墳墓教会で祈りを捧げることを誓った。その装束に縫いつけられた十字は、誓約を公に示す印である。誓いと十字によって入隊者を選別する一定の権限を得た聖職者は、「武器を帯びるにふさわしくない」者、「足手まといになる」であろう者を除外することが許された。

誓いと十字はまた十字軍に参加する者に聖職者としての仮の地位を授けた。十字軍騎士は、誓いと十字によって巡礼者が享受するのと同様の特権を得たのだ。臨時の聖職者とでもいうべき身分になることで、騎士は教会法に従うことになり、一般の法の適用を免除されることになった。遠征に出ている間、教会は、領地と家族を守ると約束し、さまざまな料金や税金の免除、債務返済の猶予、利子支払いの免除、臣下としての務めや裁判手続きの先送りを認めたのだった。

十字軍で戦ったおよそ三万人の戦士のうち、騎士はおそらく四〇〇〇人、あとは歩兵だった。女性や子どもを含む丸腰の巡礼が大挙して、部隊に随行していた。近代の軍隊と比較すると控えめな数字だが、中世の基準では十字軍はきわめて大規模だ。地方の人々の目には飛び抜けて大きい部隊に映ったことだろう。アルメニアの年代記作家、エデッサのマシューは「尋常でない大群衆」を「群れなすおびただしいイナゴか、数えることすらできない浜の真砂」に譬(たと)えている。

組織と資金調達は、急場をしのぐ急ごしらえのものだった。ウルバヌスは、司教アデマールを十字軍の総指揮官に任命した。そしてアデマールは、直接各部隊の間近で戦い、五つの部隊を結束させたが、どう見ても総大将という柄ではなかった。中央指令所はシリアに到着してもなお存在しなかった。諸侯は相変わらず自身の部隊を指揮し、そのもとで下級貴族——なかには臣下を伴って参加している者もいる——は独自に軍団を編成し、また各部隊の騎士は騎士で集団を作り、まとまって自分たちのリーダーを選出していた。戦闘では原則として騎士は個人で戦った。主導権を握り、先頭に立って城壁をはしごでよじ登ったり、前進の合図を出したり、その場の思いつきで小競り合いをはじめて指揮官を困惑させることもあった。騎士たちはまた、足並みを合わせることもできた。アンティオキアでは彼らが指揮官たちに談判してイェルサレムまで行軍を続けることになった。

驚くことではないが、指揮官同士の対立はしょっちゅうで、コンスタンティノープルからイェルサレムまで口論が絶えなかった（イェルサレムは教会の所有物になるべきか、自分たちのひとりが王として君臨するべきか）。しかし、いざというときには、齟齬（そご）は解決しないまでも看過して、効果的に助け合うことができた。また、通常は規則に従わない騎士たちがかなりの程度の規律を受け入れていたことも注目に値する。

貴族も騎士も土地を担保に入れるか売却するかして装備や食糧を調えていた。マコン地方の城主の御曹司、アシャール・ド・モンメルは、世襲財産を担保としてクリュニーの修道院に差し出し、資金を工面していた。私有地をそっくり売り払って資金を作った者もいるが、買い手は教会である場合が少なくない。ノルマンディ公ロベール二世（短袴公）はノルマンディ公領を担保とし、弟にあたるイングランド王ウィリアム二世（赤顔王（ルーファス））が臣民に重税を課して調達した一万シルバーマークの融資を受けたが、これが先例になって、その後、戦費調達の定番になっていく。第一回十字軍のときのルオングル家がどのように資金を準備したのか記録はないが、一二世紀、家督を継いだ子孫は所有地の一部を担保に入れたり売却したりしている。

ほとんどの騎士は、通常の軍事遠征に関する限り、馬と装備を自前で準備する。ボエモン・ドートヴィユと甥のタンクレードは装備の一部と馬を臣下の騎士に与え、トゥールーズ伯レーモンは損失を補填するための五〇〇マークの基金を設定した。すると「わが部隊の騎士たちは大胆に敵を攻撃するようになった。駄馬や疲弊した馬に乗っていた者は、失えば代わりによりよい馬を入手できることを知っていたからである」（レーモン・ダジール）。イェルサレムを目指す最後の行軍では、「わが部隊の騎士ともっと豊かな人々は」アラブ種の馬を購入した。

鎧もまた自前が通例だった。一〇九七年、夏の熱気のなか、アンティトーラス山脈の「最悪の山」を越えようと四苦八苦する鎧を着た騎士たちは「浮かない様子で……盾、立派な鎧、兜を数ドゥニエの金で売り払ったり、交換できるものがあれば何とでも取り替えようとしていた……」。騎士たちはその後、「武具を買って調整、修理することになった」。

旅費と食費は少なくとも一部は指揮官が負担した。コンスタンティノープルを目指す長い旅路を通して、十字軍は市場開催権、つまり食物を購入する機会を得ようと努めた。バルカン半島を通過するトゥールーズ伯は「兵士が無事に物を買い、生活に必要な品々を探すことができるように、スラヴ人の王［おそらくその地を治めていたボディン］にたくさんの貢ぎ物をした」。市場開催権が拒絶されると、手荒い手段に頼ることになった。略奪である。ボエモン・ドートヴィユとタンクレードの臣下の行為を記録していた名もない騎士は「非常に豊かな土地」バルカン半島横断を次のように報告している。「われわれは……食糧を買うため何日か滞在したが、住民は私たちに何ひとつ売ろうとしなかった……。そこでわれわれは、雄牛、馬、さらにロバを何頭か、目についたものは何でも強奪した……」。

略奪する十字軍騎士。左は、盗んだ羊の群れを追いヨルダン川を渡る十字軍。右は、ラクダを屠殺するゴドフロワ・ド・ブイヨン。(*Roman de Godefroi de Bouillon,* フランス国立図書館、MS. FR. 22495, F.78)

聖地に到着すると、十字軍には海からも物資が供された——アンティオキアでは、はじめは近くのシメオン港に到着したジェノヴァの船団によって、のちにはイングランドの巡礼船によって、そしてイェルサレムでは別のジェノヴァの船団によって物資が補給された。レーモン・ダジールは海の男たちを称えている。「十字軍のために、地中海と外洋［大西洋］の未知の大海原に船を出した勇者である。イングランドの船は……アングリア海に帆を上げ、スペインの海岸をまわり、外洋を渡り、地中海の荒波を越える大きな試練の果てに、われわれ戦隊より先にアンティオキアとラタキアに入港していた。キプロスなどの島々からの物資も、ジェノヴァとイングランドの船が確保してくれた……。こうした船が日々、海上を行き来しているのだ」。

海から離れると物資は自力で調達しなければならないが、首尾は上々だった。シャルトルのフーシェは、熟した収穫物が「神が与えたもうた糧として、準備されていた」と書いているが、地元の人々の見解が違っていたことは疑いない。

勝利に最も貢献した攻城戦

第一回十字軍が軍事技術（テクノロジー）と技能（テクニック）にもたらした革新は皆無といってよかった。中世の戦争について総じて言えることだが、全面対決は脇役に過ぎなかった。トルコのスルタン、クルチ・アルスラーンの部隊と戦闘は二度。ニカイア近郊とドリュラエウムでぶつかり合った。アンティオキアでも出撃してきた敵を討ちやぶり、リドヴァン、ケルボガの救援部隊を撃退し、アスカロンでエジプトの部隊を敗走させて、聖戦を勝利へ導いた。しかし、勝利に最も貢献したのは攻城戦だった。十字軍はたいてい包囲する側で、高い壁の向こうの防衛軍に対してつねに不利な立場にあった。それでもニカイア、アンティオキア、そしてイェルサレムとたて続けに陥落させたものの、アンティオキアの攻城戦には一〇九七年冬から翌九八年春までそっくり要している。アンティオキア南東部のマアッラト・アン＝ヌウマーンとトリポリ近郊のアルカでも、それより小規模ではあったが攻城戦がおこなわれた。

野戦では、騎士と歩兵の隊列が交互に連続して攻撃する「戦闘隊形（バトル）」を組んだ。アンティオキア近郊でケルボガと戦った際には、前列が歩兵、後列が騎士の二列からなるバトルが六つを数える。騎乗射手の支援を受けて戦う軽騎馬兵のトルコ軍は速攻、奇襲を好み、護衛部隊や分遣隊を待ち伏せて攻撃をくわえてきた。ドリュラエウムでは、十字軍部隊の一部に「奇声を上げながら武器を振り回し」「矢を雨のように激しく放ちながら襲いかか」って蹴散らしたが、折よく残りの部隊が到着して十字軍は窮地を脱した。「そのような戦闘方法は彼らの常套手段だ」とフーシェは書いている。

「敵は皆騎馬兵だ。一方われわれは歩兵も騎馬兵も擁している」。ケルボガの部隊はアンティオキアでは奇襲の甲斐なく十字軍に圧倒され、どうにか持ちこたえていたが、やがて「この先は矢を放つ遠戦ではなく、剣を交えた白兵戦になると見て取ると」山岳地帯へ逃げこんだ。

それでも十字軍は、ウルバヌスが「邪悪な人種」と呼んだ敵を称賛するようになった。

アンティオキアの攻城戦。街の外壁にはしごをかけて登る十字軍。13世紀の*Histoire de Jérusalem*より。（フランス国立図書館、MS. FR. 9081, F.44）

十字軍とサラセン人との出会い。サラセン人の一部は改宗を望んだが、戦いつづける者もいた。(*Les Chroniques de France,* 英国図書館、MS. ROYAL I6G VI, F.442)

年代記『フランク人の事績』の無名の著者は、自身も騎士だが、ドリュラエウムでの戦いのあとにこう記した。「トルコ人の技量、戦場での能力、勇敢さについては、……いかに豊かな経験と教養のある者でも描写のしようがないくらいだ。トルコ人の間では、生まれながらに騎士となる素質があるのは、共通の祖先を持つフランク人と自分たち以外にはない、と言われている。それは真実である。トルコ人がもし、キリストと神聖なキリスト教へのゆるぎない信仰を持っているのであれば、また進んで三位一体の神を受け入れ、神の子は処女懐胎で生を受け、受難の先に死からよみがえって弟子たちの目の前で昇天したことや、弟子たちに聖霊の癒しを十分に与えたこと、そして天も地もその神の国であることを正しく、心から信じていたなら、トルコ人以上に強く、勇敢で、戦術にも長けた戦士を見つけることはできないことは、誰も否定できない。けれど神の恩寵により、彼らはわれわれの同志に打ち負かされたのだ」。

攻城戦では、ヨーロッパ人によって効果のほどが試されてきたありとあらゆる戦術を用いた。封鎖、兵糧攻め、各種の攻城兵器、地雷、はしごをかけて城壁を攻めるはしご登り、そして策略、すなわち賄賂だ。

封鎖は長期戦を招き、時に、包囲されている側よりも包囲する側を苦境に立たせることがあった。アンティオキアでは、「富める者も貧しい者も飢餓に苦しみ」、騎士たちは「野に生えている豆の芽や、さまざまなハーブを塩もつけずに食べた。アザミも、そして馬もロバもラクダも犬もドブネズミさえ食べた」。マアッラト・アン＝ヌウマーンでは、フーシェによると、十字軍騎士たちは人肉を食糧にしなければならなくなって「［死んだ］サラセン人の臀部を……切り取り、調理した」。イエルサレムでは、食糧は足りていたが、敵に井戸や湧水を埋められたために、のどの渇きに苦しんだ。

アンティオキアで十字軍騎士の間に伝染病が蔓延したが、感染を逃れた者（右下）もいた。（フランス国立図書館、MS. FR. 9081, F.65v）

攻城兵器には破城槌、飛び道具の投石機（カタパルト）と大型弩砲（バリスタ）、城壁を攻撃するための木製攻城塔などがあった。こうした兵器はたいていその場で組み立てられた。ニカイアでは十字軍は「装置を作らせた。城門を打ち破る破城槌、［城壁の下に坑道を掘るための］ソー、木製攻城塔、そしてタイプの異なる各種投石機……。敵も味方も一心に戦い、攻撃を応酬した。兵器で武装したわれわれはしばしば街へ殺到したが、堅固な城壁に阻まれ、攻撃は徒労に終わった。トルコ人が、フランク人が、矢や石が命中して、命を落とした」。

十字軍はニカイアで塔を一基土台から崩している。「任命された掘り手の周囲に、クロスボウや弓の射手が守りについた。そのようにして城壁の基礎まで掘ると、その下に材木や薪を差しこんで、火をつけた」。塔は夜のうちに倒壊したが、敵は急ごしらえの城壁を建て、「夜が明けてみると、そこから攻め入ることはできなくなっていた」。ニカイアの街が陥落するのは結局、戦闘の末に十字軍が救援部隊をけちらし、東ローマ皇帝によって降伏の交渉がなされたあとのことだ。

アンティオキアでは、城壁に攻め入るために、「砦」となる攻城塔を何棟か建てたが、結局、策略に頼ることに決めた。城門は、トルコの指揮官のひとりによって開かれた――フーシエはその理由を、キリストが現れて、「キリスト教徒にこの街を返すように」と命じたからだと記しているが、その指揮官が相応の賄賂を受け取ったからという説もある。

マアッラト・アン＝ヌウマーンでは、敵側は「カタパルトによる石、投げ矢、火だけでなく、ミツバチの巣や石灰をこちらの頭から浴びせた」。しかし、岩や武器による集中砲火に援護されながら、騎士たちは城壁によじ登り、夜になるまでにはほとんどの塔を攻め落とした。最終攻撃のために夜が明けるのを待った騎士たちが、悔しい思いをしたのは、敵が逃げてしまっただけでなく、随行してきた巡礼たちが戦利品や家屋敷の分け前のいいところを奪ってしまい……、自分たちには……みすぼらしい残り物しかなかったことだった。

イェルサレムの征服は、マアッラト・アン＝ヌウマーンの征服と同様、攻城戦の戦術の勝利だったが、心理的な動機が功を奏した一例でもあった。騎士たちは熱意も新たに戦い、しかもはじめは攻城戦用の武器をその場で考案した。それが失敗に終わると、ヤッファへ別動隊を送り、そこでジェノヴァの提督ウィリアム・エムブリアコから「ロープ、ハンマー、斧、くわ、手斧の供給を受け」、装置の組み立て方を教わった。皆、作業にとりかかった。「われわれは追い立てられるように働いた、汗水流し、組み立てて、力を合わせた……。ただし、公の徴収金から支払いを受けている職人たちと……レーモン伯から賃金を得ている臣下たちは、金のために働いていた」。新しい装置が向き合っている目の前の市壁をサラセン人が強化したことがわかると、指揮官たちは夜の間に装置を移動させる作業にとりかかった。「自信をもって請け合うが」とレーモン・ダジールは書いている。「組み立てた装置をはずし、一マイル以上も移動し、また組み立てるのは、簡単な作業ではなかった」。七月一四日の朝、攻撃がはじまった。攻城兵器が市壁の方へ押し出されるにつれ、「敵は、キリスト教徒の頭上に、石や矢、火のついた薪や麦わらを雨のように降らせ、松やに、蠟、硫黄、麻くずをぼろ布で巻きつけて、火をつけた木槌を投げつけた」。

その晩、双方の陣営はともに壁と装置の修復に躍起になって働いた。そして翌朝の攻撃再開。正午までには十字軍は、挫折し弱気になり、敗北を考えていたが、その矢先、レーモン・ダジールの伝えるところによると、「無名の」ひとりの騎士が「オリーブの丘から盾を使って、［トゥールーズ］伯をはじめとする者たちに進めと合図を送った」。これに触発された騎士たちは気を取り直し、懸命に壁を登った。年代記作家の『フランク人の事績』によると、市壁に最初に足をかけた騎士はトゥルネから来たフランドルの騎士、リトルドだった。門が開けられ十字軍が市中になだれこんだ。

野蛮な行為は中世の兵士につきまとう一面

その後の大虐殺は、西ヨーロッパ、ギリシャ、ユダヤ、さらにはイスラムのあらゆる年代記に報告されている。レーモン・ダジールは、建物のなかにも街路にも切断された死体がころがり、騎士や武器を持つ男たちに踏みつけられたと書き、「ソロモンの神殿では……騎士たちは馬の膝や手綱まで届くほどの血の海のなか、馬を進めた」とはったりをかました。フーシェによると、「十字軍戦士たちは女、子どもでも容赦しなかった」。一世紀あとの著作でチレの大司教ウィリアムは、「勝利を収めた者たち自身が、あまりの恐ろしさ、不快さに衝撃を受けるほどの行状だった」と断言しているが、同時代に書かれたものには、そのような反応を伝える記録は存在しない。むしろ虐殺を「神を冒瀆した異教徒［に対する］因果応報」（レーモン・ダジール）として正当化したのだった。

ほかにも十字軍が犯した衝撃的な蛮行はおびただしい。スラヴ人捕虜の体を切断し、アンティオキアとアルバラで捕虜を虐殺し、マアッラト・アン゠ヌウマーンで「不運なイスラム教徒」を拷問し、生首を柱の上にさらし、砲弾の代わりに用い、飲みこんだ金を探すため体を切り刻むなどだ。ただし野蛮な行為は、必ずしも敵が異教徒だという事実に触発されたものばかりではない。大虐殺と拷問はヨーロッパの戦争ではごくありふれており、その後数世紀にわたって続いた。野蛮な行為は、騎士であれ、そうでない者であれ、中世の兵士につきまとう一面だった。

戦死した敵の生首を使ってニカイアを砲撃する十字軍。（*Les Histoires D'Outremer,* フランス国立図書館、MS. FR. 2630, F. 22v）

宗教的熱狂と残虐行為との関係がどうであれ、戦争を競技に変える騎士の傾向に歯止めがかかることはなかった。アンティオキアでは、「騎士たちが上機嫌で軍歌を歌っていて、目前に迫った戦闘をまるで競技のようにみなしている部隊の空元気」をレーモンは激賞している。ケルボガとの戦いでは、戦闘に先だち、双方から選抜された者たちが戦ってケリをつけようと十字軍の指揮官たちが提案したが、トルコは拒絶した。

騎士には土地が手に入ると約束され、遠征中は多くの騎士が確かに定住するつもりでいた（彼らは「夜中に寝床を出て」ヨルダン平原に家屋敷を押さえに行ったと、ある年代記は書いている）にもかかわらず、じっさい聖地にとどまったのはほんのひと握りにすぎなかった。それでさえ、定住者でも土地所有者でもなく、駐屯兵として残った者が大半を占めた。王や公におさまり、しばらく君臨する指揮官もいた（ブイヨン伯ゴドフロワ、ボエモンとタンクレード・ド・オートヴィユ、そしてブローニュ伯ボードワン）が、一方で、戦闘と厳しい遠征を生き延びた騎士たちは大半が故国へ戻っていった。ここに、同じ時代の大規模なもうふたつの軍事遠征――イングランドとシチリアのノルマン征服――に参加した騎士との際だった違いがある。ヨーロッパの人間にとって、シリアとパレスチナは永住（パーマネント・ホーム）の地として明らかに魅力に欠けていたのだ。

その後の十字軍の歴史は、本質的に、あとに残った駐屯部隊を保持し、補強するための苦闘の歴史で、主力はテンプル騎士団、ヨハネ騎士団、ドイツ騎士団だ。この三つの騎士団（宗教騎士団）については章を改めて論じることにする。

キリストの戦士の記章は真の騎士の印

総じて言えば、近代の歴史家は十字軍について否定的な見解を表明してきた。イスラムの文化がじわじわと西欧に浸透していったのは、かつては十字軍の功績とされたが、今日では十字軍とは別の、おもにイタリア、シチリア、スペインにおける両者の接触からゆっくり広がっていったと考えられている。しかし、厳密に騎士階級の視点に立つと、この壮大な冒険には（個々の騎士がどんな運命をたどったにせよ）底知れぬ、有益な効果があった。第一回遠征に赴いたルオングル家のふたりの息子や第二回遠征で命を落としたアンベール・ルオングルの孫のように、生家を出るほかない息子たちのために必須の安全弁を提供した。田舎に暮らす騎士――その世界は村と最寄りの城とおりおりのシュヴォシェあるいは巡礼から成り立っている――は遠征に参加することで見聞を広げた。目新しい風景に出会い新奇な思考に触れるばかりか、フランス領内、さらにはヨーロッパ各地の騎士や領主と交わった。もっとのちの遠征では国王や皇帝にさえ拝謁している。エリート同士のこうした交流は、封建制度の下、各地に群雄が割拠する分断状態に歯止めをかける一助となり、国民感情を育む力になると同時に、旅と贅沢という嗜好を身につけた騎士の生活様式を豊かなものにしたのだった。

何より重要なのは、十字軍、とりわけ第一回十字軍遠征が騎士の身分（「神の平和」と「神の休戦」のなかから生まれた騎士道精神）のキリスト教化に甚大な影響を与えたことである。聖なる土地で戦ってきた者は、目に見えないキリストの戦士の記章を身に着けることになったが、それは一二世紀には真の騎士の印と見なされていたに違いない。

原注

（1）もうひとつの収入源、フィエフ＝ラント（fief-rente）は、一二世紀の早い時期に現れたもので、土地授与に代えて金銭を支払う封建時代の制度だが、傭兵の雇用と異なって忠誠の誓いを伴い、父から息子へ受け継がれた。

第四章　吟遊詩人と騎士道の文学

「……私が指名しよう
この指で――」先人のひとりを指し示し――
「その人は母なる言葉の腕のたつ職人だった。
愛の詩においてもそして物語においても
誰よりも優れていた」

――ダンテ「煉獄篇」

まず初めに、アルナウト・ダニエル、
偉大な愛の巨匠、彼の祖国では
その奇抜で美しい歌ゆえに今も称えられている

――ペトラルカ「凱旋」

アルナウト、愛を歌う

騎士に最大の衝撃を与えた一一世紀の出来事が第一回十字軍であるなら、騎士階級に及ぼした一二世紀の最も重大な影響は、それとはまるで異なる分野にあった。ほとばしる騎士道文学、なかでもトゥルバドゥールと呼ばれる吟遊詩人が歌った愛の詩である。トゥルバドゥールは、後継者である北フランスのトルヴェールやドイツのミンネジンガーもそうであるように騎士階級に属していた。その詩には随所に創造性と洗練が見られ、第一回十字軍の年代記作家が書く、素朴に神を称える飾り気のない文になじんだ人々には、目を見張るようなものだった。文化水準の高い南フランスの宮廷や城での生活の只中にあって、こうした騎士階級の詩人たちの名声は、十字軍から三世代にあたる「一二世紀ルネサンス」の終盤に最高潮に達し、大きく発展した学識、法、科学、哲学、歴史書などの分野に肩を並べた。

個々の戦士の詳細がよくわからない十字軍戦士と異なり、騎士詩人たちはみずからの個性を作品のなかに、後世に残る形で記録に残していたし、それ以上のことが知られている場合も多い。ダンテとペトラルカに称賛され、エズラ・パウンド（をはじめとする詩人たち）に翻訳されたアルナウト・ダニエルもそのひとりで、一三世紀の写本には、ヴィダと呼ばれる略歴が付随している。

「アルナウト・ダニエルは、アルナウト・デ・マロイユ［別のトゥルバドゥール］と同郷で、ペリゴール主教区はリベラック城出身の貴公子である。書くことに堪能で歌を作ることを愛し、学問の道を捨て、吟遊詩人になった。凝った韻をふむ作詞法を取り入れたため、その作品の解釈は容易ではない。また、ガスコーニュの貴婦人、ギエム・ド・ブオヴィラ夫人を愛したが、その愛は報いられなかった。そこで言った。

『我が名はアルナウト風を集め

雄牛とともに野兎を狩る
そして上げ潮に逆らって泳ぐ』」

リベラック城（現存しない）は、ボルドーの北西五〇マイルのドロンヌ川の岸辺にあった。ペリゴール伯（タレーラン家）によって一〇世紀に建てられ、息子や弟である子爵の居城とされた。城内でのアルナウト・ダニエルの地位はわかっていないが、「貴公子」という表現は、騎士の息子として生を受けたことを示しており、貴族だった可能性もある。「書くこと」に堪能だったとされていることから、長男ではなく、聖職者になると目されていたと考えられる。別のトゥルバドゥールによると、「アルナウトは、学者だったが賽子と双六で身を持ち崩し、過ちを悔いるかのように、みすぼらしい身なりで金もなく、うろついていた」。トゥルバドゥール騎士のベルトラン・デ・ボルン（活躍期一一七五年－一一九六年）の友人だったらしく、詩を捧げている。一一八〇年五月におこなわれたフランス王フィリップ二世の戴冠式に出席したことが、作品から推測できる。その頃から一二一〇年までの期間、多くの作品を残している。彼の略歴に添えられた記事には、リチャード獅子心王の宮廷でおこなわれた詩の競技会に参加したとあるが、おそらく虚偽だろう。

「誰よりも秀でていた」詩人について、現存する情報はこの程度である。近代の批評家の評価はおおむねダンテやペトラルカによるものと一致している。一二、三世紀にいわゆる「プロヴァンス風」の詩をあふれるように作り出して西欧文学を豊かにし、北フランス、スペイン、ドイツ、イタリアの同様の文学の流れに勢いを与え、ヨーロッパの文学史に長きにわたる影響を及ぼしたたくさんの騎士詩人のなかで、最も才能に恵まれていたのがアルナウト・ダニエルだった。

トゥルバドゥールはクリエイター

「プロヴァンス風」の新しい詩を際立たせる要素は、ふたつあった。ラテン語ではなく、土地の言葉、「母国語」で書かれたこと、そして主題は慣例として、空想上の恋愛だったことである。恋愛は、詩の主題としては決して新しくはないが、ローマの詩人はそれを現実的に（カチュルス）、あるいは英雄的に（ヴェルギリウス）、あるいは風刺的に（ホラチウスとプロペルチウス）扱った。中世初期のラテン語の詩は、もっと深刻な哲学的、あるいは宗教的な主題について書かれることが多く、女性が称賛されるのは、守護聖人として登場する場合に限られた。新しい詩が描いた空想上の恋愛は、新しい主題をもたらした。それは、愛する者が経験する感情と愛の対象の両方を理想化することだった。

トゥルバドゥールは「プロヴァンスの詩人」と呼ばれるのが通例だ。しかし、この表現はいささか誤解を招きやすい。というのも、ローヌ川より東の古代ローマの地域、いわゆるプロヴァンス出身者はごく一部にすぎないからだ。ただ、誰もが「プロヴァンス語」で詩を書いた。これは南フランスの言語で、正しくはオック語（ラングドック）といい、北フランスの言語、オイル語（ラングドイル）に対して使われる名称である（オックもオイルも英語のイエスにあたる単語である）。一方言としてのみ残っているロマンス語のひとつで、フランス語よりはポルトガル語やスペイン語に近い。残っているトゥルバドゥールの名前は四六〇、生い立ちがわかっているのは半数強だ。そのうち、四分の一はプロヴァンス出身で、四分の一は隣接するラングドック出身である。残りは主にペリゴール、ガスコーニュ、リムーザン、ラマルシュ、オーヴェルニュ、ケルシー、ポワトゥ、ルエージュ、ダウフィネ、ヴィエンヌ、ヴレーなど——つまり、フランス南部のあらゆるところから来ている一方、北イタリアやスペインに起源をもつ者も、ひと握りいた。

「トゥルバドゥール」は詩人の活動を表す「トロバール」から派生していて、現代フランス語で「見つける」という意味の「トゥルヴェ」が、同じ語源である。トゥルバドゥールは、「見つける人」だった。発見者、発明者、クリエイターである。トゥルバドゥールは歌を作った。歌詞としての詩を書いた。より低い階級に属し詩人ではなく芸人とみなされたジョングルールとは一線を画す、騎士階級の一員だった（近代の学説によると、ジョングルールは当初ジャグラー、アクロバット、あるいは手品師で、のちに芸に音楽を取り入れたとされている）。トゥルバドゥールは、自作の詩を歌うこともあれば、ジョングルールに歌わせることもあった。なかには、作品のなかにお抱えのジョングルールを詠みこんだり、彼らに詩を贈ったりする者もいた。

ヴィダには決まった形式があり、詩人の出身地、社会的状況、恋愛の火遊びに重きを置いた経歴の概略、それに詩人として音楽家としての才能に対する短評が記されている。こうしてわれわれは、アルナウト・ダニエルの出身地、属する社会階層、その詩作を触発したと思われる満たされない恋愛を含む人生の概略、さらに手のこんだ韻律のせいで、難解になっているという、作品の評価も知ることができる。写本でしばしば、詩に添えられている解題（ラゾ）（詩が作られた状況の説明）は、歌を紹介するために吟遊詩人によって音読されたことがわかっている。ヴィダにしてもラゾにしても、うのみにするわけにはいかない。どちらも、他の詩人による詩句の断片を集めて念入りに作られたことがあきらかな場合も多い。伝説や物語を取り入れたものさえあった。リチャード獅子心王の宮廷での詩の競技会の話を含むアルナウトのラゾは、別のトゥルバドゥールについての逸話としても登場する。それでも、トゥルバドゥールの階級の起源についてのいくばくかの事実は、ヴィダとラゾから推察できる。トゥルバドゥールは騎士の詩人で、騎士のために、騎士について詩を書いた。父親が必ずしも騎士でなくても、本人は騎士の地位を有していた。多くのヴィダは、当該の人物は騎士または騎士の息子であると述べている――そして往々にして、「騎士」の前に「貧しい」という形容詞が添えられている。なかには城主の家系出身のトゥルバドゥールもいて、困難な時代に家が没落したことがあきらかな場合もある。有力な領主も何人かいて、たいていはトウルバドゥールの後援者となってから、自身でも詩作をはじめた者たちだった。リチャード獅子心王、アラゴンのアルフォンソ二世、オレンジ公ランボー、ヴェンタドルンのエブルス、ポワトゥの執事（セネシャル）を務めたモーレオンのサヴァリック、ロデーズ伯エンリック一世、レボー領主ギエム、マレスピナ侯の息子アルベールといった人々だ。トゥルバドゥールのなかには中産階級出身の者もいた。生地商人の息子、仕立屋の息子、毛皮商人の息子、金細工職人の息子、あるいはただ、「中産階級の息子」とだけ書かれた者もいる。聖職者もいた——修道僧、神父、あるいは大聖堂に所属していた司祭が、あるヴィダの言葉を借りると「この世の虚しいものへの愛に溺れ」聖職を捨てたという。「賤（いや）しい生まれ」の者も何人かいた。そのなかには、もしヴィダに書かれたことが事実なら、ふたりの偉大なトゥルバドゥールが含まれている。裕福な家の戸口に、それとなく婚外子であるとわかるように置き去りにされていたマルキャブル（活躍期一一二九年－一一五〇年）と、父が火夫で、ヴェンタドルン城のパンを焼くかまどに火を入れる仕事をしていたとされる

RUINS OF THE CASTLE OF VENTADORN (VENTADOUR), IN SOUTH-CENTRAL FRANCE, WHERE TROUBADOUR BERNART DE VENTADORN WAS BORN, SON OF A CASTLE SERVANT.

フランス中南部のヴェンタドルン城（ヴァンタドゥール）の遺跡。トゥルバドゥール、ベルナール・デ・ヴェンタドルンは、城の使用人の息子としてここで生まれた。

ベルナール・デ・ヴェンタドルン（活躍期一一五〇年－一一八〇年）だ。あるトゥルバドゥールは、貧しい漁師の息子で、ヴィオラ・ダ・ガンバと作曲を習い、ジョングルールになったが、まもなく「オーヴェルニュ伯がお付きの騎士に取り立て、衣装と武具を調（ととの）えて、領地を与えた」。ヴィダの八編は女性のトゥルバドゥール、トゥロバイリッツについて書かれている。例外なく、高貴で、教養が高く、大部分が「非常に美しい」とされていた[1]。

トゥルバドゥールの騎士の美徳が強調されている点は、ほとんどすべてのヴィダに共通している。「礼儀正しく能弁である」、「すぐれた騎士であり、すぐれた戦士である」、「貧しい騎士だが育ちがよく、賢く、武器の扱いに長（た）けている」、「優秀で価値ある人材」、あるいは「見目うるわしく魅力的な貴公子で、天賦の知性がある」という具合だ。トゥルバドゥールの後援者で、自身もトゥルバドゥールでもある有力な領主たちは、さらなる騎士としての美徳を兼ね備えていた。すなわち、寛容で、気前がよかった。

トゥルバドゥールが最初から詩を書き留めていたのか、あるいは歌が口伝えで伝わり、一三～一四世紀に書き留められたのかはわかっていない。だがその韻律形式は多くの場合、あまりに複雑で、口頭で作詞することは不可能のように思える。とはいえ、多くの騎士がそうであったように、トゥルバドゥールのなかには読み書きができない者もいたかもしれない。ヴィダには、多くが「教育あり」と記載されているが、それは「高い教育を受けている」とも、単に「育ちがよい」とも読み取れる。聖職からトゥルバドゥールになった者たちは、たいてい「読み書きができた」と記されているが、これは、アルナウト・ダニエルの場合のように、ラテン語を習得していたことを意味する。

宮廷から宮廷へ

大多数は詩作で生計を立てていた。たいていは自活の道を見つけなければならない騎士や城主の長男以外の息子たち、あるいは騎士の家柄の一員で、土地を失った者だったと思われる。中産階級の生まれの者も少数含まれているが、おそらくはよりよい社会的地位を求めていた者たちだろう。彼らは才能に恵まれていた。ヴィダが描いているように、「巧みに歌い、曲を作り」、「ヴィオラ・ダ・ガンバ」を演奏し、「天性の感覚にすぐれ」、「器用で」、「魅力的で」、「賢く」、「雄弁」だった。トゥルバドゥールへの転身は、知性、芸術的才能、あるいは社会的技能にすぐれた者たちに開かれた、より高い地位に向かう道だ。あとは、後援者を見つけさえすればよかったのだ。

場合によっては、貧しい騎士がより裕福な騎士、あるいは有力な領主に身元を引き受けてもらうこともあったと、ヴィダは伝えている。「衣装や武具を調え」てもらい、土地も与えられていた。しかし、騎士はみずから後援者を見つけなければならないことのほうが多く、数週間、数ヵ月、あるいは年単位の滞在で、宮廷から宮廷を渡り歩く旅をしていた。「城から城へと」移動して「世界――トゥルバドゥールの活躍した、南フランス、イタリア北部のロンバルディア、そしてスペイン北部からなる世界である——を遍歴」したトゥルバドゥールの様子が、多くのヴィダに紹介されている。トゥルバドゥールの活動が、これだけの人数を支えるほど職業として成り立っていたことから、一二世紀のフランス南部の物質的豊かさと嗜好がわかる。近代になってから、印刷の力を借りてさえ、数多くの一流のものを含むこれ以上の数の詩人を輩出した時代、あるいは地域があっただろうか。これほどまでの数の詩人が、詩作によって生計を立てられたことはなかった。

ある学者がトゥルバドゥールの詩を、根も茎ももたず、いきなり現れて「一二世紀フランス南部でつぼみをつけ、開花し、咲き誇って」、人の目に触れた花にたとえている。根と茎は古典文学、キリスト教の思想、そしてムーア人占領下のスペインに探し求められてきた。ボエティウス（四八〇年頃-五二四年）、ウェナンティウス・フォルトゥナトゥス（五三〇年頃-六〇三年頃）、アルクィン（七三五年頃-八〇四年）、そしてラバヌス・マウルス（七七六年-八五六年）といったラテン語で詩作した中世初期の詩人たちはトゥルバドゥールにはお馴染みの存在だったと推察される。だが、あらゆる中世文学に絶大な影響を及ぼしたオウィディウス（紀元前四三年-一八年）もまたよく知られていた。音楽は一部、教会音楽をそのまま取り入れているが、詩の形式にも同じことがいえる。世俗の女性をほめそやす言葉さえ——大胆にも——聖母マリアを称える言葉をそのまま借用することがしばしばあった。トゥルバドゥールは意中の貴婦人を「崇拝」していて、「あのお方は他の女性とは比べようも」ないのだった。

一方で、イスラム教徒が支配する一一世紀アンダルシア地方の口語を取り入れたザジャルや、副韻と脚韻を連接形式にまとめたムワッシャハなどを詩の起源とする学者もいる。リュートやレベック（初期のヴァイオリン）の伴奏で歌うために書かれたこれらの詩は、その生き生きとした韻律、複雑な韻の配列、洗練された諧調が特徴である。主題は、報われない愛、自己犠牲、永遠の忠誠、この世の何にも勝る至上の愛などだった（女性のトゥルバドゥールの先駆者のひとりはイスラム教徒だったこともわかっている。青い瞳で赤毛のワランダは、カリフ・アル・ムタキとキリスト教徒の奴隷との間に生まれた娘で、自身が学者や詩人の後援者でもあった）。

スペインでのイスラム教徒とキリスト教徒の間の文化交流は、国土回復運動（レコンキスタ）で戦ったフランス出身の騎士によって、フランスに伝えられた。イスラムの奴隷をフランスに連れ帰った者や、イスラムの女性と結婚した者さえいた。一〇六四年にフランスがスペイン北東部のバルバストロを征服したとき、騎士一人ひとりに報奨として家一軒ずつが——家具調度、召使い、女、子どものすべてをそのままに——与えられた。財産を取り上げられたあるアラブの男は、お金を払って娘を取り戻そうと、ユダヤの商人を送りこんだ。征服者はムーア人風の服を着て、長椅子に座り、イスラムの娘たちを侍（はべ）らせていたという。そして、娘のひとりとすでに結婚し、息子をおおぜい産んでもらおうと思っていると言って、身請けの申し入れをはねつけた。「この娘のイスラムの先祖はこの国を奪ったときに、われわれの国の女性を同じ目に遭わせた。今度はわれわれが、同じようにするのだ」。征服者はそう言うと、娘の方に顔を向け、リュートを弾いて、客人のために何か歌うよう、片言のアラビア語で言った。ユダヤの商人は以下のように続けている。「その騎士が非常に熱心な様子であることに、私は驚き、喜ばしく思いました。まるで歌詞を理解しているかのようでした。もっとも、相変わらず、酒を飲みつづけてはいましたが」。

「最初のトゥルバドゥール」

バルバストロ奪還の遠征隊を率いていたのは、アキテーヌ公だった。その息子、ギヨーム（ウィリアム）九世（一〇七一年－一一二六年）は、作品が現存する最も古い詩人であることから、「最初のトゥルバドゥール」と呼ばれてきた〔訳注・ポワティエ伯ギエム七世、ギエム・デ・ペイチュと呼ばれることもある〕。年代記作家オルディリクス・ヴィタリスの記録から、ギヨームは、「明朗快活」で、一一〇一年の十字軍に参加したときの聖地での失敗譚を「技巧的で変調のあるリズミカルな詩」に詠みこんで「キリスト教徒の王、有力者、群衆を楽しませた」とされることから、そうした芸がすでに、伝統的なものとして認められていたと推測される。

ヴィダが伝えるギヨームは、「世界有数の立派なご機嫌取りで、女性を手玉にとるのも超一流、戦うときにはよき騎士であり、気前よく分け与え、世界を股にかけて女性遍歴を重ねた」。年代記作家でもある聖職者、マルムズベリーのウィリアムはもっと厳しく、「おどけ者でイェルサレムから帰るまでに、ありとあらゆる悪行にふけった、不道徳な男……真面目に取り組むことは一度としてなく、すべてを冗談にしてしまい、聞く者は笑いが止まらなくなる」と評した。

ギヨーム九世の現存する一一編の詩のうち五編——最も有名——がバーレスク〔訳注・既存のジャンルや作品の約束事、特徴を茶化した風刺や茶番の要素をもつ文学作品〕で、なぞかけの詩「私は何についても書かれていない詩を書こう」と、ラブレー風の「詩を書いて、眠ろう」が含まれる。「詩を書いて、眠ろう」は、身持ちの堅いふたりの既婚女性を相手に「戯れの恋」をして一週間を過ごすため、聾啞（ろうあ）を装った騎士の物語である。同じく艶っぽい「仲間たちよ、私はなんと残念な道連れを同行してきたことか」では、妻の貞操をあまりに厳しく守る夫を野卑な言葉で痛罵する。彼は守りの堅い女の秘部を魚のいない釣堀と同じくらい嫌悪する。最初に女性器を守った男は不慮の死を遂げるべきだったのだと。

なぜなら召使いや護衛は決して
主人に悪いようにするわけはないのだから
でも女の秘部については言っておこう、そのそもそもの本質を

それにまつわる悪事を重ねそこからさらなる悪を受け取った男として
誰かが盗みを働けば物は減るのが世の常だけど、女性器だけは増殖する。
だから、秘密の藪のなかで木が切られると、以前一本があったところに二本、三本の木が
生えるという、

そして木は切り倒され、さらに豊かに茂って戻り、
領主の懐に入る分が目減りすることはない。
荒廃を嘆くのは誤りだ損害がまったくないというのに。
荒廃を嘆くのは間違っている被害をまったく受けていないなら。

ギヨーム九世にはほかに、死に直面したときに書かれた別れの歌が一編、残りの五編はトゥルバドゥールに特有の「愛と喜びと若さ」がテーマになっている。韻文の大のお気に入り——春の訪れに対する挨拶——の、口語で書かれた最古の例、「新しい季節の甘美のなかで」もギヨームの作で、さえずる小鳥、花をつけるサンザシを描写したあと、肉体的な愛を陽気に歌って終わるのが特徴だ。

愛について調子に乗って語りたい者には語らせておこう、
われわれにはごちそうとナイフがある。

初期のトゥルバドゥールは、自分たちのあらゆる詩をただ「詩」と呼んだにすぎないが、ギヨーム九世の五編の愛の詩はトゥルバドゥールの形式のなかで最も一般的なカンソに属する。一二世紀の中頃までには、別の形式が生まれていた。風刺のシルヴェンテス、詩で議論するテンソ、後朝（きぬぎぬ）の別れの歌アルバ、身もちの堅い女羊飼いと誘惑する騎士との対話パストラル、短い詩コブラ、そして偉大な人物の死を悼むプランヌ、などである。

中世の歴史と評論の言語はその多くが一八世紀の賜物なのに、トゥルバドゥールの詩を語る言葉は完全にその時代のものである。世俗的で機知に富み、自意識の強い韻文は、当事者たちとその周辺によって論じられ、評価された。詩人たちは互いを批判したり風刺したりしながら韻文を作り、詩を理論化した。文学的論争が繰り広げられ、挑戦状をたたきつけ合うように詩が交換された。詩は、ベルナール・デ・ヴェンタドルンやライモン・デ・ミラヴァルの作品のように、明白でとっつきやすく理解が容易で、その性質が社交的である（トロバー・レウ）べきなのか、それともアルナウト・ダニエルの作品のように、含みや微妙なニュアンスをもたせた独特な言葉を駆使し、個人的、暗示的、難解である（トロバー・クリュス）べきなのか？　マルカブリュは自分自身でも理解できない詩を書いたことを、吹聴していた。あるいは不協和音のような辛辣な言葉を使ったもの（トロバー・ブラウス）であるべきか、耳触りのよいもの（トロバー・プラン）であるべきか、さらに繊細なもの（トロバー・プリム）であるべきか？

歌は大概、スタンザからなっていて、同じ韻律の、通常七つまたは八つの節とトルナーダと呼ばれる二行から四行の結びの部分がある。作品によって韻の配列と韻律は異なる。非常に入り組んだ韻の配列を有する詩もあった。

「宮廷風の愛」は野心を秘めた戯れの恋

トゥルバドゥールの詩は、独創的な個々の詩人の作品ではあるが、明白な共通点がある。それは男の自己実現の手段としての愛というテーマで、どの詩もこれについて書かれているといっても過言ではない。どのような愛が、この目的を最も満足させたのだろう？　トゥルバドゥールたちは、あらゆる形の愛を検証し、分析し、はかりにかけた。宮廷におけるマナーや習慣に則った肉体的な愛、遠く離れた手の届かない貴婦人に向けられた、空想のなかでのみかなえられる夢のような愛、神あるいは聖母マリアに向けられた、超自然的な次元の愛。詩人たちは、表現を尽くして、「よき愛」と「悪（あ）しき愛」を定義した。「悪しき愛」はつねに抑えのきかない情欲だが、「よき愛」には、空想上の愛のほかに、理性と節度によって抑制された現世の愛、あるいは単純に、宮廷での正しい振る舞いとされるものに沿った行動が含まれる可能性があった。

トゥルバドゥールの詩のなかの現世の愛には、不変のひとつの特徴がある。不義である。愛の対象はつねに、既婚の女性で、女性の地位はつねに詩人のそれよりも高く、詩人はへりくだって崇拝しつつ、「お仕えする」ことを切望しながら女性に近づく。相手の女性は残酷で嘘つきのこともあれば、親切なことも、手の届かない存在のままでいることもあった。トゥルバドゥールの詩のなかで繰り返し演じられてきたこのふたり芝居の背景には、脇役ながら欠かせないひと組の登場人物がついてまわった。嫉妬深い夫と噂好きで皮肉で、心ない誹謗中傷を言いふらす群衆である。

愛の金糸で結ばれるトゥルバドゥール。14世紀のミンネジンガーの詩歌集、マネッセ写本より。(ハイデルベルク大学図書館、COD. PAL. Germ. 848, F. 251)

この「宮廷風の愛」――一九世紀のある評論家の造語である――は、中世の文明が見せる他のどの側面よりも論評の的となってきた。ガストン・パリス(この造語を一八八三年に生み出し、何十年もの間、自身の見立てが受け入れられてきた）は、不義を正当化し、芸術の一環として不義を働く貴族社会を、宮廷風の愛の詩から推し量った。ゲームには規則があり、そのルールは、シャンパーニュ伯の宮廷を舞台に、アンドレアス・カペラヌス（従軍牧師アンドレ）によって一一九〇年代に書かれた「気高き愛の美的価値について」という作品のなかで体系化されている。パリスは、アンドレアスの描いた、模擬裁判を楽しむ一二世紀の貴婦人たちと騎士階級の詩人たちの姿を現実的なものと受けとめた。そこではありとあらゆる恋の行為が論じられ、評価に付され、愛は「婚姻の絆」の埒外にのみ見出され、不義の愛のあらゆる細部にわたって判決が宣せられている。

しかし今日では、こうした「愛の裁判」は概して虚構だとみなされ、アンドレアスの意図は風刺的なものだと受け取られている。トゥルバドゥールの「宮廷風の愛」は、大方の学者から、うわべだけの表現法か、冗談交じりのウィットだったとみなされている。性の自由、それも結婚前のものは、中世にはあきらかに男性の特権だった。ある年代記作家によると、一二世紀の北フランスのある貴族の男性は、性的武勇伝に関しては「ダヴィデ王、ソロモン王どころかジュピターさえも凌ぐほど」だと、純然たるほめ言葉として描かれている。この男性の葬儀には、嫡出子が一〇名、非嫡出子が二三名参列した。このような自由は女性には認められていなかった。妻の側の不貞は、夫の名誉を傷つけることになり、そのため恥辱あるいは離縁の罰を受け、相手の男は死刑になるか去勢されることもしばしばだった。領主の

宮廷風の愛。ダヴィデ王とバト・シェバ、旧約聖書の挿絵入り写本より。(モルガン図書館、MS. 638, F. 41V)

妻との不義は、従者にとっては最も重い罪だった。それでもこれは、トゥルバドゥールによって繰り返し歌われた目標に違いなかった。そうした詩は、恋人から貴婦人へ秘密に伝えられるのとは程遠く、公衆の面前で高らかに歌われた。

あまりに執拗に繰り返され、ゆるぎない感情を帯びていることから、その主題には、奥に潜んだ本当の動機があるのではないかと考えられた。高貴な身分の既婚女性は、騎士階級の詩人にとって「地位への導管」だったのではないかということは、以前から示唆されていた。伯爵夫人あるいは女主人は「哀れな騎士に」、騎士自身が繰り返す言葉によると、価値と優秀さをさらに高める機会を差し出してくれた。トゥルバドゥールは貴婦人にお世辞を使って領主に近づこうとした。宮廷風の愛は、野心を秘めた戯れの恋だったのだ。

ジョルジュ・デュビーは、著書『中世の結婚』とエッセー「貴族社会の若者」のなかでさらに踏みこんで、トゥルバドゥールの詩は上昇志向に加えて、社会における騎士の立場に起因する、とりわけ一二世紀に強かった欲求不満をも表現していると主張している。騎士は結婚して一家を構え家長になるまで「若輩者」とみなされていた。二男以下の息子たちだけでなく長男でさえ、良縁に恵まれることができず、長年どころか一生「若輩者」のままでいる可能性もあった。トゥルバドゥールとして若さの栄光を称えていたとはいえ、大人の仲間入りをすることこそ、なかなかたどり着けない憧れの到達地点だったのだ。宮廷風の愛の詩は、制度に対する抵抗の姿勢を示したもので、「力ずくでも奪いたいという欲求を昇華させた形」だったのかもしれない。

　批評家は伝統的に、トゥルバドゥールの詩は女性を理想化しているとしてきた。もしかしたら真相は逆かもしれない。すでにある地位を手にしている女性を詩に詠むことで、詩人は作品を通して何かを得ようとしたのだ。ときに親切で慈悲深く、あるいは残酷、気まぐれ、そして不実な詩のヒロインは、つねに客体のままで、詩人がそれを通して達成しようとした目的は、自己実現だった。もっと具体的に言うと、宮廷のなかでの望む立場を目指したのだ。

名もなく顔ももたない寄せ集め

　ヴィダやラゾによってトゥルバドゥールと関連があるとされる貴婦人たちは、詩の主人公としてあらゆる点で申し分なかった。すなわち、ほとんどすべてが、身分の高い貴婦人で、例外なく既婚だった。アルナウト・ダニエルが恋に落ちたと思われていたのは、「ブオヴィラの領主ギエムの妻」であり、ガウセルム・ファイデットはヴェンタドルン城主の妻「ヴェンタドルンのマリアに恋をして」、ギエム・デ・バロンのインスピレーションの源は「ガボーダンの優しい貴婦人ギレルマ・デ・ジョージャク」で、ギエムは彼女を「行いと歌において、心から愛し、仕えた」。ペイル・ロジエルはナルボンヌ子爵夫人アルメンガードを愛し、「詩とカンソを捧げた」。ラインバウト・ド・ヴァケイラスは「（モンフェラートの）ボニファチエ侯爵の(既婚の)妹」を愛した。リシャール・デ・ベルベジルが愛したのは、「その地の勇猛な男爵ジャウフレ・デ・トネイの奥方で、優しく美しく明朗ではつらつとした女性」だった。ロデーズ出身のトゥルバドゥール、ユク・ブルネンは、「オリヤックに住む「おそらく裕福な」中産階級のガリアナという名の女性を愛したが、女性はブルネンを愛さず」、ブルネンはまもなく修道僧になってしまった。ラゾが認めるところによるとライモン・デ・ミラヴァルは、高貴な生まれの七人の女性に対して七回、騎士道にのっとって英雄らしく振る舞った。トゥルバドゥールが流した浮名のなかには、他から情報が入手できる歴史上の人物が関わっているとされる場合など、あきらかな虚構も含まれる。ギエム・デ・カベスタンというトゥルバドゥールのラゾは、伝記作家による逸話の借用が明白な一例である。借用元は「食べられた心臓の話」としてよく知られる民話で、その最も有名なバージョンは「クーシー城代」の話だ。妻の愛人の騎士を、城主である夫が殺し、その心臓がローストされてそれとは知らない妻の食卓に供された、という話である。

詩人たち自身は、伝記作家ほど軽率だったわけではない。通常歌は、名前のないただの「貴婦人」に向けて歌われた。ときにはその女性に暗号名がつけられることもあった。「よきものよりもさらによい貴婦人」、「友人以上」、「よき隣人」といった具合だ。「じっさいの名前は、個人が特定できない場合に使用されることが多かった。

特別な意味でもあるかのように、トゥルバドゥールの歌に登場する貴婦人たちは、顔のない集合体で、一人ひとりを区別するものはほとんどない。瞳の色は青でも黒でもなく、ただ「美しく」、髪の色が言及されることも、あまりなかった。貴婦人たちは皆、赤い唇、白い胸元、ほっそりとした色白の体軀をしていて、誰もがお決まりの美徳を兼ね備えている。すなわち、分別、礼儀、謙虚さをわきまえた優秀な婦人だった。

ベルトラン・デ・ボルンによるある歌は、トゥルバドゥールによる詩の多くが事実上していることを、公然とおこなっている。意中の貴婦人は少しも関心を示してくれず、さりとて代わりの女性を見つけることもできない詩人は歌う。「大勢の女性の魅力的なところをひとつずつ選び／私好みの寄せ集めの貴婦人を作り上げるとしよう／再びあなたがその気になってくれたことがわかるまで」。「ベル・サンブラン」からは、肌の色と瞳を。モンフォールのアエリからは、「遠慮のない物言い、／私の幻の婦人にはずる賢さも備わっていると言い放った」。シャレーの子爵夫人からは、「その両手と喉を」。／ロシュシュワールのレディ・アネスからは、「その神々しいほどの美貌を」。マルモールのアウディアルからは、「そのそつなく／ひもで締め上げたプロポーションを」。よきもの（ミエル・デ・ベン）よりもさらによいあの方からは「その背筋の伸びた若いからだを、／彼女はみずみずしくしなやかで、／ドレスなど百害あって一利なし」。レディ・ファイディタからは、「その白い歯を」。ベル・ミラルスからは「上背と華やかさを」／そして最後に、

ああ、うるわしの君、マオン様、ようやくあなたの番だ
あなたからは何もいただくつもりはない、
ただこれほどまでに渇望するのみ
　この幻を
あなたのために、身を焦がすのと等しいほどに、
それでもなお選べるなら
あなたを抱きたいと願う別の人より、
たとえ、すぐに手が届き口づけをもらえるとしても。
ああ、うるわしの君、なぜあなたは捨てたのか
この私を、その手でしっかりとつかんでいることをご存じでありながら！

（エズラ・パウンドによる翻訳）

乱暴なまでに凝縮され抑制された感覚

アルナウト・ダニエルの歌は一八編が現存していて、そのうち一七編がカンソと呼ばれる形式である。もう一編のシルヴェンテスは、一七編のカンソが高らかに歌い上げている宮廷風の愛のしきたりを、ギヨーム九世をしのぐ野卑な言い回しで風刺している。レディ・エナは、求愛者ベルナール・デ・コーニルにある条件を突きつけようとする。しかし、恋人同士

の作法に背き、デ・コーニルはその条件を退ける。それが、騎士とトゥルバドゥールの世界を大論争に巻きこんでいく。ベルナールを非難する者があれば、擁護する者もいる。貴婦人が出した条件（二〇世紀初頭のアルナウトの編者に衝撃を与えた、ある「不自然な」形でのセックス）をめぐって論争を繰り広げる——そして拒絶する——この作品は、韻律形式の傑作といえよう。それぞれ九行の五つの連と四行のトルナーダからなり、それぞれの連にはひとつの単韻を含み、トルナーダは最後の連の韻を継続する。言葉遊びも多用され、ベルナールの出身地である「コーニル」をもじった一連の語呂合わせも含まれている。(2)

カンソはこれとは別の発想で書かれているが、官能性と皮肉は共通で、同じ高度な技術と名人芸が見て取れる。ダンテに称賛され、エズラ・パウンドに翻訳されたある一編では、スタンザ内の韻のほかに、それぞれの行が他のスタンザの該当する行と韻をふむ韻律の構造が使われている。つまり、全音節の三分の一近くが韻によって支配されていることになる。頭韻と類音もまた、詩に統一感をもたらしている。行はより一般的な八音節の行を分断したものので、ときには荒く、またなめらかなその音は、木々を吹き抜ける風の音や鳥のさえずりにも似た擬音的な効果を生んでいる（エズラ・パウンドの翻訳は、韻律や韻の配列の再生という困難な作業を見事にやり遂げているが、擬音については試みていない。残念なのは詩の仕組みを強調したため意味がぼやけてしまったことと、神経に障るほどの古めかしい言い回しを使ったことだ。以下に挙げた二つの連は、ジェームズ・ウィルヘルムによる逐語訳である)。

無情の凪は
青葉茂れる雑木林を
白くする
そよ風が茂らせた林を、
嬉しげに
さえずる
枝の上の鳥たちの
言葉をつまらせ声を奪う、
つがいになったものも
ならなかったものも。
だから私は何とかして
しようとする言おうとする
喜ばしいことを
皆に向けて、なぜならそれはその方のため
私を高みからどん底まで振り回した人、

そして私は死ぬほど恐れるようになった
この苦しみをその方に癒してもらえないことを。

あまりに明白だった、
ひと目見たとき輝いていた、
だからそのとき選んだのだ
目に映ったままを心が信じられるその方を、
私にとって価値はない
とるに足らない
アンジューの小銭二枚分のお告げなど、〔訳注・英訳中の語 angevin。原語 aigonencs または angovencs は語尾の形などから「アンジュー」の指小辞。小さなアンジューのコインの意味と解釈する。『エズラ・パウンド随筆集』p.131 脚注を参照〕
もう一枚分値が上がってもまずないだろう
私の祈りが
ひきだされることは、
だからこそ喜びなのだ
私にとって耳にすることが

善良な意志を、
辛辣さがみじんもない善良な言葉を
我が歓喜の源であるあの方から
だからそのお役に立とうと
私は足の先から頭の先まで直立不動でいる……

主題は理解に難くない。詩人は貴婦人に捨てられた。それでもその人を愛していて、その愛を欲していた。彼は歌をアラゴン王に送り、自分の献身を訴える。歌の意味をわかりにくくするという理由でアルナウトの「手のこんだ韻」を非難する伝記作家は、当を得ていた。アルナウトの詩を難解にしているのは、その極端な要約である。しかし、その要約こそが、詩に欠かせない要素を与えている。つまり、乱暴なまでに凝縮・抑制された詩人の感覚である。

愛の雨はこの胸の内に注ぎ／温めてくれる極寒の冬にさえ

ペトラルカの言葉によると、アルナウトは「偉大なる愛の巨匠」で、テーマはいつも愛である（次の詩でもまた、原文では各スタンザの呼応する行の間に韻がふまれている）[3]。

こうして陽気で、すてきな旋律に
そぎ落とし磨きをかけた言葉をのせる
あとは仕上げに
やすり、すると言葉は確かな真実に
それは愛の仕業またたく間に滑らかにきらびやかにする
私の歌を、歌の源はあの方
その人は神の恵みによって導かれ生き続ける。

私は磨き続けて清らかになる、なにしろ仕えるあの方は誰より高貴
世界の誰より（そしてそのことを口にする　誰はばからず）
頭からつま先まで私はあの方のもの、
たとえ寒風吹きすさぶとも、
愛の雨はこの胸の内に注ぎ
温めてくれる極寒の冬にさえ……

ローマの帝国など望まない、
あるいは教皇への選任も、もし私が

心焦がし張り裂けるほどお慕いするあの方の
もとに戻れなかったら、
そしてもしあの方が私の苦しみを癒す
口づけを下さらないまま今年が終わってしまったら、
私は息絶えあの方は自分を責めることになるだろう。

けれど苦しい思いをしても、
愛することをやめはしない、
たとえ孤独のうちにおかれたままでも、
言葉を選び韻をふむことはできるから。
愛のために我が定めは地に落ちる
小作農にも劣るほど——それでもモンクリ卿は
これっぽっちも、アウディエルナを愛さなかった。〔訳注・モンクリ卿とアウディエルナをアルナウト・ダニエルは周知の恋人のように書いているが、詳細は不明。諸説あり。エズラ・パウンド『訳詩集』より〕
我が名はアルナウト風を集め

　雄牛とともに野兎を狩る
　そして上げ潮に逆らって泳ぐ。

アルナウトのカンソのなかのダンテのお気に入りは、「無情の風」のような韻律を技巧的に配したものではなく、七行のスタンザのそれぞれの行が、他のスタンザの呼応する行と韻をふむという、単純な韻律の配列をもつ「我が知りし事は悲しみのみ」という詩で、ダンテが称賛したのは、表現の意味とそれが語る思想の間の調和であり、「明快にして、優美に高められた、構文の秩序」である。

　……他人は見えない、その反論にも
　耳を貸さない。ただあの方の内にのみ、私は見る、振る舞う、
　感嘆する……しかもあざけらず。そして言葉を尽くして語るのは
　真実ではなく、口をついて出るのは、心そのものにあらず
　道を、平原を、谷間を、丘を、ただやみくもに歩いても、
　魅力を合わせ持つひとりを見つけることはできまい
　あたかも神があの方の内ではかり試したもうたようには。

これまであまたの立派な宮廷を渡り歩いた
そして知った　あの方の宮廷に話に聞くより豊かにあふれる魅力……
あの方の所だけに。はかり感じて結びつけよ、
喜びのみの内に知った美と若さを、
高貴な生い立ちに育まれ、あの方は歩を進める
悪名さえも追いつけないはるか彼方へ、
みずからの価値をあきらかにするため、影ひとつ迫ることなく……

お聞きの皆さま、お願いです。悪意に取るならこの言葉、お忘れください
けれどももしこの歌をほめるに足ると思ってくださるなら
アルナウトは構わない、誰が称賛しようと異議を唱えようと

（エズラ・パウンドによる翻訳）

「腕のよい母国語の職人」

アルナウトの最も有名な詩、「我が心に忍びこむこの切なる恋の思いを」は、アルナウトが考案し、ダンテやペトラルカを含む大勢の詩人によって模倣された六行六連詩（セスティーナ）という形式である〔訳注・ここに引用されているのは四連分とトルナーダ〕。この詩は、「難解なトゥル

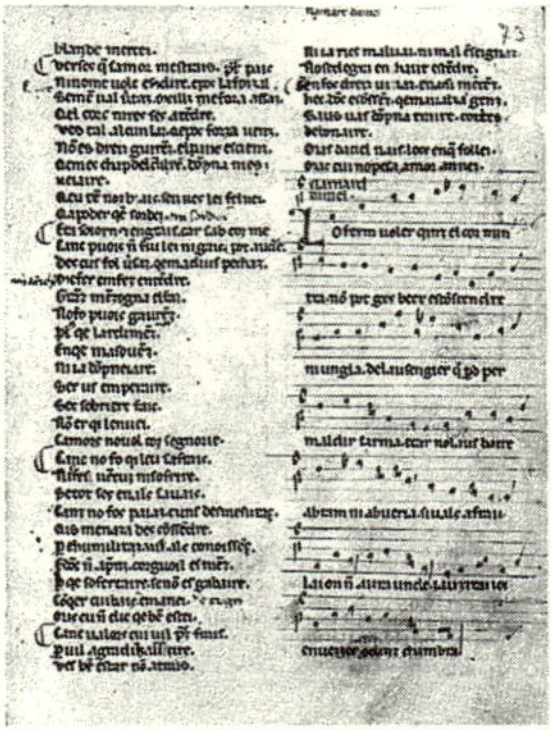

アルナウト・ダニエルの「我が心に忍びこむこの切なる恋の思いを（Lo ferm voler）」の写本の一ページ。（アンブロジアーナ図書館、ミラノ、MS. GR71. SUPERIORE, F. 78）

バドゥールの詩の最高峰」と呼ばれてきた。韻をふむ六つの言葉が、後続するスタンザのなかで、一定の形式で前のスタンザと関係しながら繰り返され、トルナーダのなかの韻をふむ言葉は、最後のスタンザの後半三つの韻を繰り返す。終始、「ロンクル（おじ、または親類の男性の意）」と「ロングル（かぎ爪、または爪の意）」、そして小枝、あるいは乙女を意味すると考えられる「ヴェルガ」と「ヴェルジエ」（果樹園）を繰り返しながら展開する。少なくともふたつの階層の意味が存在する。ひとつは文字通りの意味で、中傷する人の攻撃に対して愛を堅持し、愛する貴婦人への恋慕の情は家族への愛よりも深く、その愛によって天国にいる喜びを感じる、恋する男の思いである。そしてもうひとつは寓意で、彼がそれによって天国に導かれたいと思う、完璧な世俗の愛の形に対する肯定を踏まえた、心と魂との論争である。

切なる欲望が忍びこみ
この胸から取りされない　嘴（くちばし）や
爪を使っても
その使い手は悪態つき放つ邪悪
な言葉によって蝕まれたその
魂、

あえて彼を打ちはしない大枝小枝を鞭にして、
ただこれだけはするつもりだ、こっそりと、目を光らせるおじ上から逃れて
愛の喜びをかみしめる、果樹園あるいは房室で。

けれど思えばその房室
残念なことに、誰も入れない
守りは固く、まるで兄上かおじ上
私はこの身を、指の爪まで
震わせる鞭の前の子どものように、
恐れているのはあの方のものになれないこと捧げられないこの魂。

あの方のものになれるなら、魂がかなわぬなら
せめてこの身を、ひそめていたいその房室に
けれど胸の傷は痛むばかり鞭打ちよりもずっと
捧げたこの身なのに、決して入れない。
否、あの方と共にいよう肉と爪がはなれないように
警告には耳を貸さない友からでもおじからでも……

歯や爪をたてるように
心はあの方を離さない、木の皮が小枝を包むように
あの方こそは私にとって楼閣、宮殿そして房室だから
そこは喜びがあふれ、親兄弟やおじへの
愛も比べれば色あせる。そして天国ではわが魂
二重の喜びに出会うだろう、もし愛し合う者たちがそこに迎えられるなら。

アルナウトは歌を送る　爪とおじの歌
（心あるあの方が、罰を免じてくれるなら）
送り先は彼のデジラ、その栄光に包まれるすべての房室〔訳注・デジラは不詳。ベルトラン・デ・ボルンを指すという説もある。『フランス中世文学集1』白水社より〕
（アンソニー・ボナーによる翻訳）

アルナウト・ダニエルはトゥルバドゥール詩人の最高峰といわれてきた。ダンテはアルナウトを「腕のよい母国語の職人」と評した。

異端の巻きぞえを食ったトゥルバドゥール

一三世紀最初の一〇年間に、トゥルバドゥールの世界は歴史的災難による打撃を受けた。ローマ教皇インノケンティウス三世が、南フランス全土に広がったアルビジョア派の異端に警戒心を募らせ、前任者たちがイスラム教徒と戦うために考案した方法をとったのだ。フランス北部で動員された騎士による十字軍が異端派の温床となった地方に侵攻した。だが、そこは、詩人に友好的な地域でもあった。詩は、異端の巻きぞえを食った。南部の貴族社会は破壊され、多くのトゥルバドゥールが新たなパトロンを見つけるためにスペインやイタリアに逃れた。ライモン・デ・ミラヴァルは詩のなかで、アラゴン王ペドロ二世に訴え、「モンテギュとカルカソンヌ」を以前の状態に戻してくれるよう請うた。

そうすれば貴婦人と恋人たちは
失った喜びに戻ることができる

しかし、トゥルバドゥールを生み出し、育んだ環境は失われ、二度と取り戻すことはできなかった。生き残った歌い手たちは世俗の愛の主題を捨てて、手堅く聖母マリアを称える宗教的主題を取り上げた。トゥルバドゥールはにわかにかき消えた。けれど、はるか未来まで届くほど力強い詩の衝撃波を、送ったことは確かである。

北の「騎士の詩人」たち

北フランスには、一二世紀後半頃出現した独自の騎士の詩人が存在した。やはり「見つける人」という意味からトルヴェールと呼ばれた彼らも、韻文に曲をつけて歌った。トゥルバドゥールと同じように、その身分は騎士であり、これもトゥルバドゥールと同じように、シャンパーニュ伯ティボー四世のような有力な貴族から、ガース・ブリュレのような騎士、さらに数は少ないが、トロワのリュトブフのような平民まで、さまざまな生まれの者が含まれていた。詩のタイプも、人物の名前が北フランス風である以外は、本質的にトゥルバドゥールのものと同じで、浸透していたテーマは「宮廷風の愛」だった。

神聖ローマ皇帝フェデリーコ二世（一二〇五年〔訳注・生年は一一九四年とされている〕－一二五〇年）の見識ある統治のもとにあったシチリア王国では、プロヴァンスにならった口語イタリア語による抒情詩が生まれた。そうした時流に、学識ある皇帝自身も作品を提供した。トスカーナ地方の詩人もまた、「母国語」で詩を書くことをはじめた。そして一三世紀後半の五〇年間に、抒情詩の一派が現れた。その特徴は、愛を主題とするまじめで洗練された、繊細な作品で、ダンテはこれを「清新体（ドルチエ・スティル・ノーヴォ）」と呼び、自身もこの形式で詩を書いた。ダンテ以外の主な提唱者に、グイド・カヴァルカンティ、グイド・グイニツェッリ、チノ・ダ・ピストイアがいる。一三世紀にはスペインとポルトガルでも、口語抒情詩が登場し、詩人たちはトゥルバドゥールの伝統で韻文を書いた。同じ時期、ドイツとオーストリアも愛の抒情詩を取り上げ、ミンネジンガー（ミンネは愛の意）が、自作の歌を演奏しながら宮廷を渡り歩いた。彼らも騎士で、多くは神聖ローマ帝国の隷属状態の従僕、ミニステリアーレに生まれついた者たちだった。三〇〇人以上が知られているミンネジンガーのうち、最も有名なのはヴァルター・フォン・デア・フォーゲルヴァイデ（一一七〇年頃－一二三〇年頃）である。貧しい騎士で、トゥルバドゥールと同様に城から城へと放浪し、宮廷風の愛の伝統を踏まえて詩を書き、トゥルバドゥールの最高峰と同様、独自の詩の味わいを次第に確立していった。

アーサー王物語の来歴を振り返る

しかし、北フランスとドイツが騎士文学に果たした特筆すべき貢献はもっと別のところにあった――そこにもトゥルバドゥールの伝統は影響を及ぼしていたが。北の説話文学、詩と散文が、騎士の自己像とマナーと道徳観に影響を与え、やがて騎士階級を通して文学にとどまらず、ヨーロッパの風俗や思想にまで影響を与えるようになったのだ。近代世界が騎士について抱くイメージも、大方は北の説話文学が提供した。

トゥルバドゥールがまだ歴史の舞台に登場しない一一世紀、おびただしい数の叙事詩が生まれた。武勲詩は、口伝えで伝承され、ひとつの共通する主題をもっていた。フランク王国のカール大帝（シャルルマーニュ）とその臣下の英雄譚である。誰が作曲し、伝承し、最終的に文書に記録したのかは、定かではない。武勲詩は、愛よりも戦争を歌い、名誉、勇気、そして忠誠といった騎士の美徳を賛美した。なかでもよく知られている「ローランの歌」は、第一回十字軍の直前の頃書き取られた。書き手の名は残っていない。カール大帝の後衛による待ち伏せ作戦の物語で、舞台はスペイン、イスラム教徒征伐のため七七八年に遠征したピレネー山中のロンスヴォーの山道である。圧倒的多数の敵に立ち向かった主人公ローラン（詳細は不明だが歴史上の人物）は、騎士としての誇りと頑固さゆえに、象牙の角笛、オリファントを吹いて助けを求めることを拒み、手遅れになる。仲間が次々と倒され、ついにひとり残ったローランも、草原に沈みこむ。

角笛と剣を体の下に隠し、
頭をめぐらせ異教徒の部隊の方に顔を向けると、
ローランは願った。カール大帝とフランク全軍がこう言ってくれるかもしれないと、
「貴き伯爵、命を賭して勝利した！」

ローランやカール大帝が生きて活躍していた八世紀後半、封建制は生まれてもいなかった

し、「騎士」は称号としても概念としても存在していなかった。だが「ローランの歌」をはじめとする一一世紀の叙事詩の作者たちは、ためらうことなく物語を時代の形式に合わせて整えた。こうした手法は、その後長いこと文学上の習慣として続いていく。

一二世紀終盤に北フランスで生まれた叙事詩を特徴づけたのは、別の時代精神だった。地方の言葉「ロマンス」語で書かれていたことからロマンスと呼ばれたこの叙事詩は、平たく言うとフィクションであり、騎士道、愛、そして冒険をめぐる物語であって、その精神や理想の多くをトゥルバドゥールの詩に負っている。「冒険のロマンス」または「フランスの話材」として知られる一群のものは、主人公の騎士の英雄的行為と騎士が崇拝する貴婦人たちを題材とした。「ギャレラン」「ジュフロワ」「フロルとブランシュフロル」そして「アミとアミル」では、理想の愛が語られる。だがその意味は、トゥルバドゥールの詩の場合とは趣を大きく異にする。恋人たちは若いふたりで、架空のものではあるが必ずしもあり得なくはない冒険の数々を乗り越えて、幸福のうちに結婚して終わる。二番目のグループ、すなわち「古代のロマンス」または「ローマの話材」は、古典に題材をとって新しい物語を開拓した。「テーベ物語」「トロイア物語」「アイネイアス物語」などだ。最も多大な影響を残し、今日はるかに人口に膾炙(かいしゃ)しているのが三番目のグループ、つまり「ブリテンの話材」を扱った空想物語である。

「ブリテンの話材」として最も有名なアーサー王が実在したのか否かは確証がない。同じ時代を生きた唯一のイングランドの伝記作家、ギルダス（五七〇年頃没）は、「忌まわしいサクソン族」による六世紀の侵入と「ローマ人のなかでただひとり時代の災難の数々を免れた」アンブロシウス・アウレリアヌスのもとに組織された抵抗について、詳しい記録を書き残している。ブリタニアの抵抗は、マウント・ベイドンでの大勝利によって最高潮に達した。アーサーについての記述はない。ベーダが七三一年に書いた『イングランド教会史』にも、サクソン族侵入の説明にアーサーの名は登場しない。

それからまもなくネンニウスという伝記作家が編纂に着手し、八世紀末に完成させた『ブリトン人の歴史』が、アーサー王伝説が拠り所とする唯一の文書であり、「あの当時、ブリトン人の王たちとともに［サクソン族を相手に］戦った」軍の指揮官としてアーサーに言及した最古の資料である。『ブリトン人の歴史』はアーサーの「一二の戦い」を列挙し、一二番目となる最後のマウント・ベイドンの戦いでは「アーサーはひとりで一日に九六〇人を殺した。そしてすべての戦いに勝利した」と記している。のちの版で肉づけされ厚みを増していった要素がないわけではない。その最たるものがマーリンの原型になったと思われる奇跡をおこなう若者だ。アーサーに関する情報は出所が不明である。

それから四世紀、歴史上の新たな情報は何も追加されなかったが、伝説は少しずつ彩りを増していった。『ブリトン人の歴史』をさらに興味をそそる、一貫性のある物語に構成し直した伝記作家、マルムズベリーのウィリアム（生年一〇九五頃）は、「好戦的なアーサー」

について語っている。「これこそが、ブリトン人の根も葉もない物語が今も礼賛するあのアーサー——胡散臭い寓話という愚にもつかない夢想のなかではなく、事実に忠実な歴史のなかで、確かに称賛に値する男である。なにしろ、傾きかけた母国の運命を長らく支え、人々を戦いへ奮い立たせてきたのである」。

それからまもなく、アーサーをめぐる物語はウェールズの聖職者、ジェフリー・オブ・モンマスの手で最大の牽引力と究極のと言っても過言ではない姿を与えられた。実際、一一三六年頃に気品と独創性に富んだラテン語の散文で書かれた著書『ブリタニア列王史』のなかで、ジェフリーは、今日、私たちにお馴染みとなっている数多（あまた）の要素を具（そな）えたアーサーの中世の物語（ロマンス）を紡ぎ出したのだった。ジェフリーによると、情報の大部分は、オックスフォードの助祭長から与えられた「古代ブリトン人の言葉で書かれた、あるとても古い本」で見つけたという。そのような本が存在したのか、ジェフリーの創作なのか、あるいはもしかしたら多くの口伝えの伝統に触れたことの比喩的な表現なのかはさておき、ジェフリーは資料を組み合わせ、整理し、推敲して、統合された力強い物語を作り上げた。アーサーを王に仕立てたのはジェフリーが最初で、マーリンに加えて、ユーサー・ペンドラゴン、ガウェイン、グィネヴィア、モルドレッド、ケイそしてベディヴィアなどの登場人物を取り入れた。さらにユーサーによるイグレイン——アーサーの母親——の誘惑、モルドレッドの王位簒奪の企みとグィネヴィアを妃に迎えようとする策略、そして、致命傷を負ったアーサーの、アヴァロン島へ向けての最後の旅立ちを加筆した。

ジェフリーの物語は大いに人気を博し、その後も読者を虜にしてきた。それを可能にしたのは中世風の味つけだった。アーサー王の宮廷は六世紀のブリトン人の族長のそれではなく、一二世紀の、ノルマン人が支配するイングランドの王宮が原型だ。アーサーは臣下をもち、その臣下に土地を与えている。フランスを征服したアーサーは配下の貴族に領地を分け与える。ジェフリーが『ブリタニア列王史』を書き上げる数十年前、征服王ウィリアムがイングランドでおこなったことと寸分たがわず同じである。貴族は城（九世紀に初めて大陸に建てられ、イングランドには一一世紀に建てられた）に住み、アーサーの王宮は騎士で賑わっている。騎士と貴族は、一二世紀の騎士道によってみずからを律する。アーサー王は「王宮内ではとても礼儀正しい作法を心がけておられたので、遠く離れて暮らす人々も触発され実践するようになった」。騎士たちは揃いのお仕着せと武具を身に着け、「貴婦人たちは」お抱えの騎士と色合いを合わせた服装に身を包んでいる。「貴婦人たちは、少なくとも三度の戦闘で力量を示していな

ユーウェインとロディーヌの結婚。宮廷風の愛の伝統とは異なり、ロマンスの恋人たちは通常、結婚する。（プリンストン大学図書館、Garrett MS. 125, F. 38）

い男に愛を与えることを蔑んだ」。フランスを征服したアーサーがカーリーオンで開いた大会議の場では、「騎士たちが模擬の戦闘を計画し、一丸となって騎馬で競い合い、女性たちはそれを街の城壁の上から眺めながら気を引くようなそぶりを見せた。騎士たちは、血潮をたぎらせた」とあるが、それはじっさい一二世紀のトーナメントで起きたこと、そのままである。

多くの読者を得たジェフリーの作品は、広く改作され、いくつかの地方言語に翻訳された。なかでも優れた翻案は、学者ワースによるものである。ワースはジェフリーとほぼ同時代の生まれで、ジャージー島の出身、ノルマンディの街、カーンで教育を受けた。ジェフリーが散文でつづった歴史書を詩に書き換えて、一一五五年に完成させた「ブリュ（ブルータス）物語」(4)を、フランスとイングランドの王妃として名高いアリエノール・ダキテーヌに捧げた。詩物語の形式のもと、フランス語で書かれたワースの作品は、生き生きと劇的に物語を伝え、ジェフリーの原作にはない、戦いや宴席の詳細な描写、多くの対話、人物の心情表現が盛りこまれている。細部のいくつかは、ケルト神話に由来するもので、なかでも最も重要なのは円卓の部分である。ジェフリーの中世風の味つけをさらに進めて、ワースはブリトンを典型的な封建王国に仕立て、戦いは騎馬の騎士たちがぶつかり合う、突撃戦として描いた。ワースのアーサーは、騎士道物語の伝統に則って、騎士道の鑑へと成長していた。「きわめて徳の高い騎士」「頑健な騎士で大胆……そして施しをするときは気前がよかった。愛に恵まれた者のひとりだった。そして栄光にも恵まれていた……。彼は宮廷の作法を定め、この上なく立派な流儀で、高い水準を順守した」。

一二世紀がそろそろ幕を下ろそうかという頃、サクソン族の詩人で聖職者でもあるラヤモンがワースの作品を翻案し、イングランドの方言による最初のアーサーの物語を書いた。ラヤモンは物語を広げ話に尾ひれをつけたが、特筆すべきは円卓の説明と、アーサーの最後のアヴァロンへの移送の詳細な描写である。ラヤモンは傷ついたアーサーにこう言わせている。

「『いざ旅立とう、アヴァロンへ、誰よりも美しい乙女、最も美しい妖精、女王アーガントのもとへ、そして傷をすべて癒してもらう、癒しの風で健全に戻してもらう。その後再び我が王国へ戻り、ブリトン人とともに、（あふれる）喜びのうちに暮らすのだ』。その言葉の通り、海から一艘の船が、波に揺られて近づいてきた。そこにはふたりの女が乗っていた、驚くほど美しい女たちだった。そしてふたりはアーサーの手をとって素早く船に乗せると、岸を離れた……」。

年代記作家から詩人の手へ託されて

このように、アーサー王の物語に対する年代記作家たちの貢献は、謎の多い歴史の断片に手を加え、確固たる不滅の神話と空想物語に仕立て上げたことにある。そして作品は、次は詩人の手へと伝えられた。

クレティアン・ド・トロワ（活躍期一一六五年－一一九〇年）は持ち前の想像力とウィットで、物語に神秘的で不思議な雰囲気を加味した。ワースの内容を取り入れた上で、クレティアンはケルトの神話から主要人物のランスロットとパーシヴァル、アーサー王の都キャメロット、そして聖杯というテーマを取り入れた。トリスタンはすでに、詩人たちにはなじみの人物だったが、ブリテンのトマとしか知られていない詩人が、一一七〇年頃物語に取り入れたと考えられる。

こうした数々の加筆によって、アーサーの役どころは変わらざるを得なかった。ジェフリー・オブ・モンマスの主人公は、クレティアンによる五つのロマンス（「エレックとエニード」、「クリジェス」、「ランスロットまたは荷車の騎士」、「ユーウェインまたは獅子の騎士」、「パーシヴァルまたは聖杯の物語」）では脇役へと後退し、主役はそれぞれ、諸国遍歴の騎士が務めた。その冒険には、トーナメントや戦闘のみならず、ドラゴン、巨人、魔法をかけられた城、呪文、そして魔法の指輪などにまつわる、超自然的な経験が含まれている。詩作の技術面ばかりでなく、クレティアンが現世的な愛を理想化したところにも、トゥルバドゥールの影響が現れていた。グィネヴィアに対するランスロットの、イゾルデに対するトリスタンの不義の行為は、「宮廷風の愛」の典型だ。

その他の詩人たちもアーサー王のテーマを取り上げた。とりわけ、ミンネジンガーのヴォルフラム・フォン・エッシェンバッハは、アーサー王の宮廷と円卓のイメージを生き生きと描き、冒険、人類愛、そして兄弟愛に近い円卓の精神さえも超越して、生きることの意味を探求する騎士を基礎に物語を構築し、聖杯のテーマをさらに発展させた。

中世における最後の加筆は一三世紀にフランス語の散文で書かれた、流布本サイクルとして知られる翻案集で、五巻の散文からなり、いずれの作品も作者は不明だ。さまざまな意味で最高の登場人物であるガラハッドが、ついに加筆されたのだ。サー・トーマス・マロリーが英語で書いた『アーサー王の死』は、多くの言語に翻訳されたこの散文作品が主たる典拠となっている。『アーサー王の死』は一四八五年に出版され、実質的に中世の終幕を飾るものとなった。

道徳的規範が帯びる宗教的色合い

内在する文学的価値、ヨーロッパの思想と文化への影響とは別に、騎士文学は騎士道の歴史において重要な役割を果たした。騎士の自己像を定着させ、団結心を高めることにつながった。騎士にふさわしい作法の基準を定義する一助となり、基準のなかには騎士の生活様式自体において有無を言わさぬものもあれば、信仰や道徳に関わるもので、一二世紀後半に姿を見せはじめた騎士道のルールに盛りこまれたものもある。

トゥルバドゥールの詩が規定した行動のルールは、主に社交の場でのものだった。騎士は

騎士の美徳。騎士は地獄の戦士と対峙しても、仲間への忠誠を尽くす。(英国図書館、Harleian MS. 4431, F. 108V)

礼儀正しく、寛大で、言葉遣いは正しく、控えめで、愛の奉仕においては忠実であるべきだというのだ。「優秀さと価値」を兼ね備えていなければならず、また良識をわきまえていることも求められた。

武勲詩からは別の騎士像が引き出されたが、世俗的であることは同様だった。騎士は勇敢で、忠実で、名誉を重んじ、栄光を勝ち得るだけの働きをしなければならない。

アーサー王伝説によって加えられた規範は、第一回十字軍の「神の平和」や「キリストの戦士」を思い出させる、宗教的な香りのするものだった。

クレティアン・ド・トロワのパーシヴァルがアーサー王を探すために家を出るとき、母親は彼に言った。「おまえは間もなく騎士になれるよ。……近くでも離れたところでも、助けを必要としている貴婦人、でなけりゃ、つらい目にあっている乙女に出会ったら、頼まれたときのためにいつでも助けられる心づもりをしておくのだよ。何しろ、そういう行いにこそ名誉があるのだからね。男が貴婦人を尊重することができなければ、その男の名誉もおしまいだよ。……そして何よりも、お願いだから教会へ行っておくれ。この世での名誉をお授けくださいと、そして、よい最期を迎えられるような一生を送れるようにしてくださいと、主にお祈りするために」。パーシヴァルは、騎士にしてくれる後援者を見つけた。後援者はパーシヴァルに拍車をつけて、剣を帯びさせ、くちづけをして、与えるものを言葉にした。

この剣をもって、最高の位を与えよう
神が作り定めたもうた、
騎士という爵位を
その位にある者は邪悪なところがあってはならない。

後援者は母親と同じことを忠告した。「男でも女でも、孤児でも貴婦人でも、苦しんでいる人を見つけたときは、手を差し伸べるがよい。もしその方法がわかっていて、汝にできることならば。そしてもうひとつ、私から汝に与える教訓がある……進んで教会に行き、あらゆるものの創造主である神に祈りを捧げなさい」。

流布本サイクルのランスロットは、その助言をさらに発展させた。彼が騎士になる希望を口にすると、養母である湖上の麗人は騎士道の意義を説明した。かつて男は皆平等だったが、羨望（せんぼう）と強欲が世に広まり、強さが正しさに勝利するようになると、強い者から弱い者を守る庇護者を任命する必要が生じた。そして彼らが、騎士と呼ばれた。「長身、剛健、公正かつ機敏、忠実にして勇敢で大胆な男たち、それが騎士だった」。このようにして選ばれた男は、「邪悪な心はかけらもなく慈悲深く、裏切ることなく物腰柔らかく、苦しむ者に心を寄せ、寛大でなければならない。貧しい者を進んで助け、盗人や人殺しをくじき、好き嫌いを抜きにして正しい判断をしなければならず、不名誉よりは死を選ぶべし。みずからの身を守れない、聖なる教会を守らなければならない」。

騎士が携えた武器のひとつひとつに、象徴的な意味があった。盗人から異教徒まで、あらゆる悪から、騎士が教会を守らなければならないように、盾は騎士を守った。ホーバークが肉体を守るように、騎士は教会を守らなければならない。兜が頭を守るように、危害を加えようとするすべての人から、教会を守らなければならない。剣の両刃は、騎士が主と民の両方に仕えることを意味していた。その切っ先は、民が騎士に対して示す、従順を表している。馬もまた、騎士を支えなければならない民の象徴だった。騎士は昼夜を問わず民を守り、民は騎士の生活に必要なものを提供しなければならない。馬を導くように、騎士は民を導かなければならない。

騎士は教会を守り、保持しなければならない。そして、夫と死別した婦人や孤児に対しても同じだった。「騎士はふたつの心をもたなければならない。ダイヤモンドのように固い心と温かい蠟のように柔らかくしなやかな心だ」。裏切り者に対しては、固い心で情け容赦なく、情けを求める者に対しては、柔らかい心で慈悲深くあらねばならない。

騎士道は以上のようなことを要求し、それを満たせない者はその地位を求めるべきではないとされていた。なぜなら、そういう者たちは現世で、そしてのちには神の御前で、汚名を着せられる危険に身をさらすことになるからだ。

これらすべての美徳を兼ね備えた男など、存在したのだろうか？　ランスロットが尋ねた。もちろん存在した。しかもキリスト以前にもと、湖上の麗人は答えた。そしてそのような「秀でた騎士たち」の名前を挙げはじめた。ヨハネ・ヒルカノス一世、ユダ・マカバイとその弟シモン、ダヴィデ王、キリスト受難のあとでは「アリマタヤのヨセフとその血を引くガラハッド王、そしてその子孫たち」。

クレティアンの「パーシヴァル」はその響きをまちがいなく「騎士団」に留めている。一二世紀末のこの説話的な詩では、フランク人の騎士が騎士道のルールと儀式についてアイユーブ朝の建国者サラディンに説明をするのだ。それからおよそ一〇〇年、騎士道のルールを弁じて何よりも名高く、何よりも影響を及ぼした文書、スペインの詩人であり神学者でもあるラモン・ルルの『騎士団の書』は、その「騎士団」と流布本『ランスロット』の湖上の麗人の助言から、惜しげもなくアイデアを取り入れている。ラテン語とフランス語で広範に流布した『騎士団の書』は一四八四年、ウィリアム・キャクストンが英語に翻訳し、印刷した。

このようなあらゆる形式、翻案、反復、そして解釈を通して、アーサー王物語は並々ならぬ感銘を主人公の騎士階級に与えた。物語は宮廷や城で演じられた。一三世紀を嚆矢(こうし)とし、時代とともに洗練の度を増しながら、イングランドで、フランスで、フランドルで、そして聖地イェルサレムで、「円卓会議」が催された──キャメロットの円卓会議を模した宴とトーナメントが執りおこなわれたのだ。参加者は、ときにアーサー、ランスロット、ガラハッド、ガウェイン、ユーウェインあるいはパーシヴァルを名乗ることがあった。一三四四年にはエドワード三世がアーサー王を模して騎士団を設立した。ガーター騎士団である。

中世盛期の騎士が、ランスロットとパーシヴァルにならい、湖上の麗人の言いつけを心に留めながら、宮廷にふさわしいトゥルバドゥールのイメージと武勲詩の歌い上げる英雄像にどこまで意識的に忠実であろうとしていたかはさておき、こうした力強いイメージと規範が騎士個人の自己認識に影響を与えないはずはなかった。一二世紀と一三世紀の騎士は、粗野で垢抜けない一〇世紀の戦士に比べて確かに秀でていると、なかんずく彼ら自身の目に映じていたのだった。

原注

(1) 学者メグ・ボガンは著作『女性トゥルバドゥール』(一九七六年)で一七編を紹介している。
(2) アルナウトの作ではないとする学説もある。

（3）ただし、このアンソニー・ボナーによる翻訳では韻律の再現は試みられていない。

（4）トロイア人で、伝説上アエネイアスの曾孫とされるブルータスは、イングランドを旅したと考えられていた。そこでブルータスは、ニュートロイ（ロンドン）を発見して、そこにいた人々に自分の名前を与えた。

第五章　ウィリアム・マーシャル　全盛期の騎士道

多くの貴族が怠惰ゆえに
輝かしい栄光を失っている、
広い世界を旅してさえいれば、手にできたはずなのに。
怠惰と栄光とは
決して似合わない
なぜなら栄光は決して勝ち取れない
日々安穏と過ごす、金持ちの男には

――クレティアン・ド・トロワ『クリジェス』

彼らはイングランドに逗留した
ほぼ一年、その間ほかには何もせず
馬上槍試合で一騎打ち、
あるいは狩りかトーナメント
けれど若王はそれを喜ばず、
仲間もまた
恐ろしいほど退屈した
彼らはむしろ放浪が好み

留まるよりもさまよいたかった
わかってほしい、肝心なことは
長逗留は若者には屈辱

――『ウィリアム・マーシャル伝』

敵方の大将を魅了した少年

アーサー王の物語と冒険物語（ロマンス）は、架空の遍歴の騎士をめぐる英雄譚を中心に展開する。だが、実在した遍歴の騎士ウィリアム・マーシャルの伝記を、私たちはたまたま手にすることができる。主人公の騎士が頭角を現し有力な貴族に上り詰めて、時の政治を左右する大役を演じたからこそ後世に伝えられた、他に類を見ない文書である。『ウィリアム・マーシャル

ロンドン、テンプル教会にあるウィリアム・マーシャルの墓所の彫像。（英国環境省）

伝』は、マーシャルの死の直後、長男が父の従者ジョン・デアリーに命じ、無名のトルヴェールに手伝わせて執筆させた。物語詩の形式を借りたこの伝記は、一二世紀当時、イングランド宮廷と文学で使われたフランス語で書かれている。主人公の栄誉を称える作品の性質上、潤色は見られるが、同じ時代を生き、じっさいにできごとのいくつかに立ち会った作者によって[1]、当時の知識階級に向けて書かれている。事実の多くは、検証が可能だ。描かれた社会はおそらく美しく化粧が施されているだろうが、それでも一二世紀の騎士階級のマナー、習慣、価値観について多くのことが読み取れる。

ウィリアム・マーシャルの祖父も父も、イングランド国王ヘンリー一世の宮廷に仕えた。マーシャル家で多少とも情報の残る最初のひとりである祖父のギルバートは、ウィルトシャーの小規模な地主で、王宮の厩役（マーシャル）となって国王の馬の管理を任された。ギルバートと息子、すなわちウィリアムの父ジョンは、決闘で勝敗を決める裁判により、その職に就く権利を守り、代々受け継ぐ権利を首尾よく勝ち取った。当初は称号としていた「マーシャル」を、のちには姓として名乗り、ジョンは同じ中流階級に属する、やはりウィルトシャーの小さな所領の女相続人と結婚して、ふたりの息子、ギルバートとウォルターをもうけた。

ヘンリー一世が崩御する一一三五年まで、さらにはスティーヴン王の治世の初期には、ジョン・マーシャルは依然として下級官吏で、所有地は小さく、裕福でもなければ権力とも縁は薄かった。

しかし一一三九年、ヘンリー一世の娘、マティルダ（かつての神聖ローマ帝国皇后で、アンジュー伯夫人）がイングランドに侵入し、スティーヴン王の支配を脅かすと、この機会をジョンは逃さなかった。狡猾、非情、有能なジョンは、まずスティーヴン王に加担し、王の名のもとに多くの城を攻略して、自身の利益のために確保した。形勢がマティルダに有利に傾くとマティルダの側に寝返り、同時に婚姻廃止の裁判を起こして最初の妻を離縁、次期ソールズベリー伯の妹シビルとお誂え向きの結婚をした。この結婚で四人の息子とふたりの娘が生まれる。一一四四年前後に生まれた二番目の息子がウィリアムである(2)。

伝記にはウィリアムの幼少期について魅力あふれるエピソードがひとつ紹介されている。一一五二年、ニューベリー城に包囲攻撃を仕かけたスティーヴン王は、ジョンと話し合うため、司令官に一時休戦を認めた。ジョンは女伯爵マティルダに援軍を要請するかたわら、休戦の延長を願い出た。王は同意したが、人質としてジョンの息子のひとりを差し出すよう要求し、選ばれたのが最年少のウィリアムだった。休戦に乗じて食糧を補給し兵を配備したジョンに、王は、降伏しなければ幼い人質を吊るし首にするとすごんで見せた。ジョンは王に向かって、「息子ならもっと立派なのをいくらでも作れる、ハンマーも金床も持っている」と言い放った。ウィリアムは首を吊られるべく外へ連れ出されたが、無邪気で臆するところのない堂々としたウィリアムの態度に心を動かされた王は、少年を自陣に連れ帰った。その後、城壁越しにウィリアムを投石器で飛ばすように具申する者があったが、心根の優しいスティーヴン王はまかりならぬと命じてこう言った。「ウィリアム、おまえは今後決して、私から危害を受けることはない」。

ウィリアムは王のもとニューベリーで囚人として二ヵ月を過ごした。母親は様子をうかがうために召使いを送った。王のテントを覗いた召使いの目の前に、オオバコの葉で王と遊ぶウィリアムの姿があった。少年は敵方の騎士の頭に見立てた雑草の束を切り落としていたが、召使いの姿を認めると、大きな声を上げた。「よく来たね、ウィリキン！ 母上は変わりない？ 兄さんや姉さんはどうしている？」恐ろしくなった召使いは、命からがら逃げ帰った。

内戦は条約が締結されて一一五三年に幕を閉じた。それによれば、スティーヴン王は存命の間統治を続け、マティルダの息子、アンジュー伯アンリ・プランタジネットが王位を継承する。スティーヴンは翌年世を去り、アンリがヘンリー二世として王位に就いた。少年ウィリアムは両親のもとへ返され、ジョン・マーシャルはマティルダへの貢献に対する報酬として、生涯収入を保証するウィルトシャーの立派な荘園を与えられた。父親から相続した土地とその他の散在する所有地にこの荘園を加えると、ジョンの経済状況は著しく向上したが、それでも息子たちを養えるほどではなかった。父の役職と土地は、長子相続制により、長男ギルバートがのちに相続することになる。その他の子どもたちは、自分で身を立てなければならなかった。

「騎士には戦利品を潔しとしない余裕はない」

一一五六年、ウィリアムはノルマンディに送られた。ノルマンディ公の侍従長という要職にある、いとこにあたるタンカーヴィルのウィリアムの城で騎士として教育を受けることになったのだ。伝記によると、一二歳のウィリアムは、母親や兄弟、姉妹に別れを告げると涙を流した。初めて寄宿学校に入る何の変哲もない少年のように。そして馬に跨がると、ふたりの召使いに付き添われて出発した。

騎士叙任式。後援者がベルトと剣をつけ、他の列席者が拍車を贈る。（英国図書館、MS. 11843, F.I)

従騎士としてのウィリアムは、槍や剣の修行、主人の武器・武具の手入れ、馬の世話、身支度の手伝い、食卓での給仕、そして肉の切り分けを経験する。城の広間から聞こえてくる歌や物語からは騎士道の精神を身につけた。

一一六四年頃、二〇歳になったウィリアムは騎士に叙された。叙任式はイングランドのヘンリー二世とフランスのルイ七世の間で抗争が続くなか、盟友ユー伯ジョンに助け船を出すためヘンリーがタンカーヴィルのウィリアムを訪れた際に執りおこなわれた。[3] ルーアン北東のドランクール（現在のヌフシャテル－アン－ブライ）で、ジョン伯とエセックス伯ウィリアム・ド・マンデヴィルに合流したタンカーヴィル卿は、戦争を見越してウィリアムを騎士に叙することに決めたのだった。

式はこの頃にはすっかりキリスト教の影響のもとにあって、かつては剣の祝福としておこなわれたあらゆる要素に宗教色が加えられていた。ウィリアム・マーシャルとほぼ同時代の『騎士道』が描いているように、叙任を受ける者は、罪を清める儀式として、まず沐浴（もくよく）する。次いで神の法を守る決意を示す白い衣に身を包み、肉欲の罪を戒める細いベルトを締めると、教会のなかで装備を授かる。神に仕える勇気を与える金色に光る拍車と、敵と戦い「富める人から貧しい人を守るための」剣である。最後に「コレ」を受ける。「騎士に叙任し、騎士の称号で呼ぶのは神であることを覚えておくために」肩または頭を手で打つ儀式だ。

戦闘前夜の騎士叙任式ではよくあることで、ウィリアムの場合も儀式は端折（はしょ）られた。ウィリアムは部隊の騎士たちと諸侯の前で、新しいマントを身にまとった。後援者であるタンカーヴィル卿が贈ったもので、剣を帯びさせ、コレをおこなったのもタンカーヴィルである。叙任式が終わるとウィリアムの初めての戦闘があり、イングランドとノルマンディの騎士たちはドランクールを守りきった。最初の突撃で槍が折れ、馬が負傷したウィリアムは、住民が窓からはやし立てるなか、街路の接近戦に身を投じた。勝利を祝うその晩の宴で、ひとりの騎士がウィリアムの働きについて言った――ウィリアムの戦いは町を解放する役には立ったが、身代金をとれる捕虜も確保していないし、馬も装備も奪っていない。つまり、生身の騎士でなく理想の騎士も同然で、立派だがそれだけだ。エセックス伯は、騎士には戦利品を潔しとしない余裕はないとウィリアムに念を押した。「マーシャル、私に何か持ってこい。愛と償いのしるしに」。「かしこまりました」。ウィリアムは合意した。「何をご所望でしょうか？」「馬のしりがいか首輪がよい」。「そうおっしゃっても、自分はまだ一度も持ったことがありませんので」。「何を言うか、マーシャル？　今日おまえは私の目の前で、五〇組ものにしたではないか！　私の願いを拒むというのか？」一同がどっと笑った。

休戦協定が結ばれ、ウィリアムは、出陣したときよりも金に窮してタンカーヴィルに戻った。馬はけががもとで死んでしまい、代わりに手に入れた安い荷馬ですら、新しいローブを金に換えてやっと手が届くという窮状だった。だがウィリアムにはよい薬になったとみたタンカーヴィル卿は、ルマン近郊でトーナメントが開催されるというお触れが出ると、時をおかず、ウィリアムに軍馬を贈った。初のトーナメントとなったその大会でウィリアムは華々しい活躍を見せた。

『ウィリアム・マーシャル伝』は一三世紀以前のトーナメントについてひと通りのことを教

12世紀後半の鎧。十字軍騎士は、鎖帷子の上に外衣をまとい、丸い兜をかぶっていた。首を守るヴェンテール、小手、ストッキングもすべて鎖帷子製だった。（英国図書館、MS. 2A XXII, F. 220）

えてくれる。しかし、競技と訓練のためのトーナメントは一一世紀あるいは一〇世紀までさかのぼると思われる。ウィリアムの時代、そしてはるかのちの時代においても、トーナメントに一騎打ちはなく、「メレー」だけがおこなわれた。メレーではふた組が擬似戦闘を繰り広げる。ルールはさまざまだ。前もって設定された身代金を争って戦うこともあれば、勝者が敗者の馬、武器、武具を獲得することもある。いずれにしても最も優れた者には賞品が授与された。相対するふたつのグループは競技場の端に設営されたそれぞれの陣で鎧を身に着け、馬に跨がると槍を構えて互いに突進する。落馬した騎士はそのまま剣で戦う。それができるくらい、そして落馬した騎士が——負傷していないものとして——立ち上がれるくらい、鎧はまだ軽いものだった。ホーバーク（鎖帷子）はわずか二〇から三〇ポンドで、何点かの板金を加えても騎士が身に着ける鉄の総重量はせいぜい四〇ポンド、それも全身にうまい具合に分散されている。競技がおこなわれるのは競技場に限らない。参加者は田園地帯を駆け回り、用意された避難所で休憩したり装備を調え直した。歩兵がメレーに参加することもあった。戦闘は夕暮れまで続き、その後、表彰式に集まった騎士たちは捕虜になった仲間のために身代金を調達する。

初めてトーナメントに参加したウィリアムは、人を当てにするなという年長者の忠告を心に留めた。最初に対戦した相手を倒すと馬を手に入れ、買い戻し金の誓約を取りつけ、その後、さらにふたりを捕虜にして、馬と装備を没収した。終わってみると、自身と供一行の分までまずまず立派な装備を確保していた。次のトーナメントには主人の許しを得てひとりで参加し、ひとりを落馬させると、五人の騎士から捕虜を守り、賞品としてロンバルディア産の素晴らしい軍馬を勝ち取った。

騎士たちは12世紀も丈の長い鎖帷子と頭頂部のとがった兜を身に着け、上部が丸みを帯びた盾を持っていた。この盾の形は教会の儀式に使う青銅製の聖体容器を表している。(バレル・コレクション、グラスゴー)

模擬戦争であるトーナメントにおいては、複数の騎士が騎士ひとりを攻撃したり負傷者を捕虜にすることもスポーツマンシップに反するとはみなされない。ウィリアムの伝記によると、あるトーナメントの晩餐の席で、相手方の騎士のひとりが通りで転び、足を骨折した。それを目にしたウィリアムは「表へ飛び出すと、うめいている騎士のもとへ駆け寄り、鎧も何もかもを両腕に抱きかかえると、宿屋にかつぎ込んだ」。騎士を助けるためではなく、仲間に人質として差し出すためであった。ウィリアムはこう言葉をかけた。「さあ、これで支払いを済ますがよい」。伝記はウィリアムのこの行為を、いつもながら気前がよく、騎士にふさわしいと称賛し、「素晴らしい贈り物と馬と、そしてドゥニエ硬貨を差し出した」と評している。

　実戦に近い擬似戦闘はきわめて危険で、負傷者が多く、致命傷を負った者さえ多数いた（ウィリアムの息子もひとり、トーナメントで命を落としている）。武器は切れ味を落としておくこともない（のちには落としておくようになった）。乱闘が暴動へ発展することもしばしばで、反乱と化すことさえあり、教会も世俗の権力もそうした事態を抑えこもうと懸命だった。

『伝記』ではトーナメントはたいがい男性の観客の前でおこなわれているが、他の資料では女性の観戦がすでに確認されている。ジェフリー・オブ・モンマスの著作では、キャメロットの貴婦人たちがひいきの騎士と色を合わせた衣装で着飾って、「気を引くようなそぶりで」声援を送る様子が描かれている。

　第一回十字軍の直後、トーナメントから誕生した騎士道の華やかな要素に紋章学という学問と技がある。兜（かぶと）は以前にも増して重くなり、形は頭頂部が丸いもの、平らなもの、円錐形

12世紀のトーナメント。貴婦人たちが見守るなか、騎士たちが戦う。王妃グィネヴィアが、気に入りの騎士、ランスロットを指さしている。(モーガン図書館、MS. 806, F. 262)

の三つが見られる。いずれも視界を確保するためのスリットが入り、通気孔を穿(うが)ったマスクが装着されていた。進化はやがて「グレート・ヘルム」に行き着いた。グレート・ヘルムは円柱形の頭頂部が平らなタイプで、頭部をすっぽり覆い、面頬(めんぼお)を閉じると誰がかぶっているのかまったくわからない。そこで、かぶり手を見分ける前立てや兜飾りが用いられるようになり、盾に描かれたりサーコートやチュニック（「紋章(コート・オブ・アームズ)」という名称はこれらの衣服に由来する）に刺繍された記章とともに、一三世紀には一般的になった。やがて家族の歴史が入り組んでいくにつれ、紋章は込み入った意匠になり、紋章学は独特の深遠な意味や解釈を発展させていく。

反抗的で、「比類なく寛大なる」若王との日々

一一六七年、ウィリアムがイングランドへ戻ると、父親と、異母兄のギルバートとウォルターがすでに亡くなっていた。一家の所有地と官職の厩役は、存命だった三男のジ

ヨンが相続していた。ポワトゥの反乱を鎮圧するため伯父のソールズベリー伯が遠征を命じられたのは、帰国後まもなくのことだった。ポワトゥはヘンリー二世がアリエノール・ダキテーヌと結婚して手に入れた、フランス南西部の広大な土地の一部である。ウィリアムは伯父に同行した。ソールズベリー伯はポワティエの南西、ルシニアンの近くで待ち伏せに遭って殺され、ウィリアムは傷を負って捕虜となった。ウィリアムの身代金はアリエノールが用立て、おかげで、ポワトゥの反乱は鎮圧できなかったものの、ウィリアムは王の知るところとなった。

一一七〇年、ヘンリー二世は一五歳の息子、ヘンリーを共同王として戴冠させた。自身は引き続き王として君臨し、後継問題に穏便に決着をつけるためである。以来息子のヘンリーは若王としてイングランドの臣民の知るところとなった。そんな若王の所帯をまとめる長として、また若王の軍事訓練を施す責任者としてヘンリー二世が選任したのがウィリアム・マーシャルだった。

若王は長身、金髪、人好きのする人物で、ウィリアムの伝記作家によると、礼儀正しく、寛容で、イスラム世界とキリスト教世界を合わせても「世界一ハンサムな王子」だった。また、一二世紀の支配層の若者らしく、無責任、反抗的、快楽主義、浪費家の一面もあり、金と権力に対する底なしの要求には、統治者としての才能も、センスも、ほとんど認めることができない。一一七三年、末弟、ジョンの縁談の取りまとめが気に入らず、父親と激しく口論した若王は、賠償としてノルマンディ、イングランド、またはアンジューのいずれかを要求し、イングランドとノルマンディの諸侯のみならず、義父にあたるフランスのルイ七世の後ろ盾をとりつけようとしていた。自分を王位から引きずりおろそうとする動きを恐れたヘンリー二世は、口論が起きたリモージュから、若王を伴って北へ向かった。だが、シノン城でのこと、若王は夜中に、一族郎党をつれてこっそり逃げ出した。父に叛旗を翻した若王は、ヘンリー二世に宣戦を布告したのである。そして、戦争を戦うために、騎士に叙される手続きをとった。叙任式にはルイ王が弟や他の諸侯を送ったが、若王は、剣をつけ、コレの儀式をおこなう役にウィリアム・マーシャルを選んだ。

若王ヘンリーはパリに隊を進め、弟リチャード（のちの獅子心王）とジェフリーのふたりと合流した。フランス諸侯の評議会が、若王への支援を誓約すると、イングランドの有力者も何人か、若王につくことを宣言し、さらにアキテーヌの諸侯の多くが反乱に加担した。若王についていた騎士の四人が父王に投降したが、ウィリアムをはじめ大多数は主人に従った。

『ウィリアム・マーシャル伝』は、この反乱におけるウィリアムの役割について何も触れていない。反乱は一年半にわたり、結局敗北に終わる。一一七四年秋、ヘンリー二世は息子たちともルイ王ともそれぞれ条約を締結し、以前と変わらずイングランド国王として実権をふるうことになった。若王はノルマンディの城を二城と一万五〇〇〇ポンドを受け取った。ウィリアムは和平会議に参加して条約の立会人となった。そして翌年春、ヘンリー親子に随行してイングランドへ戻った。

翌年、若王とその一党は「逗留よりも放浪を好み」、冒険を求めて大陸へ出発する。ウィリアムにとっては一二年に及ぶ武者修行の始まりだった。

トーナメントの世界へヘンリーを誘ったのはヘンリーのいとこ、フランドル伯フィリップだった。ウィリアムは、若王の護衛としてトーナメントに参加し、戦略を練った。他の競技者がへとへとになるまでチャンスをうかがうフィリップ伯の作戦に目を凝らしたウィリアムは、競技には参加しないと思わせておくようにヘンリーに言い含めておいた。こうしてヘンリー率いる隊は、試合が最高潮に達した瞬間フィールドに躍り出て、土壇場で味方に勝利をもたらしたのだった。

一一七七年、フランドルの騎士ロジェ・ド・ゴージと協力関係を結んだウィリアムは、二年にわたり、ロジェとともにトーナメントからトーナメントへ旅してまわった。一〇ヵ月で一〇三人の騎士を捕虜にしたこともある。ウィリアムは、戦闘能力のほかにも騎士にふさわしい才能を発揮した。サンスの南、ジョワニーでは、相手が武装するのを待つ間、ダンスを踊る騎士や淑女を歌を歌って楽しませた。ある若いジョングルールが「マーシャル、名馬を用意しろ」と繰り返す歌を即興で作った。ウィリアムは、相手方の一番手が競技場に走り出たとたん、ひと言も発せず馬に跨がり、相手を落馬させ、取り上げた馬をジョングルールに与えた。

一一七九年、ウィリアムは再び若王の一行に加わった。だが、地元のトーナメントへは相変わらず出場し、ときに遠方のもっと大きな大会へも腕試しに出かけている。若王は、パリの西、アネ近郊でおこなわれたある大会にウィリアムを騎士団長として送りこんだ。一行が遅れて着いてみると、アンジュー領から参加したヘンリー二世の隊が、まさに敗れる寸前だった。ウィリアムはフランス王の騎士たちを一蹴したが、幾人かは堀をめぐらせた土塁を登り、矢来で囲まれた頂上をめがけて遁走した。馬は杭に繋いでいった。ウィリアムは馬から降りて堀を歩いて渡り、土塁を登ると「二頭の良馬」の手綱をとった。ところが堀を渡ったそのとき、フランスの若い騎士がふたり走ってきて、馬を奪ったのである。これはルールに反する。だが、ウィリアムはその場で抗議ができなかった。再び馬に跨がると、数で勝るアンジューの部隊がフランスの騎士一五人を何軒かの農家に追いつめ、包囲しているところへ出くわした。フランスの隊がウィリアムに投降を申し出た。ウィリアムは申し出を受け入れ、一緒にその場を離れると解放した。寛大な心を示すささやかな行為だが、味方の不評を買ったのは無理もない。なにしろ身代金を取り損ねたのだ。トーナメントは終わり、ウィリアムは捕獲した二頭の馬を分捕った若い騎士のおじを探しあてた。おじは馬を返すよう若者に命じた。誰かが、半分はくれてやったらどうかとウィリアムに持ちかけ、ふたりでさいころを振って勝ったほうが馬をとればいいと提案した。ウィリアムが勝った。ふたり目の若い騎士は、男爵家の者だった。男爵は、ウィリアムに馬を返すよう若者に命じた。再び、半分は譲ってやれと提案され、ウィリアムは応じた。ウィリアムが馬の価値を見積もるように言うと、若者は、じっさいは四〇ポンド以上の価値がある馬に一四ポンドの値をつけた。ウィリアムが一文無しとにらんだうえで、半額を払って安く手に入れようとの浅知恵だった。ウィリアムは七ポンドを取り出すと、馬を連れてさっさとその場をあとにした。

若王家の一員としてウィリアムが壮麗なトーナメントに参加するのは、この年の秋にパリ東方のラニーで開催された大会が最後となった。フィリップ二世の戴冠を祝賀するこの一大イベントに列席したヘンリー一行は、自分の兵を五、六人率いる「バナレット」数名を含めて、騎士二〇〇人に膨れ上がっていた。ウィリアムも初めて騎士として名を連ねている。三〇代のウィリアムは相変わらず独身で、今もまだ領地をもたず、いまだに「若輩者」の立場だったが、それでも高い地位に就いていた。

翌年、ウィリアムは図らずもトゥルバドゥールの歌(カンツ)、あるいはアーサー王物語を髣髴(ほうふつ)させる状況に身を置くこととなる。ウィリアムを嫉妬する若王家の者たちが、ウィリアムはフランスから嫁いだ若王の妃、マルガレットの愛人だという噂を流したのだ。一一八二年、ウィリアムはカーンでおこなわれたヘンリー二世のクリスマス御前会議で、糾弾する者たちに決闘裁判を申し入れたが、ウィリアムを必要としながら疑惑をぬぐい去れない若王が差し止めたため、ウィリアムは無事にノルマンディを離れる道を求め、若王は身の安全を保障した。

『ウィリアム・マーシャル伝』によれば、ウィリアムには三人の有力な領主から、好条件の申し出があった。だがウィリアムは、小さな土地を与えようというフランドル伯の申し出以外はすべて断り、鎧と武器を捨てて、ケルンへ巡礼に旅立った。

一一八三年二月、若王と弟のジェフリーが再び父に叛旗を翻した。今回、ヘンリー二世は気の荒い息子のリチャードを味方につけ、リモージュの城に包囲された若王はウィリアムを呼び寄せた。

ドルドーニュ川沿いのマルテルにある屋敷。若王はここで息を引きとり、ウィリアム・マーシャルはその十字軍参加の遺志を受けて、聖地に赴くことを約束した。

『ウィリアム・マーシャル伝』には、ウィリアムの一面を示すこんなエピソードが紹介されている。かつての重騎兵仲間ふたりと合流すべく、目的地に向かっていたときのことだ。ウィリアムが路肩で休んでいると、男女のふたり連れがウィリアムの前を馬で通りすぎ、疲れたわと女が不平をもらした。ウィリアムは馬に跨がって追いつくと、ふたりに問いかけた。男は修道僧で、ふたりは駆け落ちをしてきたという。現金で四八ポンドを持ち合わせていて、その金を貸して、利子で生活するつもりだと修道僧は打ち明けた。ウィリアムは駆け落ちよりも高利貸しに度肝を抜かれた。「神の剣の名にかけて！　構うものか――断じて許されないのだから！」ウィリアムは従者に命じて金を奪い、ふたりの仲間と山分けした。

ウィリアムはペリグー近郊で若王と合流し、一行はドルドーニュ川沿いのマルテルへと進んだ。しかし、マルテルで若王が重い病を患った。まもなく天に召されるだろうことは明白だった。若王は臨終の秘蹟を受けると、ウィリアムにある頼みを打ち明けた。十字軍の誓いを立てていたのに、一度も聖地へ赴いたことのない若王は、肩に赤い十字架の印が入った十字軍のマントをウィリアムに授け、それをイェルサレムの聖墳墓教会まで持っていってもらいたいと懇願したのだ。

若王の短い生涯は、奢侈（しゃし）と不毛な反乱に虚しく費やされたとはいえ、人々はその死を悼んだ。フランドル伯フィリップは、これからは誰が「あの不遇の騎士」の後ろ盾になるのか、「馬や武器や資金の面倒は誰がみるのか」と嘆き悲しんだ。

アリエノール・ダキテーヌの庇護（ドゥニエ）（ひご）を受けるトゥルバドゥールのベルトラン・デ・ボルンは、騎士道の世界、卓越と青春の世界に痛手を与え、残された宮廷貴族、ジョングルールやトゥルバドゥールたちを悲嘆にくれさせる、「若きイングランド王の死」を悼む挽歌を捧げた。「不吉な戦士」死神が、「比類なく寛大なる」王を奪ってしまったと。ベルトランの詩

は、懇願で結ばれている。キリストが若王の罪を許してくれるよう、そして、訪ね来る騎士を城に迎え入れる中世の領主のように、

王に命じたまえ、栄えある輩（ともがら）とともに
苦悩も不幸も無縁の地へ行けと

上級貴族へ仲間入りを果たす――新たな人生の幕開き

ウィリアムは若王との約束を守って、聖地に向かった。『ウィリアム・マーシャル伝』によると、この巡礼の旅のためにヘンリー二世は「二頭の良い馬」と一〇〇アンジューポンドの金を「与えている」。イングランドを訪れて、友人、家族にいとまごいをすると、ウィリアムは異教徒との戦いの旅路についた。伝記はややあいまいに、記録を残している。「彼は二年間シリアに滞在した。その地で、人が七年かけても太刀打ちできないほどの手柄を立てた。その功績は今でも至るところで、正直者たちの間で語り草になっている。ここではそれを述べることはしない。なぜなら、私がこの目で見たわけではなく、その半分をも語れる者を見つけることができなかったから。聖地を離れるとき、彼はギー王とそのおつきの者たちに、そしてテンプル騎士団とヨハネ騎士団に別れを告げた(4)」。

一一八七年、ウィリアムは聖地から戻ると、ノルマンディでヘンリー二世に会い、国王に

仕えることで、人生の新しい章をはじめることになった。武者修行の日々は終わりを告げた。王はランカシャーの封土をウィリアムに与え、フランス王フィリップ二世と実の息子リチャードとの争いに助言する形で仕えることを求めた。ウィリアムの助言は大いに力を発揮し、さすらいの騎士なら誰もが夢見る報酬をウィリアムは勝ち取った。女相続人との結婚である。相手は、イサベル・ド・クレールといい、一八歳になるペンブルック伯の娘で、ウェールズとアイルランドの領地を相続していたので、妻に娶ればイングランドでも最も有力な貴族に名を連ねることになるはずだった。

一一八九年七月、そんな約束も果たさぬまま、屈辱的な条約をフィリップ、リチャードと締結したヘンリー二世はシノン城で没した。敵方で戦ったにもかかわらず、忠誠心と度胸のすわった剛毅な性格を高く評価したリチャードは、引き続きウィリアムを迎え入れ、さらに父が約束したイサベル嬢との結婚と相続財産への権利を認めた。婚礼は一一八九年、ロンドンで執りおこなわれた。

このときすでに四〇代だったウィリアムは、にわかに三つの国に広大な領地を所有することになった。「ウェールズでは、領主が占有する荘園三ヵ所と六〇ほどのナイツフィー（騎士ひとりを支えるのに十分な封土で一区画がおよそ六〇〇エーカー）〔訳注・王から直臣に与えられる土地の広さの単位。与えられたナイツフィーの人数分の騎士を、軍役に供出する義務を負うことになる〕を含むストリギルの広大なアナー（王の直臣として授かった広大な封土）と、聳え立つチェプストー城を擁し、ワイ川河口域に一〇〇平方マイルにわたって広がるイングランドとの国境地帯のストリギルの領地、そして南西部のペンブルック州とペンブルック城、アイルランドでは、現在のキルディア、カーロー、キルケニー、ウェクスフォード、クィーンズ、およびキングズの一部からなるレンスターの領地、さらにノルマンディでは、ロングヴィルの男爵領の半分（ただし、四〇〜五〇人の騎士の軍役を提供しなければならない）を所有する領主となったのだ。一一九四年、兄ジョン・マーシャルが亡くなり、マーシャル家の家族領と王宮の厩役としての職務がウィリアムに残された。厩役は当時、上官の職である王軍長と同じように、重要な軍務を含むようになっている。一一九九年、ウィリアムはペンブルック伯に叙された。

本書の領域を超え、みずからのすぐれた武勇と王からの引立てによって、ウィリアムは今や上級貴族の仲間入りを果たした。ジョン王の王位継承を支持して司令官の職に就き、王に信頼される相談役として王位継承へ道をならし、一二一五年、マグナカルタに結実した諸侯の反乱の最中も王の側にとどまった。「平和と福祉と王国の名誉のために」国王は諸侯の要求を容れて譲歩すると伝えるべくロンドンに派遣されたのも、調印されたラニーミードで主に交渉にあたったのもウィリアムだった。しかしその後も混乱は収まらず、有力諸侯に招請されたフランスのルイ王太子（のちのルイ八世）がイングランドへ侵攻、一二一六年、戦闘の只中にジョン王が死亡し、ウィリアムは若きヘンリー三世の執権として留まることになった。ウィリアムの指示のもと、国王派は諸侯と侵入者を打ち負かし、一二一七年、ウィリアムは諸侯への恩赦を認める条約をルイとの間に締結した。死（一二一九年五月一四日）の直前にテンプル騎士団に入会したウィリアムは、ロンドンのテンプル教会に埋葬されている。

三者三様、変化はそれぞれに――神聖ローマ帝国、フランス、イングランド

ウィリアム・マーシャルは、騎士がひとつの階級として台頭した一二世紀に、社会の階梯をのし上がっていった騎士の顕著な例である。騎士が貴族とみなされる正確な時期は今も結論を得ていないし、歴史には地域ごとにばらつきもある。しかし、地域を問わず一三世紀を通じて騎士が上流階級の仲間入りを果たしていったことに異論はない。

騎士道がキリスト教の影響を強く受けたこと、騎士の社会的地位が向上したことに加えて、この時期に起きた政治上の変化も大きな影響を及ぼした。変化は神聖ローマ帝国、フランス、そしてイングランドでそれぞれ異なるものの、時期に大きな違いはない。

神聖ローマ帝国では、従僕として家に仕える騎士、隷属状態のミニステリアーレが、下級貴族の一員にのし上がった。皇帝や教会に仕えるミニステリアーレは、主人の威光にあやかることもすでにあった。ホーエンシュタウフェン家の歴代皇帝、とりわけ赤髭王フリードリヒ一世とハインリッヒ六世が、従順でない貴族に対抗するため彼らを引き立てたからである。ミニステリアーレは、イタリアでホーエンシュタウフェン家のために戦い、城に駐屯

し、赤髭王フリードリヒ一世の十字軍遠征に随行し、子息の教育をし、都市を統治し、領地を管理した。ミニステリアーレのひとり、マルクヴァルト・フォン・アンヴァイラーは、ハインリッヒ六世の家庭教師を務めたのち、息子のフリードリヒ二世が成人するまで執権を務めている。ドイツの騎士文学の担い手も、主にミニステリアーレだった。みずからが所属するようになった階級の意識に光を当て、正当化している。一三世紀を迎える頃には、ミニステリアーレは多くが隷属状態から解放され、封土のやり取り、法廷での証言、結婚の自由を認められた自由民として盤石な地位を築いていた。早くも一二世紀に、ミニステリアーレを貴族と呼んでいる地域もあった。

フランスでは一二世紀、王権が強化されると同時に、フランドル、ブルゴーニュ、シャンパーニュ、プロヴァンス、サヴォイといった地方の有力な公国が力をつけ、こうした国の公爵、伯爵は、神聖ローマ皇帝と同様、地方の領主、城主に対抗するため騎士の力を求めていた。伯爵、公爵、あるいは国王は、地方領主とお抱え騎士との緊密な関係を断ち、騎士を自分のもとで働かせようと躍起になった。直属の騎士を臣下として抱え、司法をはじめとする城主が有する権限を騎士に移行させようとしたのである。騎士たちは以前は城主に限って許されていた「シア（sire）」の称号を獲得し、上級貴族に倣って紋章を身に着けるようになった。一三世紀に入ると、騎士の生活様式は時の流れとともにいよいよ贅沢になっていく。長い間農民たちと近しく交流しながら暮らした村を出て、要塞のように守りを固めた邸宅を建設して移り住んだ。塔をひとつかふたつ備えたいわば城のミニチュア版で、堀をめぐらせてあることも珍しくない。こうした小要塞は、軍事目的よりはむしろ社会的な役割を果たした。農民に対する騎士の立場が、近隣に暮らす保護者から、治安、司法、徴税の権限を備えた統治者へ変質したことを示す、目に見える象徴だった。

マコン地方に関するジョルジュ・デュビーの研究によると、一二世紀、騎士は主に互いに金の貸し借りを余儀なくされた。一三世紀の初頭には、領地の一部を担保として教会あるいは商人へ差し出す手があった。一二三〇年を過ぎる頃に彼らがはじめたのは、教会または世俗の領主に領地を売却するか、私有地を差し出して、代金を受け取る代わりに封土として再び受け取ることだった。こうして第一回十字軍に騎士を送りこんだルオングル家は、一二世紀には、第三回十字軍に参加するため土地を担保にしたり売却したりして資金を工面し、一三世紀には担保を入れて融資を受け、クリュニーの修道院に土地を売却し、別の私有地をトゥルニュにあるサン・フィルベール修道院とブルゴーニュ公に差し出して忠誠を誓うことで資金を調達した。

こうして、少なくともフランス中央部――かつては封建化はごく一部に限られ、封建領主への義務も軽度であった――では、強い権力を持つ領主、国王、伯爵、公爵に騎士が従属せざるを得なくなる一方で、城主の地位は騎士と代わり映えしないものへと低下していった。

イングランドでは、封土に媒介された封建制の階層と王室権力の結びつきは、ノルマン征服によって確立された。ヘンリー二世が中央政府組織――すなわち、司法、行政、そして財務――を拡大したことで、騎士はイングランド独自の役割に就くようになった。もともと征服王ウィリアムに随行してきた騎士たちは、自身の務めを果たせるよう土地の権利を認められ、その結果、土地の管理者になっていた。そして、封建領主との間の義務とは別に次第に公的な責任を担うようにもなっていた。それは特に司法の分野において著しい。フランスでは多くの騎士が王宮に仕え、その結果、王権の拡大に伴って発展を遂げた官僚機構に組みこまれていったが、イングランドでは騎士は地方の行政機能を担うことで統治機構の一角を占め、その後、議会を誕生させる要の役を果たしていくのだった。

イングランドの騎士を新たな仕事に導いた制度は、ヘンリー二世が一一七九年に設立した巡回裁判所である。その目的は土地争いを治めることにあった。州の管理官である長官（シェリフ）から指名された四名の騎士が、今度は一二名の騎士、「その地域の自由民で法を守る男たち」を選任し、「陪審員団」を結成する。中世においてこれは、当該案件を熟知した者による調査会議で、問題の地所を視察し、適切な関係者（近隣）と話し合い、境界を歩測したうえで、「大いなる権限」として宣告する役目である。評決が疑問視されるときは、四名の「州の騎士」が委任され、会議の記録を国王裁判所に持ちこんで抗弁する。この手続きが発展して、国王の顧問会議である「王会」に代議として騎士が召集されるようになった。一二一三年、危機の最中、ジョン王はそれぞれの州から四名の騎士を召集し、「王国の問題について、ともに話し合おう」とした。この王はのちに、折に触れて、地元の騎士による選任、あるいは長官による任命を受けた騎士をふたり、三人、あるいは四人送るよう州裁判所に依頼し、税についての討議、地方の問題の報告、あるいは政治的支援への呼びかけをおこなった。この役割においてイングランドの騎士は諸侯に対抗するものとして登用されたが、それはホーエンシュタウフェン家の皇帝が貴族に対抗するためにミニステリアーレを、あるいはフランス王と有力諸侯が城主に対抗するために騎士を登用したのと同様である。

イングランドの騎士は州内ではほかにも役割を担っていた。長官に助力と助言をし、王室私有財産管理官、森林担当官、あるいは自身が長官になるなど、要職に就いて務めを果たした。こうした職務は騎士の自負心を高めた。ヘンリー二世の治世に変わってまもなく、みずから騎士の家系の生まれで司法長官のリチャード・ド・ルーシーは感慨深げにこう言った。「昔は騎士だからといって誰でも玉璽(ぎょくじ)を持つことができるとは限らなかったものだ」。

軍役代納金の衝撃

ヘンリー二世が導入し、イングランドの騎士の状況を大きく変えたもうひとつの変革が、この時代に盛んにおこなわれた、封土を基礎に置いた軍役から、金銭を代価とする軍役への移行である。傭兵は一二世紀よりもずっと前から存在していた(第三章参照)が、重要な改革、戦争経済の新たな体制のはじまりとなったのが、「軍役代納金(スキューティッジ)」(盾を表すスキュータムの語から、盾税の意味）の導入で、あてにならない短期間の軍役に代わって賦課されるこの税金による歳入が、傭兵の賃金に充てられた。この制度はヨーロッパ大陸に広がる広大な帝国を守るために戦争を繰り返したヘンリー二世にとって、とりわけ必要なものだった。一一六六年、ヘンリー二世は直臣と、臣下の主だった者に、軍役を伴う土地を所有している配下の者すべての名前を知らせるよう要求した。国王の目的は、軍役の代わりに徴収するべき税金の元帳として、そのリストを使うことだった。当初、諸侯から徴収されたこの税は、次第に騎士から直接徴収されるようになった。軍役免除税については一一七九年前後に書かれたイングランドの財務省に関する論文に丁寧に説明されている。

敵が王国に脅威を与え、あるいは攻撃を加える場合には、国王は一ナイツフィーあたり、一マークあるいは一ポンドといった一定額の支払いを命じ、それを兵士の賃金あるいは報奨金に充てる。これは、万が一戦争になった場合、前線に立つのは臣民よりも傭兵が望ましいと国王が考えるからである。この支払い額は、盾の数に従って計算されるので、盾税と呼ばれる。

軍役代納金により、臣下は負担の重い軍役の義務を避けることができるようになる一方、王にとっては、長い遠征もいとわない、経験豊かな部隊を手に入れることになった。のちの戦争財源のための税法とも相まって、この制度は職業軍人の部隊の発達を可能にした。

軍役代納金は、一二世紀ヨーロッパで騎士たちに多大な影響を与えた、ふたつの根本的な歴史の流れの一面だった。ひとつは国王と数少ない有力諸侯の手中に権力が加速度的に集中し、戦争が次第に専門化されたこと。ふたつ目は経済が九、一〇世紀の不況から上向きに転じて一一、二世紀の商業革命へと向かい、生活水準が向上して物価が高騰したことである。今や騎士にふさわしい暮らしを営むには贅沢が必要だった。ウィリアム・マーシャルの伝記を残した作家——活動時期は一三世紀中頃——は、一一五〇年代にウィリアムがフランスに向けて出発したときの供の数が少ないことをあれこれ釈明している。「当時はわれわれの時代と比べて質素な時代だった。王の子息でさえケープをくり上げて馬に跨がり、ほかには荷物ひとつ持たなかった。今は荷馬の一頭もほしがらない従者など、まずいないだろう」。叙任式自体が意匠を凝らした贈答品や費用のかさむ祝賀の宴を伴うようになった。国王や有力諸侯の軍役に就く騎士には新たに旅への随行、ふさわしい衣装、そしてしばしば特別な機会に差し出す主人への「援助」が求められた。装備の価格も最初の出費が年収に匹敵しかねないほどはね上がった。(5) バイユーのタペストリに描かれている丸形、あるいは円錐形のかつての兜は、一二世紀後半から一三世紀初頭にかけて、もっと大型の、頭頂部が平らな円柱形のグレート・ヘルムが取って代わり、それが敵の一撃をかわしやすい、さらに丸みを帯びた形へと徐々に進化していった。ホーバークには袖に覆われない部分を守るため金属製の小手や喉当てが加えられ、鎧下には中綿の入った胴衣を身に着けて打撲による負傷から身を守った。板金甲冑（かっちゅう）が膝や肘のプロテクターとしてお目見えした。鎧が重さを増したことで強靱な軍馬の価値が上がり、価格も高騰することになった。

　騎士を続ける費用がかさんだことから、狭小な所有地しか持たない騎士のなかには、何名かが協力し、仲間のひとりが軍役に就くための費用を捻出する者たちも現れた。また身分を放棄する騎士がいたことは、一二一七年に再度署名されたマグナカルタが、ナイツフィーに匹敵する土地の贈与あるいは売却、および贈与あるいは売却の結果生じる軍役の不履行を禁じた条項からもわかる。騎士の身分にとどまった者はフランスの場合と同じように、所有地と、ときに鎧を担保に資金を調達しなければならないことが珍しくなかった。

13世紀の象牙製のチェスの駒。頭頂部が平らな兜、外衣、ホーバーク、上部が平らな盾がデザインされている。（アシュモレアン美術・考古学博物館）

　征服王ウィリアムの直臣に課せられた軍役は理論上は総計およそ五〇〇〇人の騎士を提供するものだった。一三世紀、ジョン王とヘンリー三世が大陸における軍役として召集できた騎士の部隊はせいぜい三〇〇人から四〇〇人だ。一二五八年、ヘンリー三世治下の諸侯が、州によっては騎士の人数が足りず、一二人必要な巡回裁判を開くことができないと不平をもらしている。一二九五年、イングランドで最も封建化が進んだ州のひとつ、エセックスに居住する活動可能な騎士はわずか二四名、加えて高齢あるいは病身のため軍役に就くことのできない者が一一名いた。

縮小する騎士階級と、新規参入をめぐるいがみ合い

イングランドでもフランスでも、一三世紀の経済的圧迫は新しい社会階級の誕生につながった。騎士の息子で、騎士に生まれながら従騎士の地位にとどまる者たちだ。その数は一三世紀半ばから倍増し、騎士を超えるまでになった。マコンのある地域では、一二三〇年には有資格者は全員騎士になっている。だが一二七〇年には騎士ひとりに対して従騎士が四名を数えた。従騎士のまま一生を終える者もいたが、貴族としての地位は息子たちに引き継がれ、息子は騎士になる可能性も従騎士のまま終わる可能性もあった。

このように騎士道が最盛期を迎えた一三世紀は、ヨーロッパ全土で騎士が減少した。そのためイギリスでは新たな奇妙な法的手段が生まれた。資金調達が可能な者を王権が騎士に叙任する、いわば「騎士道による差し押さえ」だ。一二一七年のマグナカルタの考え方を大胆に拡大解釈したのだった。ヘンリー三世は一二二四年、ガスコーニュへの遠征の準備とし

て、一ナイツフィーと等価の土地を所有するすべての成人自由民に武器をとって騎士への叙任を受けるよう勅令を発布した。一二四二年には一ナイツフィーは年二〇ポンドの収入をあげるものとされていたが、物価上昇に伴って徐々に一〇〇ポンドまで引き上げられた。おかげで歳入はふくらんだが、結果的に多くの騎士が叙任されたという証拠はない。

昔からの騎士階級は縮小し、階級に伴う費用や責任を負担に感じる一方、下からの参入を初めて経験していた。一三世紀の新しい豊かさが生んだ裕福な農民や商人のうち、社会階級での上昇を目指す人々である。王や諸侯は彼らの野心を後押ししたが、騎士は貴族の地位まで登りつめると新規参入に門戸を閉ざそうとした。貴族の地位を相続する要件を以前に増して厳格に改めたのだ。『聖ルイ法』（一二七〇年頃）は、貴族の身分はその起源を父親の爵位に認めると述べている。母親が貴族で父親が平民である場合、以前は母方の側から貴族の地位を主張することができたが、そういう者が騎士に叙任された場合、不正は暴かれ、拍車は沼地に投げ入れられるようになった。さらに、たとえ称号を使わなくても、平民は貴族の権限や特権を持つことを禁じられた。封土を購入したブルゴーニュの商人が、臣従の礼も軍役も拒否された一三世紀の事例をジョルジュ・デュビーは記録にとどめている。平民の封土は貴族の封土に劣ると人々は公言したし、ブルジョアが紳士を従者とすることはできなかった。「というのも、貴族の封土は貴族でない者、つまりブルジョアのものにはなり得ないから」と一三世紀後半の法律文書は述べている。フィリップ・ド・ボーマノワールが『ボーヴェの慣習法』に記したように、平民は貴族の封土を手放さなかっただけでなく、監督官庁の職を臆面もなく争った。貴族たちは周囲に迫る彼らを、「農奴」あるいは「悪徳貴族」と糾弾したが、それにもかかわらず、新規参入者は婚姻、土地購入、王宮での職務などを通して貴族階級へ浸透しつづけた。

最も気高い男に与えられた最も気高い獣

王室は新規参入を奨励した。一三〇六年、エドワード一世はスコットランド征服に向かうにあたり、息子の騎士叙任式の機会を利用して表明した。志のある者には誰であれ、儀式に参列しさえすれば、肩叩きの式を施す、祝祭の費用は国王が負担し、新たに騎士になった者には、衣装一式(ただし、鎧は含まない)を国王が与えると。二六七名の候補者が名乗り出て、そのうち二名はウェストミンスター寺院で雑踏に踏みつけられて死亡した。

新しい騎士階級の意識は、仰々しい肩叩きの儀式に見て取ることができる。ラモン・ルルの一三世紀後半の著作、『騎士団の書』に描かれたその儀式は一一世紀のものは言うに及ばず、一二世紀のそれと比べてもまるで別物だ。ルルは、大勢が教会に集まる祝日に肩叩きをおこなうよう勧めている。候補者は罪の告解をしなければならず、前日は断食をしたあと、ひとり教会で祈りを捧げながら夜を明かす。さらに「腐敗や罪について語るトゥルバドゥールや語り部の言葉に耳を傾けてはいけない」とされていた。当日の朝、ミサがおこなわれ、

「全力をもって騎士道の名誉を守る」誓いを立てたあと、さらに説教が続き、キリスト教の教義に関わる、十戒、七つの秘蹟などについて説明がなされる。そのあと、自身も「徳の高い騎士階級」の男性である後援者が進み出て、志願者は祭壇の前にひざまずき、両手を天に伸ばし、天を仰ぐ。後援者が剣を帯びさせて、口づけをし、手のひらで志願者に触れる。「コレ（またはパウメ）」と呼ばれるこの儀式は、拝領したものと交わした約束、果たすべき義務と束縛されるものを内包する大きな責任、そして騎士階級の一員になることで受ける大きな名誉を覚えておくためにおこなわれた。その後、新任の騎士は、「騎馬で街を練り歩き、その姿を住民に披露して」騎士となったことを皆に知らしめ、そしてその晩、「盛大な宴を催し」、「相応の引出物を用意して晩餐を振る舞うことを求められ」、「馬上槍試合……などの競技、その他騎士階級に付随するさまざまなことをしなければならない」。盛大なファンファーレが鳴り響き、騎士階級の価値と輝きを傍観者に印象づけた。

『騎士団の書』は叙任式の段取りのみならず、騎士道の宗教的意義についてかなりの行数を割いている。流布本『ランスロット』に登場する湖上の麗人の談話について、微に入り細を穿った事実上の説明になっている。邪悪がこの世に生まれたとき、神は一〇〇〇人にひとり「最も忠実、最も剛健、最も気高い魂を持ち、誰よりも高い教養と作法を身につけた」男を選んだ。この男に仕えるために、「最もふさわしい、最も美しい、最も勇敢で、最も力強く働くことのできる、他の何物よりも人に仕える能力の高い」一頭の獣が選ばれた。馬である。選ばれた男はその称号騎士（シュヴァリエ）（フランス語）を馬（シュヴァル）からとった。「こうして最も気高い男に最も気高い獣が与えられた」。そして「この上なく気高く、戦いに適したあらゆる武器」が選ばれて騎士に与えられ、その騎士には多くの人の上に立つ支配権が与えられ、馬の世話役ともなるひとりの従者が与えられた。「また、土地を耕して収穫や商品を産み出し、騎士と馬の生活を支えるのは民の義務とし……騎士はその気高さに見合う住まいに暮らし、馬に乗って狩りその他の楽しみを味わい……支配下の者たちが艱難（かんなん）辛苦をもってすることどものうちに安楽と喜びを感じることを義務とする」。

騎士の義務と責任は、三重の構造をもっていた。「神聖なるカトリックの教えを守らなければならない」、「統治者となる」一方で、「世俗の欲にまみれたこの世の領主を支え、守らなければならない」。

ルルは物知り顔に、騎士が身に着ける鎧や装備の部品ひとつひとつの道徳的、宗教的意義さえ説明した。剣（十字架の形状）は、その所有者がキリスト教の敵と戦って正義を守らなければならないことを示す。槍は真実を意味する。兜は「恥への恐怖」を、ホーバークは「悪徳と過ち」に対する抵抗を意味する。鎖帷子（くさりかたびら）のストッキングは邪（よこしま）な道に足を踏み入れることを防ぎ、拍車は義務の遂行にあたって精励と素早さを与え、そして、のど当て、鎚矛（つちほこ）、ナイフ、盾、小手、鞍、馬、頭絡（とうらく）、馬の鎧、外套、紋章、旗に至るまで説明は続いた。

大事なことは、剣を帯びることがもはや騎士への叙任を象徴するとはいえなくなっていたことである。職業として武器を持つ立場はもはや騎士だけのものではなくなっていたし、騎士の仕事は戦争だけではなかった。

騎士道精神はすでに一個の確たる現実であるよりも、むしろ名誉を担うものになっていた。

原注

（1）ジョン・デアリーが初めてウィリアム・マーシャルの人生に登場するのは、一一八六年、トルヴェールは一一八〇年からマーシャルのもとにいたと思われる。この伝記の完成は一二二六年である。

（2）『ウィリアム・マーシャル伝』のエピソードの時系列は、特に早い時期に関しては混乱が見られる。書中の詩一五五一〇によると、一二二六年にウィリアム自身が「八〇歳を超えている」と言ったことになっていて、逆算すると生まれは一一三六年以前になる。一方、ジョン・マーシャルとシビルの結婚は早くても一一四一年で、その二番目の息子であるウィリアムは、以下の出来事の時点で六から八歳だったと思われる。

（3）『ウィリアム・マーシャル伝』の編者ポール・メイヤーは、伝記の著者による出来事の配列の誤認があり、ウィリアムの騎士叙任は一一六四年または一一六七年だが、そのときに起きていたとされる戦闘は、じっさいは一一七三年の出来事と考えている。だが、別の観点からその可能性は低いと思われる。一一七三年の戦いだとすると国王ヘンリー二世に対する長男若王の反乱の一部になるが、伝記では若王について触れていないのだ。

（4）この一節から、ウィリアムが聖地をあとにしたのは、ギー・ド・リュジニャンがイェルサレム王として戴冠した一一八六年九月半ばよりあとであることがわかる。その時期は、サラディンがイェルサレムを陥落させる前であることを示す別の資料もあることから、おそらく一一八六年末から一一八七年はじめの間と推測される。

（5） 一三世紀前半のジェノヴァでは、兜一領の価格は一六から三二シリング、ホーバークは一二〇から一五二シリングだった。付属品を含めると計二〇〇シリングを要し、それは金八〇〇グラムの価格に相当した。

第六章　テンプル騎士団　兵士、外交官、銀行家

新しい種類の騎士道がこの世に生まれたことは耳に入っていた。それも高みから降臨された方がかつてじっさいに訪れたその地に……その新しい騎士道は疲れを知らず……邪悪な存在の血と肉のみならず、魂の力をも相手に戦うのだ。

――クレルヴォーのベルナルドゥス「新しい騎士道礼賛」

「神殿（テンプル）の傍らで」騎士団は栄え、新たな命を吹きこまれ、「そして使命を果たす能力を与えられる」。使命とはつまり、貧しき者、夫を亡くした妻、孤児、そして教会を守ること……。

――テンプル騎士団会則

薄汚いテンプル騎士、不道徳なヨハネ騎士、どちらも気概に満ち、弱点はない、まるで斑（まだら）の皮膚をもつ毒蛇の群れのようなこの悪党は、黒い馬に跨がった紅毛碧眼の男たち……。

――イマード－アド－ディン『サラディンによるシリア、パレスチナの征服』

子羊よりも従順、獅子よりも獰猛

第一回十字軍ののち、聖地にキリスト教徒の勢力を維持する責任はひとえに宗教騎士団が

担っていたといっても過言ではないだろう。キリスト教徒の目に、こうした騎士団の騎士はとりわけ優秀な「キリストの兵士」、すなわち騎士道の典型と映っていた。

宗教騎士団はそもそも聖地の神殿を訪れる巡礼の護衛を使命とした。だが、ほどなく加わった任務がその後は主たる目的となった。すなわち、聖地に駐屯し、執拗な、おびただしい数の敵から征服した土地を守るのである。テンプル騎士団は一一一九年頃、シャンパーニュ出身のユーグ・ド・パイヤンとアルトワ出身のゴドフロワ・ド・サントメというふたりの騎士によって設立された。ふたりはイェルサレムの総主教の前で清貧、純潔、従順の誓いを立て、自分たちの使命は巡礼の保護と支援だと宣言した。当初、イェルサレムの駐屯地の名を冠して「ソロモン神殿（テンプル・オブ・ソロモン）の貧しき騎士たち」と呼ばれたこの騎士団を、十字軍に参加した有力なふたりの諸侯、シャンパーニュ伯ユーグとアンジュー伯フルクが後押しした。一一二八年、トロアでおこなわれた会議でカトリック教会がこの騎士団を修道会として承認すると、シトー修道会の創設者クレルヴォーのベルナルドゥスが依頼を受けてその会憲の草案作成にあたった。会議のあと、ふたりの創設者が率いる騎士団一行がフランスとイングランドを旅してまわり、兵士を募り、土地の寄進を訴えた。ベルナルドゥスの会憲はシトー修道会に倣ったもので、軍の組織にはうってつけだったと思われる。秩序だった行軍と統制のとれた戦闘は、ほどなくしてテンプル騎士団を聖地奪還に参加するあらゆる部隊のなかで抜きん出た存在に押し上げていった。

まもなくテンプル騎士団はヨーロッパで創設者の期待をはるかにしのぐ人気を博していく。そこではクレルヴォーのベルナルドゥスの後押しも大きく物をいっただろう。ベルナルドゥスは一一三〇年代初頭、ユーグ・ド・パイヤンの要請で小論文「新しい騎士道礼賛」を著し、キリストに献身する戦闘集団という考え方を褒めちぎった。過去の世俗の騎士は罪深い――「私に言わせれば、それは軍人（ミリティアエ）ではなく悪人（マリティアエ）だ」。ベルナルドゥスは生き生きした筆致で綴っていった。世俗の騎士は女のように身を飾った――絹の衣を馬に着せ、ホーバークにも外衣を羽織る。彩色した槍、盾、そして鞍。金銀貴石で飾った手綱に拍車。「そんな虚飾に身を包み、浅ましい激情にかられ、考えなしの愚かさで死に急ぐ」。すべては「あまりに薄っぺらで良心を戦慄させる」ひとつの大義のためだった。一方、テンプル騎士団は敵を倒しても罪を犯さない。なぜならその敵はキリストの敵だから。キリストの敵を殺（あや）めるのは「殺人ではなく、悪を滅ぼすことなのだ」。騎士の生活は、ベルナルドゥス自身が起草した会則が律した。私的財産は一切なく、衣食においても一切の過剰を避け、「ひとつの家にひとつの共同体として暮らし、平和の絆のうちに、御霊の一致を保つよう熱心に努める」。賭博、狩り、物語など世俗の娯楽の虚栄や愚行を遠ざけるのみならず、他の騎士が好む個人の容姿に対する気遣いを重く見ず、髪を短く切り、髭の手入れもせず、日に焼けた浅黒い肌に、むさくるしい、ほこりまみれの姿で戦いに馳せ参じ、「子羊よりも従順、かつ獅子よりも獰猛に、……栄光ではなく勝利を目指す」。修道僧であると同時に騎士でもある

「彼らは、油断なく、忠実に、……聖墳墓教会を守るのだ」。

グロテスクな頭の装飾が見られるテンプル教会。フランス、ラン。

絶えず東へ、西へ

テンプル騎士団は財政上、宗教上、行政上の免除や特権を相次いで享受し、おかげで莫大な税金の支払いを免れ、最終的にはローマ教皇以外のいかなる教会の権威からも独立し、教皇の司法権を除くいかなる司法権の影響も受けない存在となった。特権は財産が増えるにつれて、ますます大きくなった。所属する騎士個人は何も所有しなかったが、あらゆる類の贈答品や遺贈品がヨーロッパと聖地イェルサレムの騎士団に寄進された――土地、農奴、家畜、製粉所、ブドウの圧搾所、金銭、その他の物品である。要塞を模した「寺院（テンプル）」――石造りが多い――がフランス、イングランド、スペイン、ドイツ、そしてイタリアの各地に建設された。大きなテンプルが都市に建ち、それに比べれば規模の劣るセンターが地方に建った。万事は管区（プロヴィンス）に組織化され、管区には管区長と司令官が置かれた。ヨーロッパの各地に建設されたこうしたテンプルは、ふたつのものを聖地のテンプル騎士団に供給することを目的とした。資金と兵士である。

地方のテンプルではたいがい、騎士ではなく、フレール・カザリエと呼ばれる平民出身の修道士がふたりか三人で運営に携わり、地元の所有地の管理、畑仕事をする人たちの監督に当たっていた。都市のテンプルには騎士、従士、聖職者が従者とともに配置された。ヨーロッパ一の規模を誇り、最も重きをなすのがパリ本部（コマンドリー）であった。セーヌ右岸に建つ、複数の塔を有する堅固な石造りの要塞だ。イェルサレムの聖墳墓教会を模してロタンダ〔訳注・ドームを有する円形の建物〕のある聖堂を塀が巡っている。パリ本部は、この囲い地に加えて市内の街路をすべて所有していた。ロンドンでは、ロタンダのある教会と本部がホルボーン街に設立され、さらに一二世紀中頃には南へ下ってテムズ川の土手にゴシック形式の大きく、だが、他のテンプル教会と同じ丸みを帯びた独特な形状の寺院を新設した。このテンプルはやがて、いくつかの小さな礼拝堂とふたつの大ホールを有するまでに拡張されていく。ひとつは司教座聖堂参事会が集う「聖職者のホール」で、修道院を通って教会へつながっている。もうひとつは騎士たちが生活する「騎士のホール」だ。対岸にはテンプル騎士団が軍事演習をおこなう一五エーカーの演習場があった。イン

ランにあるテンプル教会。イェルサレムの聖墳墓教会を模した、円形の建物ロタンダとドームが特徴。

グランドでも大陸でも都市にはたいがいテンプル騎士団の本部があり、円形の教会を取り囲むように騎士団の共同体が広がっているのが通例だ。

とはいっても、巨大なネットワークの心臓部が黄金門と岩のドームにほど近いイェルサレムの修道会本部であることに変わりはなかった。一一六五年、ヴュルツブルクから巡礼に訪れたヨハンというドイツ人が、「馬なら二〇〇〇頭以上、ラクダなら一五〇〇頭」を収容できる立派な馬小屋と、「私が訪ねたときにはまだ竣工していなかった、新しい壮麗な教会」に感銘を受けた――聖マリア・ラテラノ教会である。団員が「御殿(パレス)」と呼ぶ堂はアーチ形天井を多くの支柱が支え、壁一面を敵から奪った剣、兜(かぶと)、彩色を施した盾、金色に輝く鎧(よろい)といった戦利品が埋め尽くす巨大なゴシック様式だ。食事の時間には架台式のテーブルが設置され、麻のテーブルクロスがかけられる。石畳の床はイグサの敷物で覆われている。御殿と教会の間には寮があり、廊下に並んだ修道僧の個室には、椅子一脚、ひきだしたんすひと竿、マットレスに補助枕、それにシーツと毛布が備えつけられた寝台が置かれている。従士たちはひと部屋に共同で寝起きする。敷地内には診療所、幹部のための独立した住居、武器、鎧、馬具の保管、甲冑(かっちゅう)の鍛造(たんぞう)、馬の装蹄をおこなう兵器庫、布地の保管と衣服や靴の製造をおこなう被服管理所、それに調理場がいくつかあった。岩盤を貫通して井戸がいくつも深く掘られ、穀物と飼料が広大な貯蔵室に保管されていた。農場をイェルサレム郊外に所有し、牛、馬、羊を飼育していたのだ。

騎士団は、ヨーロッパと聖地の間を絶えず行き来した。金銀、布地、鎧、そして馬は東方へ運ばれ、西方へは入団者を募る修道僧、病気や高齢で聖地を離れる騎士、各地を巡って視察する幹部が送られた。使者は東へ西へと行き来した。

聖地におけるテンプル騎士団の騎士は、どの一時点をとっても総数は決して多くない。年代記作者が戦闘に関して何千という数字をあげているが、これは概して誇張されていて、従士、従者、傭兵、テュルコプルと呼ばれる現地の補助要員も含んだものだ。ひとつの戦闘に携わった騎士は多くても四〇〇を超えることはなく、ヨーロッパにおけるテンプル騎士団員の総数もまた何百の単位で、多く見積もっても一〇〇〇人から二〇〇〇人だった。

イスラムの海に浮かぶキリスト教の孤島

テンプル騎士団がとてつもない成功を収め、聖ベルナルドゥスが騎士団を絶賛したことで、まもなくこれを模した騎士団が現れた。ヨハネ騎士団——第一回十字軍に先だち、アマルフィの商人たちがベネディクト修道会の修道僧が切り盛りする巡礼者宿泊所として設立——は第二回十字軍遠征（一一四六年－一一四九年）の最中に戦闘に参加するようになった。人道的性格を残しつつ、その一方で一二世紀中頃に騎士修道会となり、一二〇六年、二重の任務は正式なものとなった。スペインとポルトガルでムーア人と戦うため、カラトラバ、サンティアゴ、そしてアルカンタラの騎士団が設立されたのは一一六四年から一一七〇年の間のことだ。第三回十字軍遠征最中の一一九〇年、リューベックとブレーメンから来たドイツ人商人が設立したアッコンの病院は、ヨハネ騎士団の会則を採用し、独立した騎士団として承認された。こちらは一一九八年、ドイツ騎士団へ姿を変える。ただし、戦った戦闘の多くはバルト海沿岸が舞台になった。

一一世紀半にわたって、ヨーロッパキリスト教世界の小アジアにおける橋頭堡(きょうとうほ)の防衛は、主にテンプル騎士団、ヨハネ騎士団、ドイツ騎士団の駐屯部隊が担っていた。しかし、十字軍の遠征がはじまると、騎士団の騎士はそのつど遠征軍のリーダー——たいていは王族や皇族——に従わなければならない。その調整は必ずしもスムーズに進んだわけではなかった。聖地に暮らす修道騎士と十字軍のリーダーでは軍事的、政治的状況認識が往々にして異なり、したがって戦略も違ってくる。それ以上に修道騎士と、のっぴきならない、しかも、おそらくは奇想天外な目的を達成するために命を賭ける十字軍騎士とでは利害が一致することはなかったろう。そもそも、現実離れした遠征隊の作戦は長期にわたって聖地を守る駐屯兵の状況を悪化させて終わるかもしれない。十字軍は故国に引き揚げたが、騎士団は現地に残った。そこは嵐吹き荒れるイスラムの海に浮かぶキリスト教の孤島であった。それでも騎士団の卓越した経験はしばしば評価された。一一四八年の第二回十字軍ではフランス王ルイ七世が麾下(きか)の騎士を説得して、テンプル騎士団司令官の指揮下に組み入れた。司令官たちは王の騎士をいくつかの部隊に分け、敵方の攻撃に誘い出されて追撃しないよう、攻撃は命令を待っておこなうよう、合図があったら本隊に合流するよう、そして行軍序列を保つよう、隊ごとに訓練を施した。

一二世紀最後の四半世紀、イスラムの大攻勢を見据えてイスラム世界を統一した偉大なスルタン、サラディンと対峙するキリスト教徒の戦いにおいて、騎士団は目覚ましい働きを見せた。一一七七年にアスカロンで、その一年後にはイェルサレム王国の北の国境地帯にあるヤコブの浅瀬で侵攻を食い止められたサラディンは、一一八七年、ヒッティーンで決定的勝利を収めた。テンプル、ヨハネ両騎士団の総長を含む二〇〇名ほどが捕虜となり、サラディンの命により多くが処刑された。彼らは「フランク人の扇動者」であり、「その他のフランク人すべてを合わせたよりも悪辣にアラブの宗教を破壊し、殺戮をおこなう者」だったからである。イェルサレムはたちまち陥落し、ヨーロッパではイェルサレムを奪還するため第三回十字軍が結成された。遠征軍が到着すると、宗教騎士団は形の上ではイングランドのリチャード獅子心王の指揮下に入ったが、首席顧問としてリチャードに仕えたのが実態だ。この遠征はイェルサレムの奪還に失敗する。しかし、宗教騎士団はシリアにおける

ヨハネ騎士団の城、ルポエ-ラヴァル（プロヴァンス）。

主要勢力としてその地位を確立した。そして、十字軍に参加したフランス、イングランド、神聖ローマ帝国の騎士たちは再び故国に引き揚げ、テンプル騎士団とヨハネ騎士団はこの地に残った。

聖地防衛に果たした最大の貢献

数少ない大方のヨーロッパ人定住者と違って（ただし、海岸沿いの居留地に暮らすイタリア商人は別だ）、騎士団にはヨーロッパに潤沢な資金をもつ後ろ盾がついていた。だからサラディンもサラディンの継承者たちも彼らを排除するのは一筋縄ではいかなかった。主要な三つの騎士団が聖地防衛に果たした貢献の最たるものが国境地帯に城を建設（または再建）し、保持し、そこに駐屯したことである。重厚な石造りの要塞は中世の軍事科学が過不足ない進化を遂げていたことを物語っている。そこに人員を常駐させ、戦闘態勢を整えておくのは、潤沢な資金と力をもつ宗教騎士団にしかできないことだった。戦略上の要衝にはたいがい――おそらく廃墟になっていただろうが――すでに砦があった。これらが引き継がれ、拡張され、化粧直しが入念に施された。必要な場所には城は一から建設された。テンプル騎士団最大の要塞、トリポリ伯領のトルトサ城は、街の防御の一翼を占め、同心円を描いて連なる城壁から地中海を見渡せる。この城は一一八八年のサラディンの攻撃を持ちこたえた。トルトサ城に次いで重要だったシャトー・ペレラン（巡礼の城）は一二一八年、ドイツ騎士団

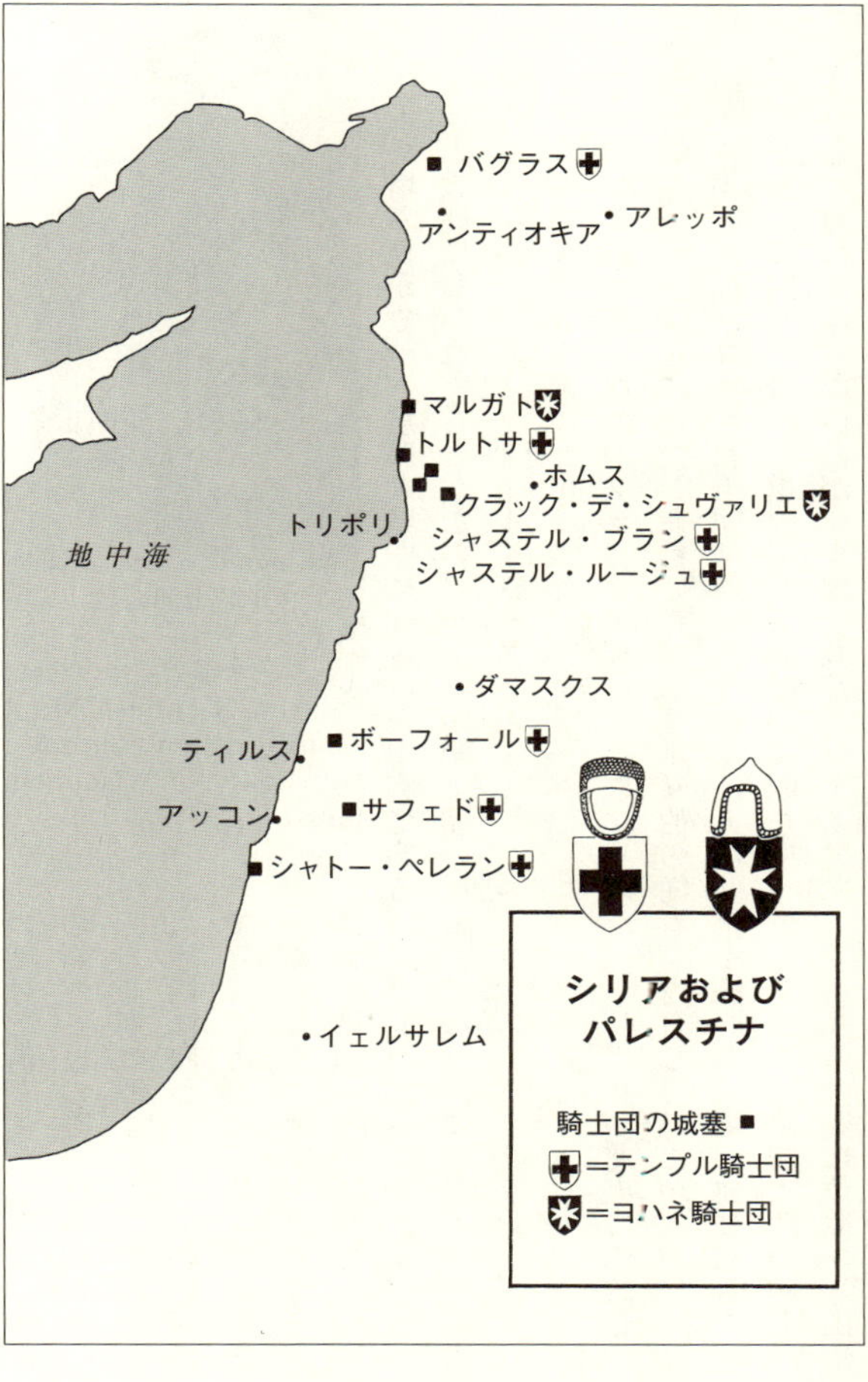
バグラス
アンティオキア
アレッポ
マルガト
トルトサ
ホムス
クラック・デ・シュヴァリエ
トリポリ
シャステル・ブラン
シャステル・ルージュ
地中海
ダマスクス
ボーフォール
ティルス
サフェド
アッコン
シャトー・ペレラン
イェルサレム
シリアおよび
パレスチナ
騎士団の城塞
＝テンプル騎士団
＝ヨハネ騎士団

テンプル騎士団の城、シャステル・ブランのヴォールト（アーチ形天井）の部屋。(Setton, Kenneth M. *A History of the Crusades*: University of Wisconsin press)

の助けを借りて、アッコンの南の岩だらけの岬に建てられた。三方を海に囲まれたこの城は、大陸側に向かって三重の防御線で守られている。低い城壁のある堀、矩形（くけい）の塔を三棟有する二番目の城壁、そして高さ一一〇フィートの塔二棟が立つ、重厚な城壁に守られた中庭である。シャトー・ペレランは、一度もイスラム教徒に奪われたことがない。テンプル騎士団の城としてはほかに、アッコンの東に位置するサフェド、ボーフォール、シャステル・ルージュ、シャステル・ブラン、バグラス、ラ・ロシュ・ギヨームなどがあった。

　十字軍の城で最も有名なのがクラック・デ・シュヴァリエだ。トリポリの北東に位置し、アラブの城を一一一〇年に占領したものだ。トリポリ伯の従者が占有していたが、一一四二年、伯から譲渡されたヨハネ騎士団は同心円を描く巨大な要塞を築いた。塔が並び立ち、幅の広い堀を挟んで向かい合う二重の重厚な城壁が周囲を巡っている。ヨハネ騎士団の城としてもうひとつ忘れてならないのがマルガト城だ。ラタキアとトリポリの中間に位置する山岳地帯にあり、一一八六年に城主だった男爵から譲り受けたこの城は、二重の防御線を有し、その堂々たる円塔は一三世紀の巡礼をして「防護のために存在するというよりは、天を支えている」ようだと言わしめた。このふたつの城は堅固にすぎてサラディンに攻撃を断念させた。

イェルサレムの返還はじつは迷惑な話だった

騎士団は持ち前の軍事力のゆえに十字軍国家の政治に否応なく巻きこまれることになった。聖地で相次ぐ紛争で、ヨーロッパから持ちこまれる政争で、騎士団は紛争当事者のいずれかの側に立った。テンプルとヨハネは敵対する側につくのが通例だった。教皇党と神聖ローマ皇帝党（ゲルフ対ギベリン）の不和がシリアで顕在化した一三世紀はじめ、テンプル騎士団はゲルフ側に、ヨハネ騎士団はギベリン側にそれぞれついている。両者の対立は時に調停では収拾のつかない事態に発展し、一二四〇年代、イタリア商人の地域共同体（コミューン）が二手に分かれ、ゲルフを支持するジェノヴァ、ヴェネツィアの側に

最も有名な十字軍の城、クラック・デ・シュヴァリエ。ヨハネ騎士団の拠点となった。(Setton, Kenneth M. *A History of the Crusades*: University of Wisconsin press)

立ったテンプル騎士団と、ギベリンを支持するピサの側に立ったヨハネ騎士団が戦火を交えたのはそんな一例だった。

資金調達活動をおこなうテンプル騎士団は、本業に似つかわしくない事業をおこなうようになった。銀行業である。はじまりは巡礼や十字軍に対する融資だった。テンプル騎士団の貸金をめぐる最初の記録は一一三五年、サラゴサの夫婦に対するもので、この夫婦は複数の持家、土地、ブドウ畑など全財産を抵当に、聖墳墓教会への巡礼資金の融資を受けた。借入金が返済されれば土地は返却されることになっていて、返却されるまでの間、テンプル騎士団は土地からの収入を得る。利子をとっての貸金業は、カトリック教会では御法度だったが、それにもかかわらず騎士団はこうした隠れ蓑を使って利益を得ていた。このつつましやかな立ち上げからわずか一〇年後、第二回十字軍の遠征費用として、フランス王ルイ七世に莫大な金額が貸し付けられた。融資だけではない。テンプル騎士団は現金や貴重品の保管と運搬をおこなった。修道院は伝統的に、金貸しや貸金庫のような役割を担ってきたが、自前の所有地をもち、寄進があって、司令を出す何ヵ所もの要塞と軍事力を有するテンプル騎士団は、まもなくこの事業で他に先行するようになり、歴史家のなかには近代の商習慣、信用取引の発達に貢献したと見る向きもある。

テンプル騎士団もヨハネ騎士団も、ヨーロッパではともにフランス王、イングランド王、神聖ローマ皇帝の相談役、伝達役、特命使節、そして調停役を務めた。聖地ではキリスト教国同士にとどまらず、イスラムの権威との間でも、他者のために、そしてまた自身の得にもなるように駆け引きを繰り広げた。ダマスクスやエジプトといった強大なイスラム勢力間の均衡政策は小アジアの永住者である自身の利益に適うため、誰彼となく、憚ることなく同盟を結んだ。おかげで異論を挟む余地のない軍事技術と武勇を誇りながら、ヨーロッパではしばしば疑いのまなざしを向けられた。ある年代記は、フランスのアルトワ伯ロベールが「テンプル騎士団の過去の背信を見よ！　ヨハネ騎士団は昔から名高い反乱分子だ！」と大声を上げた場面を記録にとどめている。作戦会議の席上では騎士団の助言は十字軍の大本の目的としばしば衝突した。第三回十字軍においては、じっさい、イェルサレム奪還を断念するようリチャード獅子心王を説得し、一二二九年、神聖ローマ皇帝フリードリヒ二世が聖なる都市を平和裡に返還してもらう条約をエジプトと締結した際には、テンプル騎士団もヨハネ騎士団もともに締結に反対した。両者にとってイェルサレムの返還はじつは迷惑な話だったのだ。固い守りを解かれたイェルサレムの防備は困難だからである。停戦が失効した一二三九年、街はイスラム教徒にあっけなく奪還され、騎士団の見解が間違っていなかったことが幾分か証明されたが、ヨーロッパでは騎士団は「地元とひとつになった」という見方が広まった。

確かにテンプル騎士団、ヨハネ騎士団のなかにはアラビア語を学んだ者もいたし、どちらの騎士団もアラブの情報提供者と友好的な関係を保っていた。シリアの作家、ウサマ（一〇九五年－一一八八年）は、こんなエピソードを書いている。「［アル＝アクサーのモスクは］テンプル騎士団の手に落ちているが、私が訪ねれば顔見知りの団員が［小さな礼拝堂を］自由に使わせてくれて、祈りを捧げることができるよう計らってくれた。ある日私が入っていってアッラーを称え、立ち上がって祈りをはじめようとしたところ、飛び出してきたひとりの［十字軍の］フランク人に背後から抱え上げられて、東を向くように向きを変えられた。『祈りを捧げるならこっちだろう！』その男は言った。すぐにテンプル騎士団の団員が何人か割って入って男を抑え、遠ざけてくれたので、その間に私は祈りを再開した。けれど監視の目がなくなると、そいつは再び私を捕まえて無理やり東を向かせ、これが祈りを捧げる方角だと繰り返した。再びテンプル騎士団の団員が割って入り、男を連れ去った。彼らは私に謝罪して言った。『あれは今日到着したばかりの北方出身のよそ者で、東以外の方角に向かって祈りを捧げる人がいることを知りもしないのだ』。私は『礼拝は済んだ』と告げ、［メッカに向かって］人が祈るのを見てあれほどまでに動揺して騒ぐ狂信者の存在にあきれながら、モスクをあとにした」。

入団審査――テンプル騎士団の場合

宗教騎士団の個々の構成員は、まったく無名とまではいかないまでも、ほとんど無名に近い状態で日々を過ごしていた。騎士団は構成員一人ひとりの個性を吸収し、名前さえ消去してしまうことも多々あった。しかしテンプル騎士団、ヨハネ騎士団の長官はじめ、多くの役職者は名前が残されていて、年代記などの記録から経歴を垣間見ることができる。ときには人となりも。管区長などの要職にある士官で家柄についてわかっているのは、概して社会的地位の高い家の生まれで、王族と縁続きの場合もあった。ひとつの家族から、数名の士官を輩出している場合もしばしばある。ピカルディ出身のミリー家は聖地に所領をもつ諸侯だが、家系にはテンプル騎士団とヨハネ騎士団の双方の総長がいた。また、オーヴェルニュのモンタギュー家も、このふたつの騎士団の総長に加えて、カトリック教会の有力者を数多く送り出していた。ヨーロッパ、あるいは聖地のいずれかで騎士修道士になって支部長に就任し、さらに役職——たとえば騎士団が所有する城塞の長官や管区長——の階段を上り、聖地で何らかの要職——たとえば騎士団総本部の内務長官、軍司令長官、イェルサレム管区長、あるいはトリポリやアンティオキアの支部長——を経て、最終的に騎士団の総長へ至るまで経歴をたどることのできる例もいくつかあった。

宗教騎士団は、騎士の家柄の出である二男以降の息子を受け入れる先として、武者修行の場という魅力と聖職者の身分という利点を兼ね備えていた。十字軍として遠征することが騎士に仕事を果たす機会と救済を同時に与えたように、テンプル騎士団、ヨハネ騎士団、ドイツ騎士団は、戦う喜び、冒険の約束、異国を旅する魅力とともに、修道院という精神面での利点を提供した。十字軍と違って、宗教騎士団は途方もない名声を勝ち得た組織の一員としての身分とともに、生涯続く経歴を与えてくれた。

当初、騎士団の会則は、志願者は自由民の嫡出男子でなければならないと定めていたにすぎない。だが一三世紀に入って階級制度が厳格になるにつれ、入隊は騎士または父方が騎士の子孫である息子に限定するようになった。一三世紀末のテンプル騎士団員候補のひとり、ジェラール・ド・コーが受けた入団審査の記録が残されている。ジェラールは、他の二名とともに、「カオールのテンプル修道院で朝の正式なミサを受け、入団を認められた」。三人を受け入れたのは管区長のブラザー・ギゴ・アデマールで、隣接する支部の支部長レーモン・ロベール、カオールの支部長ブラザー・ピエール、カオールの修道院の司祭レーモン・ド・ラ・コスタ、そして氏名の記載のない二名の修道騎士が証人として立ち会った。五日前に一緒に叙任された若者三人がテンプル修道院の礼拝堂の隣室で待っていると、レーモン・ロベールともうひとり騎士がやってきた。「汝らはテンプル騎士団の一員となり、騎士団にある魂と現世の宝のなかに身を置くことを求めるか?」。求めますと三名は答えた。

「汝らが求めるものはすばらしい」。修道騎士たちは続けた。「だが騎士団の厳格な教えについては無知である。なぜなら汝らはわれらを外から見たことしかないからだ。立派な身なりをし、よい馬に乗り、よい装備を身に着けていることは見てわかるが、騎士団の厳格さは知る由（よし）もない……海のこちら側にいることを望むとき、向こうへ行くことになるだろうし、逆の場合もある。そして眠ることを望むとき、目覚めていなければならず、食べることを望むとき、飢餓に耐えなければならない。神の名誉と自身の魂の安寧のために、こうしたことに耐えられるか?」。

若者たちが同意すると、騎士団員がいくつか質問をした。カトリックの教義を信じているか、聖職に就いているか、結婚しているか、あるいは別の修道会に入る約束をしているか、生まれは騎士階級で嫡出子か、修道会に入るために賄賂を贈ったことがあるか、義務を果たす上で妨げになる病気などを隠していないか、借金はあるか。答えが満足いくものだったので、テンプル騎士団員は三人の若者に、礼拝堂の方へ向き直って、神の意志で願いが聞き入れられるよう祈りを捧げよと指示した。その後ふたりの騎士団員は、管区長ブラザー・ギゴに報告するため退出した。

しばらくして戻ったふたりは、志願者に帽子と鎖頭巾をとるように命じ、先に立ってブラザー・ギゴのもとへ向かった。志願者たちは管区長の前にひざまずいて手を合わせ、「自己の意志は他者の意志のためにあきらめて」騎士団の「奴隷となって働く」ことを約束し、「騎士団の一員となり、騎士団にある魂と現世の宝のなかに身を置かせてほしい」と請うた。ブラザー・ギゴが宣誓式をとりおこなった。若者たちは、騎士団の総長と他の目上の者への従順を誓い、「純潔を守り」、騎士団のよい習慣や決まりに従い」、私有財産をもたずに暮らすこと、イエルサレム王国を守り、いまだ獲得できていない地点を征服すること、「いかなる者であれキリスト教徒が命を落とすこと」も「不当に廃嫡されること」も許さないこと、託される騎士団の財産はどんなものでも適切に扱うこと、上の者の許可なく騎士団を離れることは決してしないことを約束した。

ブラザー・ギゴは三人を騎士団に受け入れたしるしに、外套を手わたし、祝福を与え、立ち上がらせてその唇に口づけした。他のテンプル騎士団員も口づけをした。ブラザー・ギゴはそのあと、腰を下ろして新しい兄弟たちを足元に座らせ、修道院生活の規律と決められた日常の仕事について、長々と指示を与えると、「行くがよい。神が汝らを価値ある者にし給いますように」という言葉で、説明をしめくくった。

聖務日課に沿った生活

新入りの騎士たちは、衣服と装備をあてがわれた。各自が受け取るものは、シャツ二枚、その上に着る細い袖の上衣一枚、下ばき二枚、靴一足、ウエストの下からスリットが入った、袖なしの上衣(ジャーキン)、首元を紐またはフックで留めるまっすぐな長いケープ、薄手の夏用の外套、羊毛の裏地がついた冬用の外套、幅広の革ベルト、木綿の帽子、フェルトのつば広帽子。食卓用と体を洗うための二枚のタオル、それに寝具も与えられた。寝具のなかの分厚く重い毛布は、白、黒、または白黒の縞模様というテンプル騎士団の色だった。毛布は、騎士がまとって馬に乗ることもあり、夜間馬にかけてやるために使うこともあった。

また戦闘用の装備も支給された。鎖帷子(くさりかたびら)と鎖のストッキング、兜、靴、そして「紋章(コート・オブ・アームズ)」

として、鎧の上から羽織るための、前後ろに赤い十字をあしらった白い外衣が渡された。ヨーロッパで広く取り入れられたこの衣服は、あきらかにサラセン人の衣服に倣ったもので、鎖帷子や板金甲冑を火傷するほど熱くする、蒸し暑い日の太陽光線から身を守るためのものだ。それぞれ、ひと振りの剣、槍、そして木製で皮革を張って仕上げた三角形の盾も与えられた。ナイフも三丁配られたが、そのうち一丁は食事用だ。馬も騎士団が用意した。修道騎士ひとりにつき三頭、従士には一頭、上官には職によって、それぞれ決まった頭数が与えられた。

修道院の伝統に従い、修道騎士たちは厳格な聖務日課に沿って生活した。修道院とまったく同じように、午前零時に朝課を知らせる鐘が鳴る。騎士は起床して、寝るときに身に着けている下ばきとシャツの上に外套をはおり、靴下と靴、帽子を身に着け、礼拝堂に向かう同僚に加わる。そこで騎士たちは「主の祈り」を一三回唱える。礼拝堂を出ると終始沈黙して馬小屋に行き、自分の馬に水と餌が与えられていることを確認して自室に戻り、「主の祈り」をもう一度唱えてから再び眠りにつく。一時課（夏は午前四時、冬は午前六時）では、再び起床して服装を調え、礼拝堂に戻ってミサを聞く。そのあと「この修道院のしきたりに従って」、一時課、三時課、六時課の祈りが続けて唱えられた。ミサのあと、騎士たちはそれぞれの仕事に精を出した。

一日の最初の食事、正餐は、まず騎士と従士に供され、そのあとに従者と召使いの分が供される。聖地の支部ではテュルコプルの名で知られる現地雇いの軽騎馬要員も、別のテーブルで食事をとった。鐘が鳴ると騎士が席に着き、第二の鐘で従士が席に着く。ふたりがひとつの椀を使う修道会もあるが、ここではひとりに一客の椀とカップが用意されていた。ナイフとスプーンは、各自持参する。食事は質素ではなかった。牛肉が苦手な者が羊肉を食べられるよう、肉が選べる場合もしばしばあり、たっぷり供給されれば、三種類の肉が供されることもあった。肉の見た目や香りが気に入らなければ、代わりを頼むこともできた。量は平等で、たまたま多めのものを受け取った者は、分け与えることになっている。院長は、罪の償いをしている者も含めて、誰にでも料理を贈る特権をもっていた。残り物は、貧しい人々に施された。修道士が沈黙のうちに食事をする間、聖職者のひとりが朗読をする。食事時間が終わるまで席を立つことは禁じられていたが、「鼻血が出た場合は例外とし、出血が止まったら再び戻ってこなければならない」とされていた。

九時課と晩課の午後の祈禱は、それぞれ二時または三時、五時または六時におこなわれる。免除されるのは「パン種をこねているパン焼きの係、鉄を火の上で溶かしている大鍛冶の係……装蹄中の鍛冶職人の係……あるいは髪を洗っている最中の修道士」だ。これらの者たちも、行けるときに礼拝堂に赴いて、祈りを捧げなければならなかった。

晩課のあとは正餐と同様の次第で、夕食が供される。断食の期間は一食のみだが、体調を最高に保たなければならない戦士にふさわしいものが供された。一二一六年にアッコンの司教に就任した著名なパリの聖職者、ジャクー・ド・ヴィトリがテンプル騎士団に説教をおこない、ある逸話を披露しているのはその点を強調するためだった。

「この修道院にはかつて、熱心に断食と質素に努めるあまり体力を弱め、いとも簡単にサラセン人にやられてしまった修道騎士（ブラザー）がいた。たとえば私が耳にしたある騎士は、たいへん敬虔だが、戦場では役に立たず、異教徒との小競り合いで受けた最初の槍の一撃で落馬したという。この騎士を再び鞍に跨がらせるため、別のブラザーがその命を大きな危険にさらしながら手を貸したが、再び敵に向かっていったくだんの騎士は、あっけなく落馬させられた。二度にわたって手助けをさせられたブラザーは、同僚を『パンと水だけ卿』と呼んで揶揄（やゆ）し、『落馬しても二度と手を貸すのはごめんだ。自分の面倒は自分で見たまえ』と突き放したそうだ」。

九時になり、終課の鐘が鳴ると、修道騎士たちは集まってワインを水で割って飲み、翌日のための指示を受ける。そのあとは各自、再び馬の世話と馬具の手入れをし、「もし何か従者に言うことがある場合は、感じよく、穏やかに伝えなければならない。馬の世話と馬具の手入れが終われば床についてもよいが、寝床のなかで『主の祈り』を一度唱え、終課のあとに犯したかもしれない罪に対して、神の許しを請わなければならない。なお終課から一時課までは、どうしても必要な場合を除いて、一人ひとりが沈黙を守ること」。夜間の沈黙は、行軍中であっても、守らなければならなかった。

規律を維持するために罰則があり、最も重いのが脱会、騎士団からの一時的追放、あるいは修道服の一時的没収だった。禁止事項の多くは通常の犯罪や不品行に関わるものだ。まず、聖職売買だが、騎士団への入団許可をめぐる贈収賄がこれにあたる、それからキリスト教徒に対する殺人、傷害、窃盗、横領、女性との性行為、男色、偽証、不信心、旅の途中立ち寄った修道士に対するもてなし拒否、騎士団の財産の譲渡または浪費などである。修道士には、個人の財産としての金銭の所有は認められず、許可なく携行することもできなかった。修道士同士のけんかは咎められた――「他の修道士を故意に突き飛ばしたり、叩いたりしてはいけない。……そして万が一流血沙汰になった場合は、投獄される可能性もある」。

何より重視されていたのは徹底した従順だった。修道士は許可を得なければ「沐浴する、瀉血を受ける〔訳注・血液を体外に排出することで、症状の軽減を求める当時の治療法〕、薬を服用する、街へ出かける、馬を走らせる」など、何ひとつできなかった。戦闘では上官の命令なしに攻撃してはならなかった。「ただし、殺戮を意図するイスラム教徒に追い詰められているキリスト教徒を助けるためなら、命令がなくても攻撃をしなくてはならない」。敵地を急襲する騎行の最中、行進の列を乱すことは禁じられていたが、馬や馬具の調子を確かめるために、騎士が素早く馬を回転させることは許された。戦闘では、命令違反は厳しく罰せられた。部隊からひとり離れた騎士は、徒歩で陣営に戻されるという辱めを受け、「修道院内裁判所」で裁きを受けた。アッコンの支部長ブラザー・ジャクー・ド・ラヴァンでさえ、許可なくおこなった急襲が悲惨な結末に終わり、手かせをはめられた。シャトー・ペレランの司令官、ブラザー・ボードワン・ド・ボラージュも同様の過ちを犯し、裁定から逃れるためには外国へ逃げるしかなかった。

団員にとって考え得る最悪の罪は背教で、みずからの命を守るためであっても、十字架を否定することは許されなかった。ロジェ・ラルマンは強力な人脈をもつテンプル騎士団員だったが、本人はだまされたと抗弁したものの、捕囚中にコーランの一説を唱えた嫌疑で団を追われている。

戦場の宗教騎士団

聖王ルイ（フランス国王ルイ九世）が率いる十字軍遠征——最後の本格的遠征（一二四九年－一二五二年）——では、自分たちの典型的な任務に就いた宗教騎士団の姿を見ることができる。兵士、外交官、そして銀行家である。

遠征に先立つ意志決定にテンプル騎士団、ヨハネ騎士団は、ともに関わっていた。エジプトを攻撃目標とする作戦会議に人を参加させていた。だが、決定にはどちらも異を唱えている。テンプル騎士団の総長、ギヨーム・ド・ソナックとヨハネ騎士団の軍司令長官ギヨーム・ド・コルセルは、それぞれルイ王に信書を届け、古来敵対してきたエジプトとダマスクスが同盟に向けて交渉中であると注意を促し、交渉がまとまれば勢力均衡が崩れ、ヤッフア、カエサレアといった海沿いの脆弱なキリスト教徒の居留地が危機にさらされると警鐘を鳴らした。ド・ソナックは、あるエジプトの首長が十字軍との条約締結を望んで接触してきたことを打ち明け、お目通りをいただけましたら幸いですと申し出た。十字軍の側にはド・ソナックはみずから緊張緩和を持ちかけたという噂があった――年代記作家の大げさな表現を借りれば、ふたりは「ひとつの盥のなかに一緒に自分の血を流し合うほど、この上ない和平を結んでいた」。ルイ王はド・ソナックに一筆したため、許可なく敵と関係を結ぶことはまかりならんと伝えた。

テンプル騎士団の元フランス管区長で今はイェルサレム軍司令長官のルノー・ド・ヴィシエが、東方へ旅立つ国王に随行した。テンプル騎士団の部隊を率いるのは総長ギヨーム・ド・ソナックだ。ヨハネ騎士団では総長が五年前にガザの戦闘で捕虜となり、今もカイロに収監されていたので、代理として軍司令長官が指揮をとった。

いつも通り色とりどりの衣装や鎧を身に着けた国王の部隊と対照的に、統一された見てくれの騎士団は近代軍隊だった。テンプル騎士団の騎士は鎧頭巾の上から顔を除いて頭部をすっぽり覆い隠す堅固な兜を着け、ホーバークの上からは前後に赤い十字の縫い取りのある外衣を羽織っていた。下士官である従士も十字のついた黒い外衣を着用していた。以前は鎧の上に黒い修道服を着ていたヨハネ騎士団は、少し前からテンプル騎士団のものに似た、十字をあしらった外衣を取り入れていた（これは一〇年後、緋色地に白十字へと変更されてい

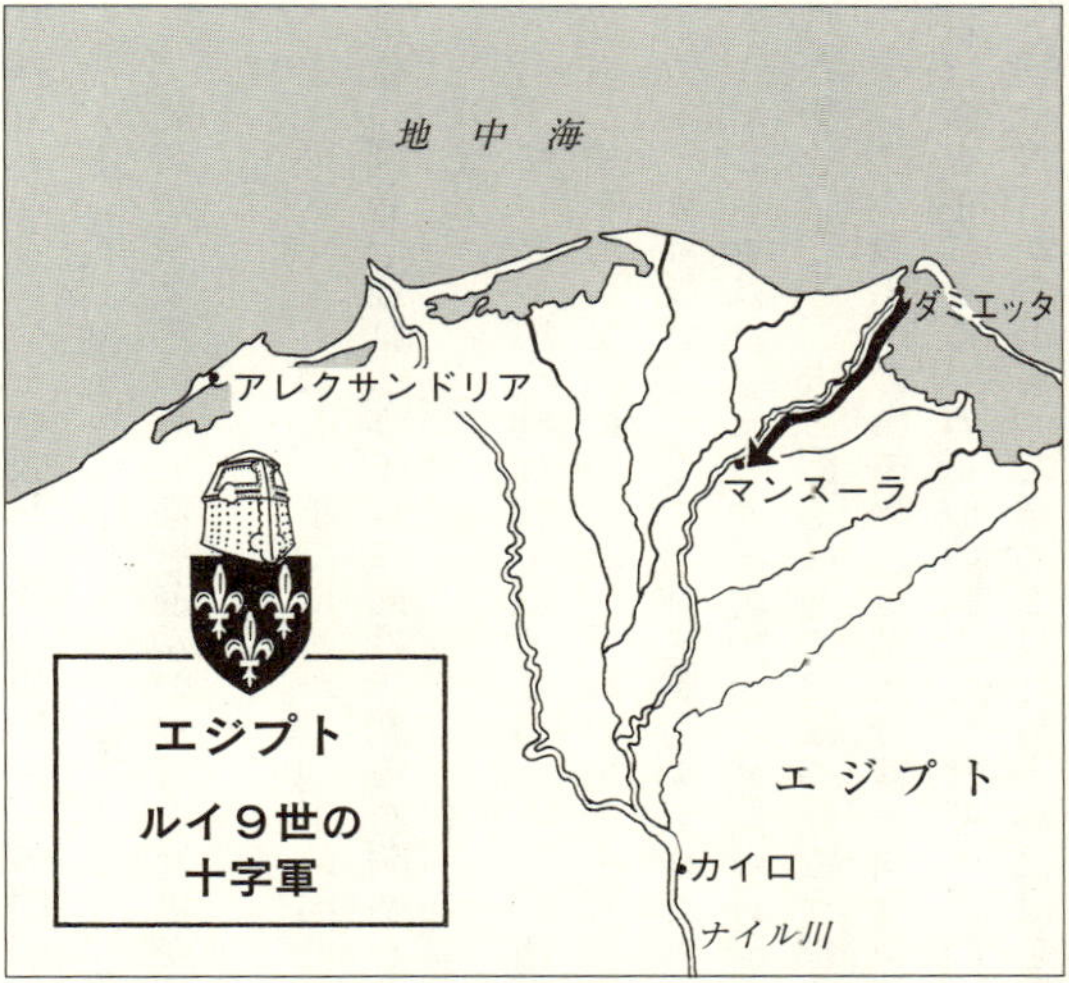

る）。テンプル騎士団もヨハネ騎士団も修道会士である騎士と従士のほかに、会に属さない兵を雇っていた。従者を務める修道僧ではない騎士、傭兵の騎士、そしてテュルコプルである。

この頃、ふたつの騎士団は敵と味方に分かれてあとを絶たない十字軍国家の内戦を戦っていたが、慎重を期すルイ九世は遠征の準備を進めながら両者に和解を促していた。遠征は一二四九年六月四日、ナイル河口ダミエッタの対岸に上陸して順調に滑り出す。数時間にわたる攻撃ののち、ダミエッタのイスラム教徒は撤退し、十字軍はなだれを打って市内に突入した。部隊指揮官はモスクや宮殿に宿営し、一方、テンプル騎士団、ヨハネ騎士団の騎士とその他の隊員は上陸地点のナイル川の島にテントを張った。テンプル騎士団は陣営の中心に礼拝堂となるテントを張り、その隣に総長の円形のテントを張ると、次に司令長官と司令官のテント、兵站部のテント、さらに騎士たちのテントを礼拝堂を囲んで円形に並べていった。従者が薪（たきぎ）と馬の飼い葉を運んでくると食糧が配られ、騎士たちは各自のテントで食事をした。

上々のスタートはここまでだった。国王の弟のひとり、ポワトゥ伯アルフォンスの率いる部隊の到着が遅れ、カイロに向けて進軍を開始したのはそれから五ヵ月が経過した一一月のことである。

行軍では宗教騎士団は要の位置についた。前衛としんがりである。騎士は騎馬隊を組み、従者が槍を持って前につくか、予備の馬とともにうしろについた。序列は行軍中、決して乱れない。ルイ王はこうした規律を自分の兵隊たちに期待した。ルイ王の兵士、ゴーティエ・ドートレシュはダミエッタの戦闘で、独断で攻撃を仕掛けた挙句、致命傷を負い、「このような男を一〇〇〇人も配下にもつのはご免こうむる」と王を慨嘆させたのだった。

テンプル騎士団の旗を掲げる副司令官が司令長官の脇を進んだ。出撃の合図を出す司令長官は旗を手にとる一方、他の騎士たちはその周囲に集まり守りを固める。司令長官が倒れると司令長官から前もって指名された騎士が代役を務めた。掲げた旗を下ろすこと、旗を槍として使うことは厳禁だ。

部隊はダミエッタの南で進軍を止め、ナイルの小さな支流をせき止めて浅瀬を作った。その様子を見ていたルイ九世の家令で伝記作家のジャン・ド・ジョアンヴィルの説明によると、渡河をはじめた前衛のテンプル騎士団にイスラム兵が不意に襲いかかった。テンプル騎士団ははじめは隊形を保ち、あえて危険は冒さず反撃を自重していた。そのときだった、敵兵が味方の騎士を馬から引きずり下ろすのを目の当たりにした司令官が雄叫びを上げた。「神の名のもと、断じて奴らを逃がすな！　我慢は限界だ！」そして、拍車を蹴った。全軍がテンプル騎士団のあとに続き、ジョアンヴィルによると、敵軍は全滅した。

ナイルの支流を隔てて向こうにエジプト軍の防衛拠点、マンスーラが見える地点まで侵攻したそのときだ、十字軍は飛び道具による敵の激しい攻勢にさらされた。ルイ王は土手道の建造を命じ、手はじめに遮蔽物を施した作業用通路が何本か造られた。作業にあたる人足を、対岸に据えた敵軍の攻囲砲が繰り出す石つぶてから守るためである。土手道の工事はクリスマスを一週間後に控えた頃にはじまったが、土手を掘って新たな水路を開く敵の妨害が絶えないなかでの作業だった。

クリスマスの当日、ジャン・ド・ジョアンヴィルと騎士が何人かフランス諸侯のテントで食事をしていると、敵が攻撃を仕掛けてきて、キャンプの外を歩いていた騎士が何人か殺害された。ジョアンヴィルと招待主はあわてて装備を身に着け、馬を駆って応戦したが、「テンプル騎士団が騒ぎを聞いて駆けつけ、見事に、また勇敢に退却を援護して」いなければ、数の上で劣勢を強いられたフランス軍は、太刀打ちできなかったろう。

敵方は発射台を使ってギリシャ火薬を浴びせ、可動式の攻城塔や通路に火を放った。戦況は絶望的に思われた。そのときだった、ひとりの現地人がきわめて有用な情報を売りこみに来た。もっと下流にある浅瀬の位置についての情報だった。渡河は二月七日に決行されることになった。王の弟、アルトワ伯ロベール、テンプル騎士団とイギリスの分遣隊からなる前衛部隊が浅瀬を渡り、対岸の安全を確かめ、残りの部隊が渡るのを待つ。再びテンプル騎士団を先駆けに、アルトワ伯が第二陣を率い、王の率いる残りの部隊が続く手順だ。

川は何とか渡ることができた——ただし、現地人からの情報よりも流れが深く速かったため、多少の困難を伴った。対岸につくと、アルトワ伯率いる部隊は命令を無視して性急に敵を追跡しにかかった。テンプル騎士団の司令官ブラザー・ジルは騎士である伯の自尊心に訴え、渡河されたことで「騎士道に適う、長年、この東方の地において右に出る者のない偉業を」達成されたのですから、追跡をやめ、王と残りの部隊をお待ちいただきたいと伯を説得にかかった。ちりぢりになり互いに孤立すれば、サラセン軍は再び態勢を整えてこちらを圧倒するだろう。アルトワ伯の配下の騎士が、テンプル騎士団は羊の皮をかぶった狼だと非難した。「テンプル、ヨハネ、その他当地に駐屯する者たちにその気があれば、この地はとっくに我らのものになっていた！」伯爵はブラザー・ジルに、怖いのなら残るがよいと申し渡した。ジルは答えた。「伯爵殿、私も同胞のブラザーたちも、恐れてなどおりません……。

われわれはあなたとともに参ります。ただし、包み隠さず申せば、われわれにしても伯爵殿にしても、戻ってくることができるかどうか疑わしいものです」。

テンプル騎士団は、思いとどまらせることこそできなかったが、忠実に援護に当たり、一方で、気がはやる伯爵と配下の者たちはマンスーラまで一気呵成に行軍した。部隊は「馬に拍車を当てて、敵のあとを全速力で追いかけた。敵はマンスーラの街を抜け、その先の原野をカイロに向けて逃げていった」。と、新手の敵部隊が目の前に現れた。首長バイバルスのマムルーク〔訳注・アラブ社会で軍人として重用されていた白人奴隷〕部隊である。狭い街路に逃げこんだ十字軍は罠にはまったことに気がついた。屋根から「大きな梁や木材の塊」が投げ落とされてきたからだった。アルトワ伯は命を落とし「死亡した騎士は総勢三〇〇名を超えると見積もられる」。ジョアンヴィルの記録は続く。「テンプル騎士団は、のちに私に語った総長の話によると、この襲撃で二八〇名の戦闘員を失った」。総長自身も顔面を負傷し、片目を失った。

マンスーラで味方の救出はできなかったが、国王軍は必死の奮闘の末、とっぷりと日が暮れる頃にはどうにか自軍が陣営を構えた対岸までたどり着いた。そこへ援軍が到着し、敵は再びマンスーラまで退却した。ヨハネ騎士団の司祭、ブラザー・アンリ・ド・ロネイは、陛下の名誉はこの戦闘でどのフランス王にも勝るものになることは必定ですと、弟を失った国王を慰めた。「陛下は敵と戦うために川を泳いで渡られ、敵を算を乱して潰走させてこの地から一掃なさったのですから。加えて敵の攻撃用器械やテントを接収し、今夜はそこでお休みになるのです」。国王は答えた。「神が私に与えたもうたすべてのために、神が崇められんことを」。だが、「王の瞳からは大粒の涙が流れはじめた」とジョアンヴィルは記している。

ただ「金をお取りになればよろしい」

マンスーラの戦いのあと、ルイ王にはダミエッタまで退却するかナイル河畔の拠点にとどまるかの選択肢が残された。王はとどまることを選んだ。フランス軍は絶えず奇襲にさらされ、二月一一日、日の出とともにサラセン軍は総攻撃に打って出た。第一波はアンジュー伯シャルル（王の弟でその後シチリア王）と聖地の諸侯が迎え撃った。「敵はまるでチェスの駒を動かすようにシャルルに襲いかかった」とジョアンヴィルは書いている。「まず歩兵に前進を命じてシャルルを攻撃させ、シャルルの部隊めがけてギリシャ火薬を浴びせた。続いて騎馬兵、歩兵もろとも、全軍あげてわが軍に襲いかかり、「アンジュー伯シャルルは」下馬して配下の騎士に周囲を守られていたが、圧倒的な劣勢に立たされた」。王はひとり、剣を手に突進した。「敵陣深く攻めこみ、馬のしりがいをギリシャ火薬で燃やされながら」弟を救出した。さらに二度の戦闘があり、各分隊は圧倒的な襲撃を受けつつも、敵軍を押しとどめた。

「次に標的となったのはテンプル騎士団総長、ブラザー・ギヨーム・ド・ソナックだ。告解の火曜日の戦いのあとではソナックとともに残る団員はほんのひと握り。総長は敵から奪った器械で作ったバリケードを隊の前面に立てるよう命じた。その防護柵は、敵が……ギリシャ火薬を浴びせると瞬く間に燃え上がった……。火が消えるのを待たずに突入してくる敵は、炎に巻かれたテンプル騎士団員に躍りかかった……。後方に広がる空き地には撃ちこまれたサラセンの矢が隙間なく突き刺さり、地面がまったく見えなかった」。総長は残る片方の目も失い、傷がもとでまもなく息絶えた。

十字軍は健闘はしたものの失ったものは大きかった。「川面は屍（しかばね）で埋め尽くされた」とジョアンヴィルは書いている。「土手から土手まで川幅いっぱいに、そして、遠く小石を投げてやっと届くくらい上流までも」。敵は十字軍のボートをばらばらにし、ラクダで十字軍の陣営を引き回したのち下流に流し、部隊をダミエッタの補給基地から孤立させた。ほどなく部隊は空腹に苦しみ、病気が蔓延する。三月末に王は退却を命じたが遅きに失した。ダミエッタへ引き揚げる途中、降伏を余儀なくされたのだ。
テンプル騎士団はこの惨劇をフランス国内の同志に伝えた。遠征に参加したテンプル騎士団は生存者がたった三名、ヨハネ騎士団はわずか五名にすぎない。

和平条約締結の交渉がはじまった。サラセンの代表は捕虜の身柄とテンプルまたはヨハネ騎士団の城の交換を申し出たが、これは聞き入れられなかった。なぜなら城の長官は誰もが、捕虜の解放と引き換えに城を明け渡すことは決してないと誓約を立てていたからだ。ルイ九世自身この交換の否定を支持し、莫大な身代金の支払いを望んだ――しかも半額は即金である。

「身代金はその日［五月七日］丸一日と翌日の夜までかかって数えた」とジョアンヴィルは書いている。「はかりにかけて重さを計算した」。日曜の夕刻六時頃になって、金が「要求された額に少なくとも三万ポンドも不足していることが」あきらかになった。ジョアンヴィルは王に、テンプル騎士団の司令官と司令長官――総長が戦死していたため――を呼びにやり、騎士団が保管している資金から融資を依頼するよう助言した。

しかし、ジョアンヴィルの要請に対する司令官エティエン・ド・トゥリクールの返答はすげないものだった。「ジョアンヴィル様、……ご存じのようにわれわれがお預かりしているあらゆる資金は、それを託されたご本人でなければ決してお渡ししない誓約のもとに管理をお任せいただいたのです」。「この件では」とジョアンヴィルは記している。「ふたりの間に多くの罵詈雑言が飛び交った」。打開策を見出したのは司令長官ルノー・ド・ヴィシエである。曰く、ジョアンヴィルはただ「金をお取りになればよろしいのです。お貸しできないのですから……。このエジプトでわれら騎士団のものに手をおつけになっても、アッコンに戻れば陛下のものがたっぷりあるのですから、埋め合わせは苦もなくおできになるでしょう」。王は提案を受け入れ、ジョアンヴィルに命じてテンプル騎士団の旗艦船に金をとりにやらせた。司令官は随行を断ったが、司令長官はジョアンヴィルについていった。テンプル騎士団の出納係は船倉にいた。船倉には、預託金が一件ごとに預けた顧客の名前を記したラベルをつけて収納箱に収納されている。ジョアンヴィルが鍵を要求すると出納係は拒絶した――ジョアンヴィルは、赤痢でやつれた自分の姿を見て、向こうは足元を見ていると思いこんだ。「私は床にあった手斧を拾い上げ、これを国王陛下の鍵として使ってもいいのだぞと、出納係に迫った」。そこで鍵を開けるよう司令長官が出納係に命じ、ジョアンヴィルは身代金の不足分を補うに十分な額を取り出したのだった。

ルノー・ド・ヴィシエが編み出したこの解決策をテンプル騎士団が容認していたのは間違いない。というのもアッコンに戻ると、件（くだん）の司令長官が総長に選任されたのだ――ただし、あくまでも王の後ろ盾があってのことだ、というのがジョアンヴィルの見立てである。

ジョアンヴィルにはほかにもう一度、金融業者としてのテンプル騎士団とのいきさつがある。王から未払い給料を受け取ったとき、その大半をアッコンの支部長に預けた。のちに引き出そうと使いの者を送ったが、「支部長は私の金は預かっていないし、私のことも知らないと言ったという」。ジョアンヴィルはルノー・ド・ヴィシエに訴えなければならず、「丸四日間……種々の支払いをするあてがないときに人が感じるであろう強い不安」に苦しんだ末、自分の金を手にした。その支部長は左遷されたので、ジョアンヴィルは溜飲をおろした。

王に相談もなく事を進めた総長

ジョアンヴィルはまた、テンプル騎士団、ヨハネ騎士団の巧みな外交を目の当たりにする機会にも恵まれている。「山の老人」の名で知られる凶悪なイスラムの首領が、暗殺集団と恐れられるペルシアのアサシン教団の最高指導者として君臨していた。「老人」はキリスト教徒、イスラム教徒双方の支配者の命を脅かすことで、金を出させていた。その「山の老人」がアッコンにいるルイ王に、金を払うように伝える使節を送ってきた。使いの者たちは、立派な身なりに堂々とした物腰で、脅迫した。ひとりは握りしめた手のなかに、「柄の部分に互いの刃を仕込む形で組み合わせた、三丁のナイフをひそませていて」、王が申し出を拒否したらちらつかせようとしていた。もうひとりは「丈夫な麻布をひと巻き、腕に巻きつけていた。王の葬儀に使う埋葬布として、王に見せつけるつもりだった」。だがジョアンヴィルは、アサシン教団自身がテンプル騎士団とヨハネ騎士団には貢ぎ物をしていることを知っていた。「神聖ローマ皇帝、ハンガリー王、カイロのスルタンなどの支配者がことごとく」屈服した脅迫に、両騎士団の総長は屈することを断固拒否していたのだ。使節はひとつの提案をした。ヨハネとテンプル両騎士団に納めているものから「山の老人」を解放するよう口利きをすれば、ルイ王は「山の老人」への義務を果たしたことにする、と。

午後に再び来るよう使節に告げると、王は、テンプル、ヨハネ両騎士団の総長を召喚した。「アサシン」の使節が再訪すると、王の両脇にふたりの総長が座っていた。王は「アサシン」に、朝の提案を繰り返させた。ふたりの総長は、翌日ヨハネ騎士団の本部に来るよう、「サラセンの言葉」で伝えた。翌日やってきた使節に、ふたりは通訳を介して言い渡した。アサシンが「王に対してしたことは、たいそう軽率で、想像を絶する無礼な行為だ……［そして］王の名誉に……かかわることでなければわれわれは［使節を］アッコンの薄汚れた海に沈めてやったところだ……」。使節は、首領の元へ戻り、「二週間以内に出直すこと」を命じられた。その際、「陛下の怒りを鎮め、おまえたちを快くお許しいただくための然るべき書状と相応の宝石を持参するよう」言い渡された。意気消沈した使節は言いつけに従った。そして、「山の老人」の名前が彫りこまれた首領の指輪と、数々の貢ぎ物を持って再び訪れた。そのなかには「山の老人」のシャツも含まれていて、使節は、「いかなる服にも増してシャツが生身の体に近いように、長老は、他のいかなる王にも増して陛下を近しくお思いになっておられるのでございます」と説明した。

八月、王弟たちが主力部隊を伴い、故郷を目指して出帆した。だが王はとどまり、シリアとエジプトのイスラム教徒が反目しているため王の立場は強まった。王は、シリアとエジプトの勢力を均衡させているのは自分であることに気がついた。なにしろ双方ともに自分の力添えを求めている。これまでは王との条約に盛られた条項をなかなか履行しようとしなかったエジプトが大勢の捕虜を送還しはじめ、同時にヨルダン川以西のシリアの地を十字軍に返還することをちらつかせつつ、同盟を申し出た。ダマスクスとの間でテンプル騎士団が独自の外交を進めていることを王が知ったのは交渉の最中のことだった。ルノー・ド・ヴィシエが配下の軍司令長官ユーグ・ド・ジューイをダマスクスのスルタンの元へ送り、テンプル騎士団が押さえたいくつかの領地をめぐって合意事項をまとめようとしていたのだ。協定書はできあがり、あとはルイ王の承認を受けるばかりとなって、ブラザー・ユーグはダマスクスの首長のひとりをスルタンの代理としてイェルサレムに連れ帰った。これが王の怒りをかった。ヴィシエは王に相談もなく協定の交渉をしてはならなかったのである。こうした独断専行は見過ごすわけにはいかない。そこで王は、会憲に定める懲罰法廷を開いて懲罰を言い渡すことで、騎士団全体に償いを要求する腹を固めた。「王は野営地にしつらえた王の大テントのうち三基の入り口の幕を上げさせた」とジョアンヴィルは書いている。「部隊のなかで階級の低い者は全員、任務を離れて傍聴に来ることを許可された……。テンプル騎士団の総長以下、すべての騎士は、裸足で陣営の真ん中を進んだ……。王は総長とスルタンの大使を目の前に座らせると、総長に向かって声を張り上げた。『総長よ、スルタンの大使に告げるがよい。まず王に相談することなくスルタンとの条約を締結したことを悔いていることを。その上でこう付け加えるのだ。王に相談なく結ばれた条約であるから、合意事項からスルタンを解放しなければならず、交わされた関係書類はすべてお返しすると』。総長は合意書を取り出すと首長に渡しながら言った。『私は不正のうちに交わした契約書を返却し、みずからの行ないを後悔していることを表明します』」。

「すると王は総長と団員に起立を命じ、全員が命令に従った。『では』陛下は言われた。『ひざまずいて、このように私の意に反してスルタンに接触したことに対し、償いをするのだ』。総長はひざまずくと、外套のふちを握って王の方へ差し出し、騎士団が所有する全財産をもって王に服従すること、それゆえ、償いとして王は、そこからいかなるものを選択しても構わないことを告げた。『私は宣言する……』。ルイ王は言った。『この協定を結んだブラザー・ユーグを、イェルサレム王国全土より追放することを命ずる』」。

ブラザー・ユーグは追放され、公然と侮辱されたことに憤慨した騎士団は、このあとまもなく、ルノー・ド・ヴィシエを免職にする、あるいは、辞職を求めた。

熱狂と理想に取って代わった世俗的合理主義

キリスト教徒の最後の捕虜が戻され、半分ほど残っていた賠償金は取り消された。というわけでルイ王は一二五二年、エジプトと同盟を結び、イェルサレム、ベツレヘム、およびヨルダン川以西の大半の土地を奪回するのと引き換えに、シリアに対する侵攻を支援した。しかし、シリアがガザを占領したため、同盟諸国は事態を静観しているしかなかった。そして一二五三年四月、イェルサレムは今もまだ奪還されていないのに、シリアとエジプトの間で条約が締結された。

ルイ九世は亡くなる年の一二七〇年、再度十字軍遠征を試みたが、ヨーロッパでは支持する者はほとんどいなかった。十字軍の時代は実は命運が尽きていた。宗教騎士団の偉大な後方守備隊は雄々しく最後まで戦ったが、騎士自身と同じように、彼らが拠点とした城はひとつまたひとつと陥落し、ついに一二九一年、アッコンの戦闘がテンプル騎士団、ヨハネ騎士団最後の戦いとなる。この戦闘で両騎士団の軍司令長官は命を落とし、ふたりの総長は致命傷を負った。ヨハネ騎士団の総長は、キプロスでの死の床で、サン・ジル管区（プロヴィンス）の修道院長に宛てた手紙に「深い悲しみに打ちひしがれ、心が押しつぶされる思いだ……」と記している。

テンプル騎士団員でもある吟遊詩人オリヴィエは、悲痛なレクイエムを書き残した。

怒りと悲しみわが心に忍びこみ
もはや永らえることさえ難しい
われらの十字架は倒されてしまった
架けられたその方の名誉のために掲げたのに

一〇九五年にヨーロッパを覆っていた時代精神は消え失せ、熱狂と理想の追求に取って代わったのは、もっと合理的で世俗的な思考であった。一二九一年の理念をより色濃く体現していたのは、剣を手にアッコンの炎のなかに散ったテンプル騎士団の修道騎士たちではなく、大義が失われてもなお最後まで雄々しく戦い、その後に冷静に脱出を実行し、大惨事のなかからも運をつかんで富を得ようと、宝石、絹織物、教会装飾品など財宝を満載した船に帆を上げて、降り注ぐ火の矢のなか、破壊された港をあとにした騎士、ロジェ・ド・フロールだったといえるのかもしれない。

ヨーロッパキリスト教社会の聖地における存在が終焉を迎えたことで宗教騎士団は存在意義を失ったが、それでも生きながらえた。それを支えたのは富と権力と組織力であった。アッコン陥落から一世代、三つの騎士団のうち最も誉れ高いテンプル騎士団は、フランス王フィリップ四世が財政手段の一環として騎士団の一掃を思いついたとき、その持ち前の財力があだとなった。主に異端、偶像崇拝、そして男色などさまざまな罪で非難を浴びた。拷問で自白が得られ、総長および他の数名は火あぶりの刑に処せられた。テンプル騎士団は鎮圧された。テンプル騎士団の解散を宣した教皇は、接収した領地をヨハネ騎士団に譲るようフィリップ四世を説得し、おかげでヨハネ騎士団は命拾いをした。フィリップ王自身は動産を売却し、抱えていた多額の債務を帳消しにした。

ヨハネ騎士団は当分はキプロスを拠点にしていたが、やがてロードス島へ退き、マルタ島へ後退し、一五六五年、そのマルタ島でオスマントルコの長期にわたる攻城戦に耐え、最後は一七九八年、ナポレオン遠征でマルタ島から駆逐されている。

ドイツ騎士団は、小アジアでは目覚ましい働きはないが、北東ヨーロッパでは歴史的役割を演じ、リヴォニア（現代のリトアニア、ラトヴィア、エストニア）原住民の異教徒に対して「十字軍」さながらの活動をおこなったのち、プロイセンを建国する。一四世紀に最大の勢力を誇ったものの、一四一〇年、グリュンヴァルトの戦いでポーランド軍とリトアニア軍に敗れてからは急速に力を失った。最後の支部は、一八〇九年、ナポレオンに解散を余儀なくされている。ヨハネ騎士団とドイツ騎士団は一八三四年、そろって復活した。ヨハネ騎士団はローマに本部を設立し、今もその地に存在する。世界中に会員をもつ中世の遺物である。ドイツ騎士団は名誉聖職者の組織となり、ウィーンに本部を置いている。

しかし、ヨーロッパの騎士道にとって宗教騎士団が残した真の遺産は、先細りの歴史をたどった後年の姿ではない。彼らがくっきりと示して見せたキリストの戦士というあるべき理想の姿、武器をとって戦う職業を通して神に奉仕する騎士の姿こそ真の遺産なのであった。

第七章　ベルトラン・デュ・ゲクラン　一四世紀の騎士

ルニョー・デュ・ゲクランが父
母は優しく、見目麗しい淑女。
けれど息子は、実を言うと、
レンヌとディナンの間で、誰よりも醜いのであった
――ジャン・キュヴェリエ『ベルトラン・デュ・ゲクランの年代記』

「サー・ベルトラン」。王は言った。「わが弟も、いとこも、甥も、また伯爵や家臣にしても、わが王国内にはおまえに従うことを拒む者はいない。もし誰かが拒んだら、その者はわが怒りを知ることになろう」

――フロアサール『年代記』

「もし陛下が私を王軍長にとお望みなら、
兵士が暮らしていけるだけのものを払っていただかなければなりません……
兵士たちは、給金を欲しているのです。
支払いが十分でなければ、働きが悪くなります。
そして支払いがなくなれば、略奪を働くようになるでしょう」

――デュ・ゲクラン、キュヴェリエが引用

百年戦争の形勢を逆転させた最大の功労者

最も名高い一四世紀の騎士、ベルトラン・デュ・ゲクランは一三二〇年頃、ブルターニュで生を受け、一三八〇年七月一三日、攻城戦の最中にガスコーニュで没した。大規模な数回の戦闘、数十回に及ぶ小さな戦い、数百回を数える包囲戦、さらに無数の名もない小競り合い、急襲、奇襲、待ち伏せの類を戦い抜いた。何千という剣、斧、鎚矛(つちほこ)、槍の攻防をくぐりぬけ、さらに決闘、トーナメントは百戦錬磨。齢(よわい)六〇で生涯を閉じたそのとき、全身には至るところに傷跡が残っていた。捕虜になること四度。身代金が上級貴族並みの一〇万ゴールド・フローリンにまで跳ね上がるのをその目で確かめ、またけしかけてもいる。捕虜をとればあまたの貴族や騎士の身代金を稼ぎ、占拠した無数の城、町、都市からは金銀財宝を強奪したが、蓄財には無頓着で、息を引き取ったときには生まれたときと同じくらい貧しかった。伝説にその名を残す英雄であり、一三六〇年代から一三七〇年代、シャルル五世のもと、百年戦争の形勢を逆転させた最大の功労者という名声に浴している。近代的な意味で優秀な将軍というわけではないが、リーダーとして非の打ち所がなく、戦功は無謀と紙一重の勇気と頑健な肉体、そして当時の戦争の九割を占める、ごく小規模な作戦の立案と実行の才による。

しかも、貧しい者、無力な者に斟酌できるという。理想とされながらじっさいにはめったに見られない美徳を備えた騎士として、同時代の人々に広く認められていた。愛国心を英雄に不可欠の美徳とみなした一九世紀の歴史学者は、デュ・ゲクランを、国民感情の誕生にひと役買ったと評価した。もっとも本人は、中世の騎士に求められた忠誠心という美徳をひたすら追求したにすぎなかった。

ウィリアム・マーシャルと同じく、デュ・ゲクランも、彼が名を上げたからこそ個人情報が手に入る。フロアサールの『年代記』をはじめ、スペインでの活躍を直に見届けたロペス・デ・アヤラの『王ドン・ペドロの年代記』や、同時代の歴史書および年代記に、デュ・ゲクランは際立った人物として描かれている。しかし、生い立ち、少年時代、若い頃の情報、そして成熟してからの暮らしについては、ピカルディの吟遊詩人、ジャン・キュヴェリエによる『ベルトラン・デュ・ゲクランの年代記』が唯一の資料である。このキュヴェリエの年代記（二万二七九〇行におよぶ長詩）は、叙事詩ならではの劇

ベルトラン・デュ・ゲクランの像、ディナン（ブルターニュ）。

的な表現を差し引いても、同時代——主人公の死から一年以内——に書かれていることを考えると信頼性はきわめて高い。事実の多くに他の資料と一致する点が多いことも高い信頼度を裏づけている。信頼に足るものであることは、作品が人気を博したことにも示されているといってよいだろう。なぜならデュ・ゲクランのもとで、あるいは同僚として戦った王族をはじめ、戦友の多くが写本を持っていたからで、ブルゴーニュ公が所有していた版は擦り切れるほど読みこまれていたという。キュヴェリエや、情報源については、何ひとつわかっていない。だが、デュ・ゲクランの軍使による今は失われた日誌があったのかもしれない。キュヴェリエは、フロアサールやヘロドトスにまでさかのぼる年代記作家のように、書き手である本人にも読者にもなるほどもっともだと思われる演説や会話を伝えている。

生来のリーダーシップと、ある約束

ベルトランはブルターニュのディナンに近いラ・モットに慎ましく暮らす騎士、ルニョー・デュ・ゲクランの大所帯に第一子として生まれたというキュヴェリエの記述を疑う理由はない。父の一族には港町サン・マロのある半島に広大な土地を有する領主もいたが、長男でないルニョーの財産はラ・モット－ブローンの封土(ほうど)と、妻、ジャンヌ・マルマンの持参財産であるひと区画の領地と製粉所にすぎなかった。ジャンヌは富よりも美をもたらしたといわれ、そのことが人目を引くほど容貌に恵まれなかった第一子の存在を余計に際立たせていたのかもしれない。息子は家族ぐるみで親交のある、洗礼式で代父を務めた騎士、ベルトラン・ド・サンペルムの名前をもらった。キュヴェリエによると、容貌を毛嫌いする母親が冷たく当たったことで恨みを募らせたベルトランは、感情の赴くまま、両親、弟、妹、そして世間に対して暴力を振るったことがあるという。成人に達したデュ・ゲクランが美男子というにはほど遠く、若さにまかせて怒りを爆発させたことは他の資料も裏づけているが、長年にわたって母親に恨みを抱いていたかどうかは、資料からはわからない。

リーダーシップは大所帯の長男という立場の賜物だろう。ベルトランは領内の少年たちを集め、大人の遊びをまねてトーナメントに興じた。リーダーを気取った若者がサッカーチームを作って試合をするようなものである。いつもメレーで指示を出すベルトランは、あまりにすんなり勝ちが見えてくると、サイドを変えて戦った。戦いはベルトランのひと声で終わり、（キュヴェリエによれば）ベルトランは我先に地元の宿屋に繰り出し、そして仲間に振る舞った。この大盤振る舞いのつけを払うため、

14世紀のトーナメントでは、馬上槍試合場での一騎打ちがおこなわれた。騎士たちは目印となる紋章を身に着け、外衣、盾、馬衣にも同じ紋章を着けて戦った。（マネッセ写本、ハイデルベルク大学図書館、MS. PAL. GERM. 848, F. 250）

ベルトランは父親の馬を一頭売り払ったといわれている。おかげでトーナメントは禁じられ、小作人の息子たちにはベルトランと遊ぶことを禁じるルニョーの命が下り、当のベルトランは自室に監禁された。しかし、荘園の館に地下牢があるはずもなく、当時十五、六歳だったベルトランは食事を運んだ召使いの女から鍵をひったくると、身代わりとして女を自室に閉じこめ、自分は部屋を抜け出し、小作人から農耕用の馬を奪い取って、鞍も手綱もないまま三〇キロ先の叔母夫婦が暮らすレンヌまで走らせた。叔母は怒ったが、叔父は寛大で、ベルトランは滞在を許された。

年代記に描かれた当時のベルトランは、中背で（おそらく五フィートを少し超える程度）、肌は浅黒く、鼻が低く、瞳は灰色、広い肩幅と長い腕に小さな手をしている。ある日曜日、ベルトランは叔母と一緒に教会へ行った。だが、途中で抜け出し、地元の若者同士の決闘に加わった。一〇人以上を投げ飛ばした一番の猛者を見事に倒したものの、鋭利な石に膝を打ち据えて傷を負い、助けを借りてどうにか帰宅した。叔母は喧嘩をたしなめた。だが、相手が下層階級の若者だったことを一層厳しく咎め、今後はきちんとしたトーナメントでしか戦わないとベルトランから約束を取りつけた。

変貌するトーナメント、進化する武具

父とのわだかまりは時とともに解消し、まもなく叔母と交わした約束を果たす絶好の機会

が訪れる。ブルターニュ公の姪と国王の甥との結婚を祝うトーナメントがレンヌで開催されたのだ。父親は一家が所有する最良の馬で参加した。ベルトランは厩から老いぼれ馬を引っ張り出して、あとに続き、幸運に恵まれた。ウィリアム・マーシャルの時代から改良を重ねたトーナメントは、ひとつの競技場――「リスト」と呼ばれる――で戦闘がおこなわれるようになり、騎士は一定の回数と手順による突撃試合をこなさなければならない。先に課題を終えたいとこのひとりが、馬と鎧を貸してあげようとベルトランに申し出たのだ。リストに躍り出たベルトランは、名乗りを上げないまま、何人かを落馬させた。勝ち残ったのは父親だけになり、その父との対決をベルトランは回避した。別の対戦相手がベルトランの兜を叩き落とし、驚いた父親が落ち着きを取り戻すと、今後は一人前に扱おうと息子に約束した。つまり、ふさわしい馬と鎧を与える約束をしたのである。

14世紀に作られたサー・ヒュー・ヘースティングズの墓の拓本。鎖帷子を補強する板金が確認できる。（英国図書館、ADDIT. MS. 32490 B.12）

鎧は一四世紀半ば、徐々に、しかし確実に鎖帷子から板金へ進化を遂げる最中にあった。ホーバークの上あるいは下に胸甲を着けるようになるのは、おそらく一三世紀、あるいはもっと早かったかもしれない。しかし、デュ・ゲクランの時代にはそれがすっかり定着していた。以前はワックスとともに煮立てて固くした皮革（キュイア）――それが名前の由来である――をもっぱら用いていたが、一四世紀半ばにはすべて鉄で作るようになった。しかし、さらに普及したのが縦長の長方形の鉄板をつけた、革または布製の鎧、「コートオブプレート」だ。最初は膝丈ほどの長さがあったが、その後短くなっていった。肘、膝、喉を守る補強の板もまた普及したが、腿、脛、腕、肩を守るためにも板金が多用されるようになっていった。斜めから当たる切っ先や刃の打撃をかわす滑らかな板金の利点が知られるようになったからである。

トーナメントあるいは戦闘のために装備を調（ととの）えるには、一三四〇年代の騎士は、まずぴったりしたシャツ、短いズボン、タイツを着用したと思われる。その上に、膝当ての板のついた厚く綿の入った腿当て、脛当て、鉄製の靴を履く。それから、分厚い布製の鎧下を着て、その上にようやく肩と肘に当て板がついたホーバーク、さらにコートオブプレートを着こむ。そして最後に外衣を羽織る。ウエストには細いベルトが巻かれ、剣を差す幅広のベルトはもっとゆるく、腰のあたりに下げるようにつける。手には、何層にも重ねた布地に鉄の板を鋲で留め、さび止めに錫（すず）か銅でめっきされた小手をつけた。丸みを帯びた、あるいは円錐形の新しい兜、バシネットには、顔面を保護する面頬（めんぼお）がついている。頭を包む部分には革製の裏地が張られ、ひもで絞って裏地を頭頂部に寄せるようになっていた。兜をかぶれば戦闘準備万端だ。盾は、小型化が進み、二辺が曲線でできた逆三角形になっていたが、依然とし

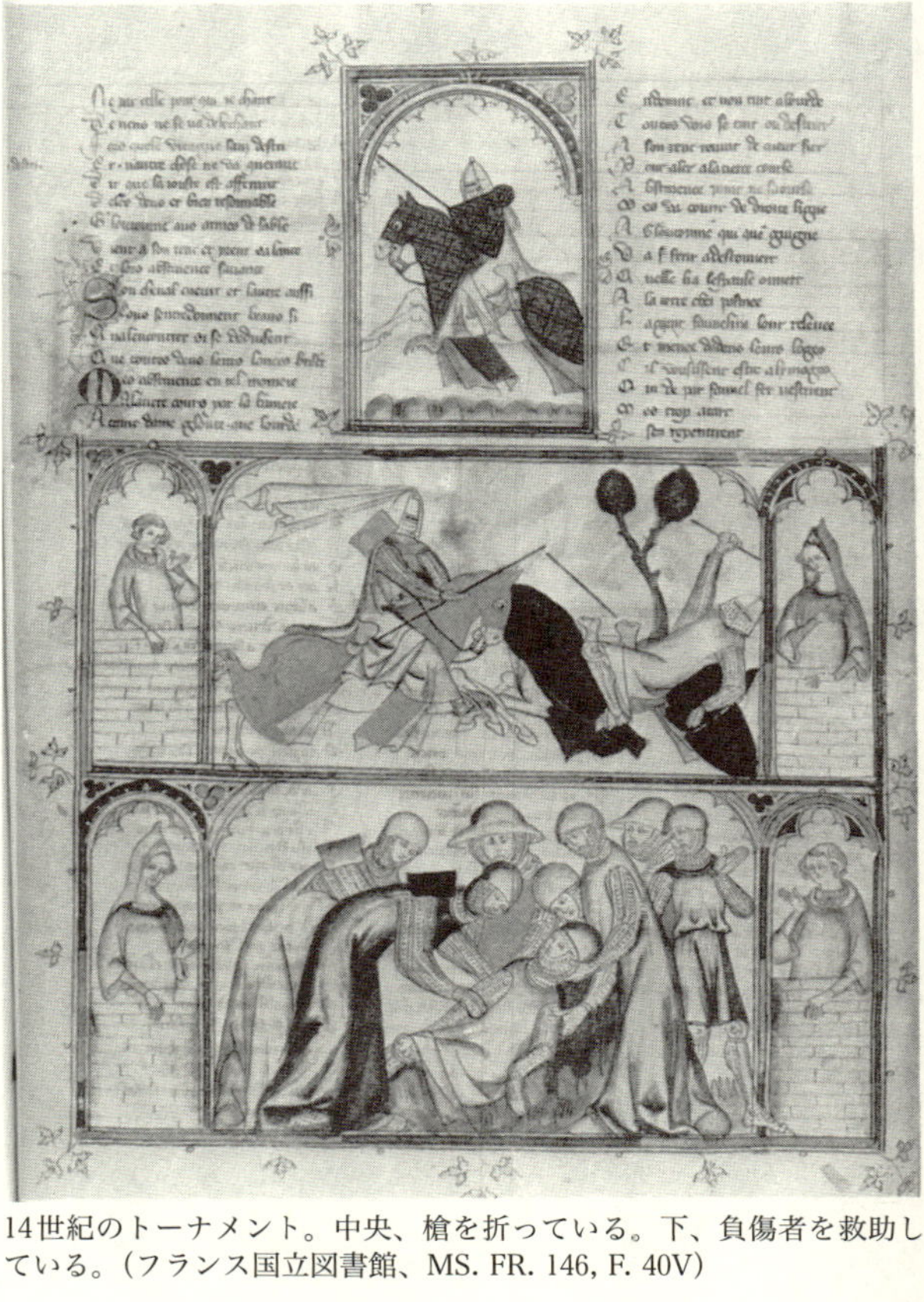

14世紀のトーナメント。中央、槍を折っている。下、負傷者を救助している。（フランス国立図書館、MS. FR. 146, F. 40V）

て必要不可欠のものと考えられていた。

形式にかかわらず、鎧は事実上、廃棄されず（傷んだところは鍛冶屋が修理する）、祖父から父へ、そして息子へ、さらには孫へと引き継がれていった。特定の鎧師や産地——ミラノ、ニュルンベルク、トレド——のものは、とりわけ高く評価され、デュ・ゲクランは後年、スペイン滞在中に、スペイン製の鎖帷子をあつらえている。

燃え上がる継承という火種

子どもじみたトーナメントを卒業してデュ・ゲクランが本格的なトーナメントに参戦するようになっていた頃、フランス国王の座をめぐってイングランドのエドワード三世とヴァロワ朝のフィリップが繰り広げる反目は、戦争へ向けて徐々に機が熟しつつあった。カペー朝のフィリップ四世の娘を母にもつエドワードは、その血統から、継承の権利を声高に主張したが、フィリップ側の弁護士は、古い法律、サリカ法をたてに、王家の血統は男系でなければならないと反論した。後継問題がもち上がった一三二八年、弱冠一六歳のエドワードは無念の涙を呑んだが、それから数年、あるささいなできごとが後継問題にも増して厄介な問題をさらに紛糾させた。フランス南西部の大半を占めるアキテーヌ公領は、アリエノールがヘンリー二世に嫁いだことで、その後はイングランド国王が相続していた。ところが困ったことに、フランス国王に臣従の礼をとったのだ。それがアキテーヌのあいまいな境界と相まっ

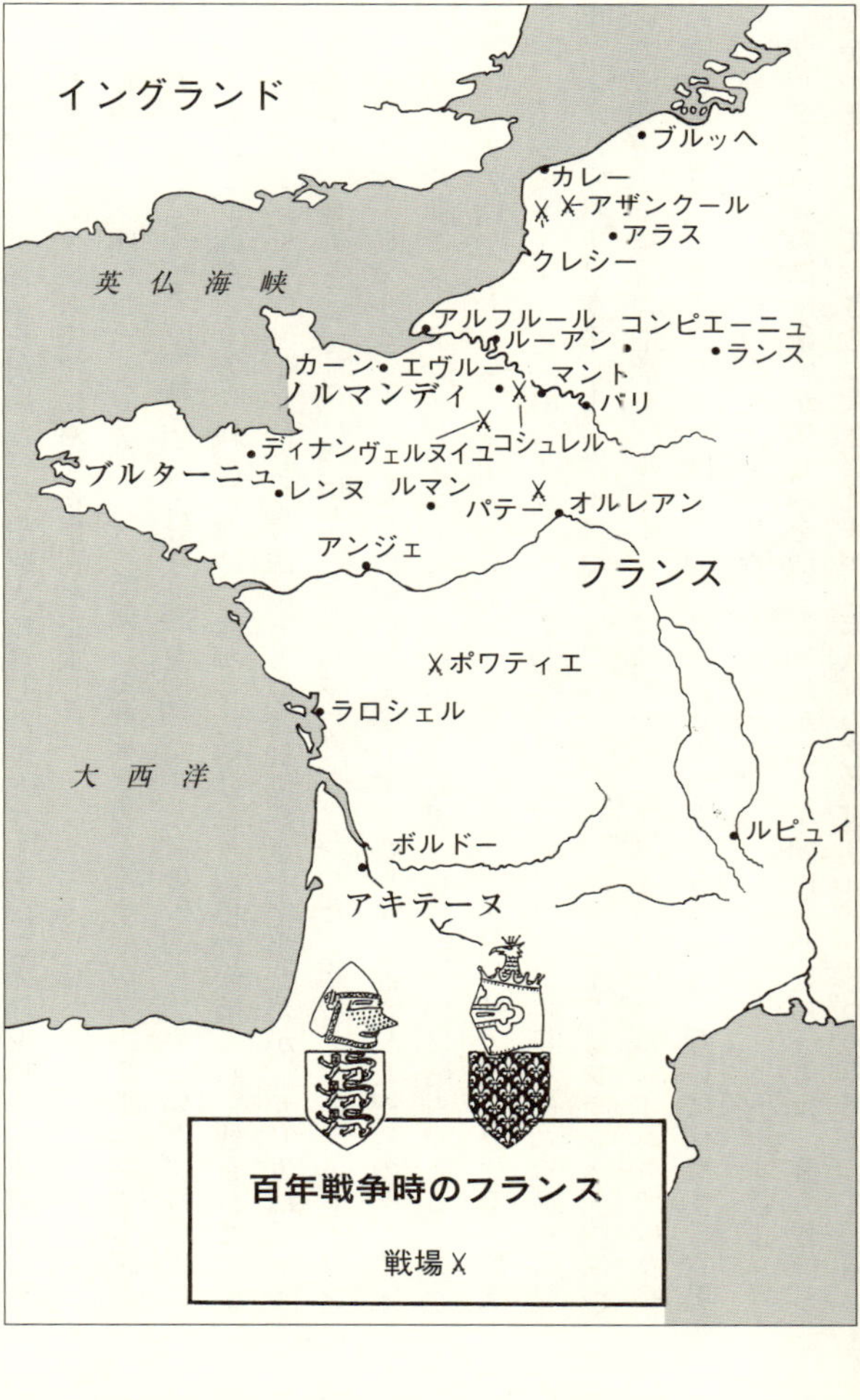
イングランド
ブルッヘ
カレー
アザンクール
アラス
クレシー
英仏海峡
アルフルール
コンピエーニュ
ルーアン
ランス
カーン
エヴルー
マント
ノルマンディ
パリ
ディナン
ヴェルヌイユ
コシュレル
ブルターニュ
レンヌ
ルマン
パテー
オルレアン
アンジェ
フランス
ポワティエ
ラロシェル
大西洋
ルピュイ
ボルドー
アキテーヌ
百年戦争時のフランス
戦場

て、トラブルの引き金を引いた。今や成人に達したエドワードはこの件を長年の不満とこじつけた上で、フランス王位に対する権利を主張した。

同じ頃（一三四一年）、もうひとつ、酷似した継承をめぐる争いがブルターニュでも起きていた。（アキテーヌと同様に）半ば独立国も同然だったこの公国を治めていたブルターニュ公が死去し、姪ひとりと片親だけ血のつながった弟ひとりが相続候補として残された。弟のジャン・ド・モンフォールはサリカ法にもとづき公位継承を主張したが、サリカ法はブルターニュで（他のどこでも）、適用されたことは一度もなかった。姪のジャンヌ・ド・パンティエヴルは、シャルル・ド・ブロワとの結婚に際して、レンヌで催された祝賀のトーナメントが、ベルトラン・デュ・ゲクランと父親が再会する場となった当の貴婦人である。ジャンヌは、夫の伯父で、フランス王フィリップ六世となったヴァロワ朝のフィリップに訴えた。一方ジャン・ド・モンフォールは、イングランドのエドワード三世に訴えた。その結果、ふたりの君主は女系による継承について二重に対立し、エドワードはフランス王位については支持する女系の継承をブルターニュでは拒絶し、フィリップはブルターニュでは女系の継承を擁護しながらフランス国王に関しては認めないというように、互いに相反する立場をとることになったのはなんとも皮肉なことであった。

ブルターニュの継承争いが激しさを増し、それが二三年間にもわたろうとは、誰も想像しなかった。まして、さらに大きな軋轢（あつれき）が百年戦争の名を冠され、ひとつの要因として、騎士制度に大きな影響を与えるようになると見越した者はいなかった。その先ぶれが最初の大きな戦闘、一三四六年のクレシーの戦いであり、フィリップの旧弊な軍隊――主力は鎧を着た騎馬兵――は、やや規模は劣るものの、ウェールズの長弓を備えた強力な射手部隊を擁する近代的なエドワード三世の軍に敗れて潰走した。長弓は、一時もてはやされたこともあるが、素早く射ることができる点を除けば利点はなく、ヨーロッパ大陸ではクロスボウに取って代わったことはない。その長弓を採り入れてイングランドが勝利を収めたことを契機に、戦術が見直され、クロスボウに対する関心が高まったことが、騎士道にも影響を与えることになる。クロスボウは、発射に技術を要しないコンパクトな弓だが、動力源となる弓の部分を木材から動物の角、さらにのちには金属へ変えることで矢(クオレル)の初速を上げ、射程距離と命中率を向上させていた。

クレシーの戦い（1346年）、フロアサールの年代記より。（アルセナル図書館、MS. 5187, F. 135V）

加えて戦争と騎士道の双方の将来にもっと甚大な影響を及ぼしたのがエドワードの軍隊の斬新この上ない組織基盤だった。フィリップは、王家の臣下に召集をかける伝統的手法で軍を編成した。王家の封臣に兵力の提供を呼びかけ、封臣がお抱えの騎士や従僕に軍役を要請する昔ながらのやり方である。要請に応じた騎士と従僕からなる軍隊は能力がさほど高くないことも相変わらずだった。一方イングランドには、海外へ遠征する軍役、すなわち、フランスにあるイングランド王領の防衛をめぐって論議を重ねた長い歴史があり、そのため、召集方法を一新する下地が整っていた。王家が管轄する実入りのよい羊毛税を後ろ盾に、イタリアの銀行から受ける融資で潤沢な資金を作ったエドワードは、指揮官を任命し、弓手と重装歩兵になる「従者」を賃金で雇って訓練に当たらせた。指揮官も従者も、ともに「インデンチュア」を交わして入隊する——契約書である。こうして生まれたプロの軍隊はクレシーの戦場で勝利を収め、その上、重要な港湾都市カレーを手に入れることでさらに困難な偉業を成し遂げた。中世には、大規模な戦闘はごく稀で、敗者の部隊が壊滅されて終わる（近代の学者によるとおおむね二〇から五〇パーセントが戦死した）ことは珍しくないが、白黒がはっきりつく戦場の結果が戦略的、政治的に同等の効果を持つことはめったにない。カレーは中世の軍事作戦として桁外れに長い、一年近い攻城戦の末にやっと陥落した。フランドルとの羊毛貿易の拠点としてカレーを手に入れたことは、エドワードにとって多大な経済的価値があっただけでなく、イングランドから侵攻してくる遠征部隊が、フランス北部へ容易に侵入する経路を確保したということでもあった。

クレシーの戦いから数ヵ月後、イングランドはブルターニュでも小さな勝利を収めた。ラ・ロッシュ・デリアンの戦いでは、両軍にきわめて多数の負傷兵が出て、陣頭指揮に当たっていたシャルル・ド・ブロワは何度も傷を負った挙げ句、捕われの身となった。勇猛一徹な妻のジャンヌは戦闘を続ける傍ら、夫のための身代金を調達しにかかった。

ゲリラ部隊の先頭に立って戦う若き指揮官

ベルトラン・デュ・ゲクランは、戦闘にこそ加わっていないものの、父親と叔父にならって、ジャンヌとシャルル・ド・ブロワのために戦う決意をすでに固めていた。フロアサールは、一三四三年、レンヌでイングランドを撃退した「よき騎士と従騎士」のひとりにデュ・ゲクランを挙げている。しかし、デュ・ゲクランの早い時期の軍歴は判然としない。なにしろフロアサールもその他の年代記作家も、これ以上の記録を残していない。それでもゲリラ部隊の先頭に立ち、円卓の騎士の物語で神秘的な魅力が称えられた森、レンヌの南西に広がるブロスリアンを根城に、出撃を繰り返すキュヴェリエの描く若きデュ・ゲクラン像を疑う理由はない。ベルトランがシャルル・ド・ブロワから一銭たりとも俸給を受け取っていないのはあきらかだが、物資の補給は地元の農民に頼り、そんな農民から従者も募り、彼らに装備――馬、武器、鎧――を与えるため母親の宝飾品に手をつけた。しかも、それを償うためランスロット卿というよりも、山賊を率いた経歴をもつ二〇世紀メキシコの革命家、パンチョ・ビリャばりの荒っぽい手段に訴えた。エドワード三世の言いつけで金貨の詰まった箱をフジェレの城に駐屯する部隊まで届けるイングランド兵三人を待ち伏せし、斧を武器にひとりで全員の命を奪ったのだ。母親の元を訪ねるや、(キュヴェリエによると)ベルトランはこう言った。「母上、あなたのものを何度か失敬しました、どうかお許しください……」。そして盗んだ一ペニーに対し二〇シリングを返済した。

大胆になったデュ・ゲクランは、フジェレそのものを陥落させる腹を固めた。自分が率いる部隊は包囲戦も襲撃も手に余る。そこで昔ながらの三つ目の手段、策略に訴えた。駐屯部隊が一部、戦闘に出払っている隙(一三五〇年夏)に、地元民の手を借りて、部隊の半分を城に薪(まき)を運ぶ農民に変装させたのだ。身に着けた婦人用のスカートの下に武器を隠し持つ者や、日よけの帽子で髭面を隠す者もいた。跳ね橋が下ろされ、先頭に立って橋を駆け抜けたデュ・ゲクランが衛兵に襲いかかった。城門は開かれた。だが、再び結集した守備隊に自分たちが追いつめられたちょうどそのとき、騎馬隊が救援に駆けつけた。

デュ・ゲクランにはフジェレを持ちこたえる力はなかった。一三五二年、ロバート・ノールズがフジェレを奪回する。名にし負うイングランドの指揮官で、生涯にわたるデュ・ゲクランの宿敵のひとりだ。だがフジェレは奪還されても、デュ・ゲクランの手柄話は新兵を徴募する役には立った。なかには、数は少ないながら、従騎士であるのに侮りがたいデュ・ゲクランに喜んで仕えたいと願う騎士さえいた。一三五四年、デュ・ゲクランは、やっとのことで騎士に叙任された。叙任に先立つこと三年の間に、両親はともに亡くなり、長男のデュ・ゲクランにはささやかな財産が残された。民兵の首領としての功績、加えてポントルソンのトーナメントにおける活躍、そして一三五四年四月、新たな武勲をあげたベルトランは騎士に叙任されたのだった。フランス王の厩役(うまやく)でブルターニュとノルマンディの境界警備にあたる近衛兵、ドードレーム卿は、タンテニアック領主夫人からモンミュラン城での聖木曜日の晩餐会に招待を受けていた。そのドードレーム卿一党を長軀で有名なイングランドの指揮官、カルヴェリーのヒューが待ち伏せしようと悪巧みを巡らせているのを風の便りに聞きつけたデュ・ゲクランが、伏兵を配置して迎え撃ち、大乱闘の末にカルヴェリー以下一〇〇名ほどを捕虜として捕えた。この遭遇戦の英雄、デュ・ゲクランに騎士(ナイト)爵位を授与したのは、その場に居合わせた諸侯のひとり、コー城城主、エラトル・デ・マルであった。一四世紀半ばのこの当時、数少ない上級貴族の若者にとって騎士に叙任される栄誉は、当然のものとして受け取られるようになっていたが、デュ・ゲクランもその一員である下級貴族の多くの若者には、言うまでもなく特別のことであった。騎士の称号を得たデュ・ゲクランはすでに三四歳になっている。領地を持たない多

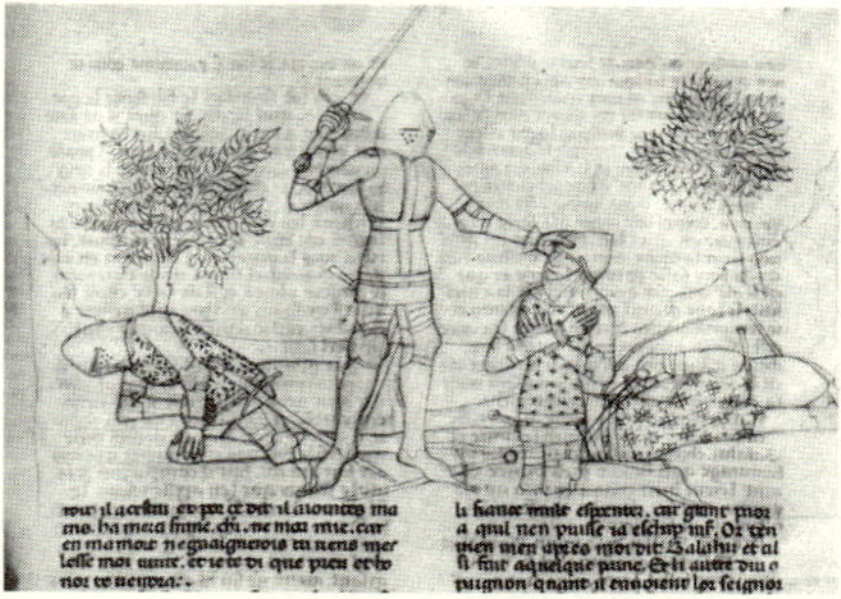
戦場での騎士の叙任。14世紀、頻繁ではないが時おりおこなわれた。(フランス国立図書館、MS. FR. 343, F. 79)

モンミュラン城、レンヌ付近（ブルターニュ）。城内の礼拝堂で1354年、デュ・ゲクランは騎士に叙任された。

くの貧しい従者にとっては、高額な費用がますます大きな壁になっていた。従者なら馬と装備を与えられ、必要なものは面倒を見てもらえる可能性が高い。しかし騎士ともなれば自分で装備を調えることが期待され、馬は一頭ではなく三頭、さらに従者の装備も加わるので費用は総額で何百ポンド（リーヴル）にも跳ね上がる。

騎士の称号は、見返りになにがしかの恩恵を提供した。その頃、イングランドの兵役制度が徐々に広がりを見せつつあり、騎士は通常、従者の二倍の俸給を要求した——従者が一日七シリング（スー）半に対して、約一五シリングである。戦利品や身代金の分け前に多く与る権利もあった。だが、騎士の称号は指揮官には欠かすことのできないもので、そのことがデュ・ゲクランにとってはもっと重要なのだった。

こうした配慮がどれだけ重きをなしていたにせよ、デュ・ゲクランは金勘定とは無縁の騎士道の諸相を真摯に受けとめた。モンミュラン城の礼拝堂で、伝統的な白い衣を身に着けて神に仕え、弱きを守り、背信と闘う誓いを立てた。士気を鼓舞するため、三角形の槍旗を握りしめ、「聖母マリア様、ゲクラン参上！」と鬨の声を上げた。三角形の槍旗は騎士道精神のシンボルのひとつになっていた。

レンヌをめぐる攻防戦

レンヌの守備に参加した一三五六年、デュ・ゲクランはすでに無給で奉仕するのではなく、シャルル・ド・ブロワから兵士として俸給を受けていたと思われる。イングランド軍は再び勢いを取り戻していたが、それはエドワード三世の長男、黒太子とその配下のイングランドーガスコーニュ連合軍の指揮官たちによる、ポワティエでの快勝によるところが大きい。この戦いの勝敗については、変えようがなかっただろう。ただ、惜しまれるのは、フランス王ジャン二世が捕虜になってしまったことだった。勇猛ではあるが思慮が浅く、騎士道の理想を賛美する王が、堅実な退却を潔しとせず、下馬する事態になっても戦うことを止めなかったためだった。今は黒太子の弟であるランカスター公が、シャルル・ド・ブロワが最重要と位置づける本拠地、首都レンヌを奪うことでブルターニュでも同様の打撃を与えようと画策していた。レンヌの街の防備を仕切っていたのは、ひとりの騎士とひとりの元農夫だった。騎士はデュ・ゲクランの代父、ベルトラン・ド・サンペルム。元農夫は小作農出身ながら、戦時の策略に豊富な経験を持つ独立独行の隊長、ペヌエ。ペヌエは城壁に鉛の球を入れた銅製の容器をいくつも置き、壁の向こうで穴を掘ると球が音を立てて穴の位置を正確に示す仕掛けで、見事に敵方の地雷計画を頓挫させた。ランカスター公が豚の群れに城門の前をこれ見よがしに行き来させ、腹を空かせたレンヌの街がたまらず降伏を申し出てくる作戦に出たときは、キーキー声を上げる雌豚を一頭、跳ね橋を下ろすと同時に引いて出て、群れをひきつけた。豚どもは我先に橋を渡り、直後に橋は上げられた。

デュ・ゲクランは、レンヌの北西のディナンを拠点とする、援軍の小隊に合流した。弟のオリヴィエが停戦中、一杯食わされて捕虜になったと知らせを受けたのは、仲間がテニスに興じているのを眺めているときだった。カッとなったデュ・ゲクランは四〇キロ離れたランカスター公の陣営へと馬を飛ばし、公とジョン・チャンドス卿がチェスをしているところへ乗りこんでいった。公はオリヴィエを捕らえたイングランドの騎士、カンタベリーのトーマスを呼びにやった。カンタベリーが捕囚の正当性を決める決闘神判を要求すると、デュ・ゲクランは一も二もなく応じ、両軍が大挙して見守るなか、ふたりの英雄は長短の剣を手に馬に跨がり、戦った。カンタベリーが長い剣を落とし、デュ・ゲクランが馬から飛び降りその剣を拾い上げる。何とかデュ・ゲクランに追いつこうとカンタベリーがとばす馬をデュ・ゲクランがひと刺しして転倒させ、カンタベリーをがっちり押さえこむ。デュ・ゲクランをカンタベリーから（チャンドスとロバート・ノールズがこの男のために慈悲を請うた）引き離すのに周囲の者が割って入らなければならなかった。デュ・ゲクランは冷静さを取り戻し、その後、婦人たちを交えた宴席が設けられた。

ランカスター公は、レンヌを解放するならデュ・ゲクランよりも五〇〇人の弓兵を送りこむべきだと毒づき、その実、デュ・ゲクランに買収を持ちかけて寝返りを迫ったが、企みは失敗に終わった。それからまもなく、デュ・ゲクランは公爵にまんまと一杯食わせた。部隊に身を隠すよう命じておいて、捕虜になることを厭わないひとりの市民に、大規模な援軍が接近中とデマを流させたのだ。ランカスターが迎え撃とうと部隊を率いて出陣したすきに敵陣を占拠して戦利品をレンヌに持ち帰ったデュ・ゲクランは、晩餐用にワインをいくらか返そうかと公爵に伝言を送った。ランカスター公からは、招待するからともに飲もうという返事が返ってきて、デュ・ゲクランは招待に応じた。その晩餐の席で、イングランドの騎士のひとりが三本の槍で勝負をしようとデュ・ゲクランに持ちかけて挑発すると、再び決闘になった。デュ・ゲクランの槍は最初のひと突きで相手の鎧を貫通して肺に穴をあけ、男を鞍から転落させた。こうした馬上槍試合――デュ・ゲクランはレンヌの包囲攻撃が終わるまでに、さらにもう一度戦っている――は、包囲戦の単調な日々にトーナメントの彩りを添えて、活気づけるのだった。こうしたイベントのなかでも最も有名な一三五一年の「三〇人の戦闘」――大観衆の前で、選り抜きの三〇人のフランスの騎士が三〇人のイングランド、ガスコーニュ、ブルターニュの騎士を相手に戦った――に参加しなかったことを、デュ・ゲクランはきっと生涯後悔したに違いない。特に軍事的意義はなく、吟遊詩人、年代記作家など、伝説のような過去を信奉する者たちは、フランスの勝利に喝采を送った。

巨大な木製の攻城塔を登場させてレンヌを奪取する最後の試みが失敗に終わったランカスター公は、デュ・ゲクランのはからいで、城壁に旗を立てる間だけ街に入ることを許可され、なんとか面目を保つことで撤退に合意した。見事、首都防衛に成功したデュ・ゲクランは、シャルル・ド・ブロワの大盤振る舞いに与り、ラ・ロシュ＝デリアンの街と城主の地位を与えられた。

もうひとつの戦乱の地、ノルマンディ

ブルターニュが戦争という名の破壊行為に苦しんでいる頃、隣のノルマンディでも、ナバラとの戦いが勃発して、領地の荒廃がはじまった。フランス王とは血を分けた、悪王の別名で知られるナバラ王カルロス二世がフランス王に挑んだ戦争である。ピレネー山脈をまたぐ小国ナバラは特に脅威というわけではなかったが、カルロス二世はノルマンディにもかなりの領地を所有していた。そこにはパリから海へ出る要所を管領するセーヌ河畔の街々が含まれる。のちのシャルル五世（賢明王）、王太子シャルルは、ブルターニュのポントルソンに拠点を置くフランス王室軍の司令官を求めていた。ポントルソンはノルマンディとの境に近い。賢明なシャルルは、父や祖父の時代の旧弊な封建的召集制度を廃し、これを契約を交わして兵を雇うイングランドの制度にすでに全面的に切り替えていた。シャルルはデュ・ゲクランを推挙されると、重騎兵士と射手で総勢六〇名の部隊の隊長の座を提示した。デュ・ゲ

クランはシャルルの申し出に、自分が率いるブルターニュ人部隊を召し抱えていただきたいと応じ、結局、デュ・ゲクランともども、年二〇〇〇リーヴルトゥルノワでフランス王国に雇われることになった。デュ・ゲクランは、兵士たちの賃金にはいつもうるさく、支払いが少しでも滞ると国王本人に臆せずやかましく催促した。

それから数年、馬上槍試合や決闘を挟みながら、攻城戦、奇襲、反撃、そして急襲をとめどなく繰り返すうちに、デュ・ゲクランの評判は高まっていった。ある攻城戦では、王太子の面前で攻城梯子が倒され、堀のなかへ五〇フィート落下した。かかとをつかんで助け出され、息を吹き返すや、「砦は陥落したか？」と問いかけた。エドワード三世の大使、ウィリアム・ウィンザーに奇襲をかけて捕えたこともあるが、ロバート・ノールズに不意をつかれて自分が囚われの身となり、ウィンザーの身代金としてせしめた分を自身を解放するためにそっくり支払うこととなった。もっと大きなイングランドの部隊（約三〇〇名）を負かしたかと思うと、小競り合いのうちにまたもや捕囚の身となった。今度の相手はかつてデュ・ゲクランが捕虜にとったカルヴェリーのヒューだった。三万ポンドに上がっていた自身の身代金の支払いに、デュ・ゲクランは王太子の助けを求め、海を渡ってロンドンへ赴くことになった。ロンドンで囚われの身となっている国王ジャン二世の弟オルレアン公の署名が必要だったのだ。別の戦いでは、イングランドに勝利を収めたことでバナレットの身分を与えられ、下級の騎士の二倍の賃金、多くの従者、部下の兵を雇う権限、そして騎士階級を表す三角形の槍旗に代えて、誉れ高い四角形の紋章旗を掲げる資格を得た。

一三六三年までにデュ・ゲクランは、ノルマンディの半分を占めるコタンタン半島のほぼ全域から邪魔者——ナバラ兵、イングランド兵に加えて山賊など——を一掃していた。山賊のひとりは悪名高い首領のロジェ・ダヴィドで、市民による私刑から逃れるため、みずからデュ・ゲクランに投降し、シャルル・ド・ブロワに仕えることを約束した。この高潔な貴族シャルル・ド・ブロワは、デュ・ゲクランの魅力の虜になっていた。「貧しき民を愛し、その者たちが略奪されたり、不当な扱いを受けたりすることのないように」というシャルル・ド・ブロワの言葉を、デュ・ゲクランは骨身を惜しまず忠実に守った。そのため、たいした富は蓄えられなかったが、裕福な商人や高位の聖職者に対すると態度を一変させ、冷やかしたりからかったりしながら、しぼりとった。典型的な征服者の手口である。

一三六三年、シャルル・ド・ブロワの口添えで、デュ・ゲクランの結婚がまとまった。花嫁はずいぶん年下の、ティファヌ・ラゲネル。「三〇人の戦闘」の戦士のひとりの娘である。星占いで運命を予言することができる教養人で、美貌に定評があり、自分の名前を書くより早く剣を手に突撃するといわれる、無知なことでも醜い風貌でも評判の花婿とは、いずれも好対照をなしていた。

一三六四年初頭、デュ・ゲクランは、さらに大きな新たな権限を王室から授かることになった。国王ジャン二世はロンドンに居心地よく捕囚されたままこの世を去ったが、時代錯誤な騎士道精神に対する王の傾倒に、ロンドンでは実際的なエドワード三世も感服しきりだった。シャルル五世として王位を継いだ王太子は、屈強で利発さに欠けた父親とは正反対で、戦争で荒廃した祖国の統治にすでに腕をふるっていた。デュ・ゲクランの真価を熟知するシャルル五世は、彼を「カーンとコタンタン半島の初審裁判所(バイアージュ)の総司令官」に任命し、オルレアン公付きの次官として、セーヌ川とブルターニュとの間の領地を管轄させた。大半が軍事的にデリケートなパリ西方の地である。ナバラの悪王カルロス二世は、このところ鳴りを潜めていたが、再びフランス王家に対する敵意をあらわにしていた。ブルゴーニュ公という輝かしい称号をさらにひとつ加えたい悪王の鼻をへし折ってきたからだった。パリの安全のためにはマントとムランを中心とするセーヌ河畔の盆地を手中にするナバラ軍に打ち勝つことが不可避となっていた。

四月七日、日曜の朝、デュ・ゲクランは一計を案じてマントを占領した。配下の兵士一〇〇名を城門の外にひそかに待機させ、その日の最初の馬車を送り出すべく門が開くと、その馬車を押さえて門を開け放した。なだれこんだ兵士たちが街路へと散らばり、住民をパニックに陥れた。デュ・ゲクランが本隊とともに街に入る頃には、恐怖にうろたえた住民が城壁から飛び降りたり、セーヌ川に船を出して逃げ出したりしていた。ブルターニュからの侵入者たちは一刻も無駄にしなかった。年代記作家によると、デュ・ゲクランが「婦人と子どもは決して傷つけないことを街じゅうにふれまわるよう命じた頃には、すでに街は蹂躙されていた」。三日後、マントから逃れてきた人々が多数逃げこんだムランにデュ・ゲクランともうひとりの指揮官が強行突入した際にも、略奪は繰り返された。ブルターニュと盗賊(ブリガンド)は同じものを指す別名だと人口に膾炙(かいしゃ)しているのは、この二度のできごとによるところが大きい(1)。略奪されたもののなかには、未亡人となったブランシュ前王妃の宝飾品や金銭も含まれており、前王妃にはシャルル五世が慌てて賠償したとの記録がある。「われらが愛すべき忠実なる騎士、ベルトラン・デュ・クレイカン」がとった捕虜について書かれた文書だが、「われらが忠実な騎士にして侍従長、ベルトラン・ド・ゲスカン」と記した文書もある。

この攻撃は、厳密には停戦協定に反していた。カルロス二世は、自分は王族による武力侵略の犠牲者だと抗議をする一方で、壊滅的な打撃を与える可能性を秘めたある大胆な計画を企てていた。シャルル五世はランスで戴冠式を控えている。悪王はパリ西部に兵を集結させ、パリへ戻るシャルル五世の隊列に襲いかかって王を捕虜にする腹づもりだった。作戦を実行するため、キャプタル（ガスコーニュ語で、領主）・ド・ブッシュが雇われた。ポワティエの戦いでイングランドを勝利に導いた功労者のひとりで、誉れ高きガスコーニュの指揮官である。ブッシュは、ガスコーニュ、ノルマンディ、イングランドの兵士に加え、素性の知れない「山賊」三〇〇〇～四〇〇〇名からなる部隊をパリ北西のエヴルーに集結させた。デュ・ゲクランはコシェレルで部隊の行く手を阻み、両者は激しい戦闘を繰り広げた。デュ・ゲクランとブッシュが一対一で顔を合わせたこともある。ブッシュは鎚矛(つちほこ)の一撃でデュ・ゲクランの兜を破ったが、自身も落馬し囚われの身となった。イングランド人の副隊長、ジョン・ジョウエルは深手を負って命を落とし、部隊は完膚なきまでに叩きのめされたか、蹴散らされた。デュ・ゲクランは手を緩めることなくヴァロニェスの砦に攻め入ると、カルロス二世は敗北を認め、南部の名ばかりの補償と引き換えにノルマンディの所領を差し出すことに合意した。

押しつけられたならず者の新兵たちとともに

この年（一三六四年）、デュ・ゲクランはもうひとつ重要な戦闘に参加する。だが、こちらは結果がはかばかしくなかった。フランス王はもはやデュ・ゲクランに用はなく、シャルル・ド・ブロワが再びデュ・ゲクランを必要としていた。シャルル・ド・ブロワは、今はそもそもの宿敵の息子、ジャン・ド・モンフォールを相手に、依然としてブルターニュの継承をめぐる戦いで動きがとれずにいた。ブルターニュ南岸のオーレで両軍が相まみえたときには、若きジャン・ド・モンフォールにイングランドとガスコーニュの兵士と指揮官が加勢に加わり、サー・ジョン・チャンドスが、予備隊の投入に慎重を期せば苦しい戦いにも勝利を引き寄せることができると助言を与えていた。デュ・ゲクランは、シャルル軍の左翼を指揮していた。だが、最後まで抵抗を続け、負傷し、血を流しながら、再び囚われの身となった。もっと重大なのは、偶然にしろ、そうでないにしろ、シャルル・ド・ブロワが戦場で、捕虜にならず、命を絶たれたことだった。ブルターニュ継承戦争は、戦闘の結果というよりもブロワの死が勝敗を決した。敵のジャン・ド・モンフォールと違い、シャルルには世継ぎがなかったからである。

身代金が四万フローリンまで跳ね上がっていたデュ・ゲクランは、シャルル五世に助けを求め、コシュレルの勝利に対する報酬として与えられたロングヴィルの伯領を手放した。シャルル五世に異存はなかった。王はまたもやブルターニュの軍用犬を必要としていたのだ。しかも今度の任務は一筋縄ではいかない。前線で全域にわたって小康状態が広がったため、雇い主の見つからない兵士が徒党を組み、山賊さながら略奪を繰り返す多くの「傭兵隊」が領内を跋扈(ばっこ)していた。彼らは、一帯をうろつき、城を略奪することさえあり、領内各地を恐怖で支配した。各地の統治者は協力して立ち向かうどころか、侵入者に賄賂を渡し、土地から出ていくように伝えるほかに術もない。いわば不快で危険な戦争の遺産である。彼らを根こそぎにするには、本格的な兵力の投入が必要だが、それはシャルルの財力の限界を大きく超えていた。願ってもない解決策となったのが、ピレネー山脈の向こうで王権をめぐって起きた新たな内戦だった。カスティリヤ国王が生前遺した非嫡出子、エンリケ・デ・トラスタマラが、人望のない異母弟、残酷王ペドロの後継に異議を唱えたのだ。シャルル五世は、スペインに同盟国を獲得するメリットを見越し、何よりもならず者をフランスから一掃できると考えた。その首領たちをひきつけるのには、デュ・ゲクランの名前がうってつけだろうと考えた王の予想は見事に的中した。さる年代記作家の曰く、「件の傭兵隊、すなわち、イングランド人、フランス人、ノルマンディ人、ピカール人、ブルターニュ人、ガスコーニュ人、ナバラ人など戦いに明け暮れる男たちはフランス王国をあとにした」。

一三六五年冬、一風変わったデュ・ゲクランの部隊はピレネー山脈へ至る、くねくねと続く南フランスの道を進んでいた。ムーア人と戦うなどといった空々しい意図に敬意を表して、十字軍の十字を身に着けていたから、その姿は見る者の目にますます奇異に映った。アヴィニョンにいる教皇――ならず者を破門して駆逐する企みは何の成果も上げなかった――は、この遠征に祝福を与えたばかりか資金もたっぷり提供した。ただし、罪人は本来、許しを得るためには金を受け取るのではなく、支払うものだと、デュ・ゲクランに向かって皮肉をひと言、口にするのも忘れなかった。

デュ・ゲクランはならず者の新兵たちに、犯した罪を告白しつつ、同時に、戦利品は山分けしようと呼びかける演説をおこなったとされている。

「自分たちの胸の内を探ってみれば、われわれは魂が呪われるに十分なことをしてきた……。女を辱め、家を焼き、子どもを殺し、誰かれとなく人質にしては身代金をとり、他人の牛や羊を食らい、ガチョウ、豚、鶏を盗み、ワインを飲み干し、教会を荒らした……神の名において、異教徒たちに向かって進もうではないか！　……「私に従えば」おまえたちをひとり残らず豊かにしてやろう！」。

あの長身のイングランド人、カルヴェリーのヒューが、こう答えたと言われている。「ベルトラン、公明正大な兄弟にして同志よ！　騎士道の鑑よ。汝の忠誠と武勇ゆえに、私はつき従おう。私と、ここにいる全員が、汝とともにある」。

十字架を帯びているにもかかわらず、この部隊が近づくと、街はどこも門を閉ざした。市民は、部隊が通り過ぎるのを息をひそめて城壁から見守った。

作戦ははじめてみれば造作もなかった。フランスでの長年にわたる戦争で戦士たちは鍛えられ、装備も厳選されている。部隊は重騎兵または弓兵からなり、全員が騎乗している。重騎兵隊は数名の騎士と八〇～一〇〇名の従者で構成されることが多く、騎士と従者で武器や甲冑の違いはほとんどない。槍、剣、短剣、そして斧または鎚矛を携えているのが通例だ。板金甲冑と鎖帷子は組み合わせて着用されたが、依然、鎖帷子の使用が多く、胸当てや種々の小さな補強部品と組み合わされた。

重騎兵と違って、弓兵は下馬して戦ったが、行軍には馬を必要とした。装備は騎士や従者のものより軽いとはいえ、長距離を徒歩で運ぶには重い。開口部のある兜または鉄の帽子をかぶり、革に鉄製の円盤を縫い付けた袖の短い鎧用の下着（鎧下）を身に着け、剣、短剣、そしてイングランド式の長弓と矢、またはフランス式のクロスボウとクォレルのどちらかを携えていた。

重装備の侵入者を前にすると、守りの脆弱なカスティリヤの街は往々にしてあっさり降伏した。虐殺や略奪に遭うくらいならせめて平和裡に済ませることを望んだのだ。残酷王ペドロは都ブルゴスから逃亡し、エンリケ・デ・トラスタマラは王座に就いた。デュ・ゲクランはボルハ、およびマガジョンの伯爵に任ぜられた。

「よき神に仕えるすべての騎士のうちで最も評判がよい」頭領

部隊は大半がフランスへ戻り、やがて新しい雇い主を見つけた。ペドロは外国に助けを求めた兄にならって、アキテーヌ地方に古くからあるイングランド領の統治者で、最近はみずから征服に乗り出して、領地を広げているイングランドの黒太子（エドワード）を頼った。ビスケー湾岸のスペインの港という価値ある「特典」を差し出し、その上、遠征費用はすべて負担すると軽々に約束したのだ。黒太子は条件を受け入れ、一三六七年春、強力な軍の先頭に立ったが、その顔ぶれは二年前にピレネーを越えた部隊と大きな違いはなかった。デュ・ゲクランはゲリラ戦を強く推したが、会戦を支持するエンリケ・デ・トラスタマラがはねつけた。エンリケはナヘラで会戦を挑み、敗北を喫した。デュ・

黒太子。カンタベリー大聖堂、墓所の彫像。鎖帷子と板金甲冑の両方が確認できる。（英国環境省）

ゲクランは今度も最後の抵抗の先頭に立ち、エンリケの敗走を援護しながら、黒太子の捕虜になった。黒太子の配下のなかには、「ブルターニュの闘犬を放してはなりません」と、デュ・ゲクランの身請けを拒否するよう勧める声もあったが、カルヴェリーのヒュー、サー・ジョン・チャンドスらが、騎士道の伝統に敬意を表すよう主張して、黒太子はデュ・ゲクランに自身の身代金の額を言うように命じた。デュ・ゲクランはダブロン金貨で一〇万に決めた。王族を除けば個人としては前代未聞の額である。デュ・ゲクランは有力者を当てにしていたが、必要なら「私を奪還するため、糸巻の前にいるフランス中の御婦人がひとり残らず金を稼いでくれる」と豪語した。

救出の手はシャルル五世とシャルル・ド・ブロワの未亡人、ジャンヌが差し伸べた。デュ・ゲクランは、再び領地を手放し、一三六八年一月、アキテーヌの首都ボルドーをあとにした。胸のすく逸話をキュヴェリエが伝えている。自身や仲間の身代金を調達するためナヘラで捕虜になったデュ・ゲクラン配下のブルターニュの兵士一行が、ある宿屋に立ち寄った。宿の主人は最初、見るからに荒くれ者の客に迷惑そうに応じていたが、客がデュ・ゲクランについて話すのを聞くと、ふいに態度を一変させて肉のローストとワインを供し、あなたがたの頭領は「誰よりも欲がなく、礼儀正しく、うぬぼれてもいない、よき神に仕えるすべての騎士のうちで最も評判がよい」と絶賛した。そのときだ、デュ・ゲクラン本人が現れ、身代金と馬と装備に十分なフローリン銀貨を部下の者たちに与えたのだった。この一件を聞いた黒太子は、こう言ったという。「デュ・ゲクランを自由にした時刻をわれわれは呪うに違いない」。

じっさい、これを機にスペインでもフランスでもデュ・ゲクランの作戦はことごとく成功を収めていく。エンリケ・デ・トラスタマラは今もまだカスティリヤの王座へ望みを繋いでいたが、残酷王ペドロが黒太子と軽々しく交わした約束を守れなくなると、その望みが再び頭をもたげてきた。デュ・ゲクランは、一三六五年のときに比べて規模は下回るものの、十分な、新たな部隊を雇い、再びピレネーを越えた。ならず者を寄せ集めた兵士たちは、今度も臆面もなく十字架の印を着けていた。敵対する残酷王ペドロが教皇から破門されているからだというが、当の兵士たちもアヴィニョンの教皇領を通過する際の見苦しい振る舞いがもとで、新たに破門を宣告されているのだった。デュ・ゲクランはモンティエルでペドロの軍を打ち負かし、エンリケ・デ・トラスタマラは、偶然か意図したものかは不明だが、和平交渉の最中の乱闘で異母弟の命を奪った。デュ・ゲクランは、すでにモリナ公爵という中身のない仰々しい称号を与えられていたが、さらに仰々しく中身のない「グラナダ王」の称号も授かった。グラナダはムーア人にすっかり占領されていたのだった。一三七〇年、フランスに戻ったデュ・ゲクランの手には有り余るスペインの称号と乏しい財産しか残っていなかった。

逆転したイギリスとフランスの立場

シャルル五世は繰り返しデュ・ゲクランを召喚した。むしろ、うるさいくらいデュ・ゲクランを求めた。アラゴンの儀式王ペドロもサルデーニャへ遠征する先導役としてデュ・ゲクランを求めていたが、デュ・ゲクランが選んだのはフランスだった。デュ・ゲクランは仲間に次のように言ったという。「あの立派な部隊を与えてくださった国王陛下は、全員が首をくくられるところを見たいと思っておられたに違いない。しかし時代は変わった。……行こう。私はスペインの鎧を着ているが、下着はフランス製だ。下着のほうが鎧よりも、自分に近い」。

カスティリヤ遠征は休戦中の百年戦争に再び火を点けることになった。残酷王ペドロが約束の履行を怠ったことで財政に深刻な痛手をこうむった黒太子は、アキテーヌの臣民に五年にわたり、極端な重税を課すしか埋め合わせる術を知らなかった。ガスコーニュの有力諸侯のひとりで、そもそもフランスに友好的なアルマニャック伯爵は自身の領内での徴税を禁じ、エドワード三世に訴えた。訴えが不調に終わると今度はシャルル五世に訴えた。一三六〇年、ブレティニー条約を締結したシャルルの父はアキテーヌの統治権をエドワードに譲っていたが、ここへきてシャルルは冷酷に条約に背き、アルマニャック伯の領主として苦情に耳を貸したのだった。

エドワード三世と黒太子はともに病に侵され、妥協をするのもやぶさかではなかったが、シャルルは臨戦態勢で臨んだ。父も祖父も騎士道精神にあふれ、みずから鎧を着けて戦ったが、戦争の準備をしたことも開戦したことも一度もない。シャルルは鎧を身に着けるにはあまりに華奢だったが、戦争の準備を整え、開戦を渇望していた。過去の作戦を研究し、父と祖父が忠誠を尽くす騎士道の信条と真っ向から対立する結論に達していた。戦闘というものは、主導者を捕縛するか殺害でもしない限り、一寸先が闇であり至って実りの少ないものである。多大な犠牲を伴うこうした結果をシャルルは価値の高い自身が安全にパリに留まることで避けてきた。戦闘がもたらすもうひとつの損失、部隊が被る大きな痛手は、あきらかな数的優位がない限り戦場での戦闘を禁じることで回避してきた。おかげでイングランドが得意とする戦術、田園地帯一帯に大規模に奇襲をかけるシュヴォシェを思いのままにさせることになったが、教会を略奪し、村を焼き払う割にシュヴォシェは実は不毛な戦略だった。最終的に城や城壁で囲まれた街が持ちこたえれば、有為転変を知らぬものが何も手に入らないまま、襲撃部隊は海岸線の基地のどこかに戻らなければならない。城と街が確実に持ちこたえるようにするため、シャルルは歳入を確実にする税制改革に着手し、銃眼付きの胸壁を修復し、兵士（多くのクロスボウの弓手を含む）を訓練するよう軍制改革も断行した。とはいえ、王の戦略は防戦一点張りではなかった。敵が最近征服した地域と相続で手に入れた昔ながらの領地の双方に攻勢をかける考えを温めていた。それは一見壮観なシュヴォシェではなく、攻城戦を続けて、イングランド－ガスコーニュ連合軍および連合軍と同盟する勢力から順次、地域を奪い取るというものだった。貴重な財力の一部は高価な火薬に費やされ、敵方の城壁に向けて石の弾丸を放つ、青銅と真鍮製の新型大砲に振り向けられた。

こうして、戦争における昔からの立場は逆転した。革新的な軍の組織と概念を取り入れたかつてのイングランドは、今ではその場限りの破壊という不毛な（しかも、いかにも騎士らしい）戦略に身を委ねている。一方、臣従の契りにもとづいて兵を召集し、騎士隊の突撃を仕掛けたかつてのフランスは、今では戦闘を拒み、長い目で見た軍事的利益を追求する、騎士にそぐわない、騎士の心構えに背を向けたとさえいえる政策をとっていた。

今や最高軍事司令官の地位に上りつめて

一三六九年、シャルルの戦略は早くも試練に直面する。フランスがアキテーヌへ侵攻し、それを受けてイングランドが強力な遠征部隊を編成したのだ。新任のランカスター公――エドワード三世の四男で、シェークスピアの作品にも登場するジョン・オブ・ゴーント――が指揮をとり、部隊はカレーに上陸、アルトワからピカルディを経て内陸部へ侵攻した。部隊が通過したあとにはいつものように広漠たる風景が広がっていたが、街も城もすべてがもちこたえ、ランカスター公は、ノルマンディの海岸線に位置する脱出口と想定していたアルフルール（のちのルアーヴル）を奪うことすらできず、それればかりか、カレーまで撤退せざるを得なくなる。そしてカレーには翌年、デュ・ゲクランの旧敵、ロバート・ノールズ率いる新たな遠征隊が上陸した。ノールズは「山賊」としても年季の入ったベテランで、その上、資金に乏しいエドワード三世がフランスへ到着するまでの給金しか兵士に支払わなかったため、強引にでも食糧や金品を奪うしかなかった。行く先々で村々や修道院に貢ぎ物を要求し、応じないところからは強奪し、あるいは焼き払いながら、ノールズはパリが見えるところまで進軍した。

使える資金がアキテーヌの戦いですでに底をついていたこともあって、シャルルは王会の忠告に耳を貸さず梃子でも動こうとしなかった。しかし王会の抵抗を和らげるため、シャルルはある重大な決定を下す。フランスの王軍長（コンスタブル）として、ベルトラン・デュ・ゲクランを任命したのだ（一三七〇年一〇月二日）。かつては下級官僚の役職に過ぎなかったこの職は、今や最高軍事司令官にまで地位を高め、高位の貴族が務めるのが常であった。デュ・ゲクランはアキテーヌのふたつの街、サンティリューとブラントームで勝利を収めると、指揮下の小隊を甥のオリヴィエ・ド・モーニーに託し、パリへ急いだ。パリでは、そのような名誉ある地位に自分はふさわしくないといったんは辞退してみせる抜け目のなさも見せつけた。「国王陛下、皆様……私は卑しい生まれの男です。王軍長の職はあまりに高貴で畏れ多いものです……しかも、私の指揮下に入るのは、私よりも身分の高い方が多くを占めているのでございます。皆様方の御兄弟、甥御、いとこにあたる方もいらっしゃる――どうして私ごときがそのような方々の指揮をとることなどできましょうか」。王は、この点について心配は無用だと請け合い、王会の諸侯たちも同意した。デュ・ゲクランはもうひとつ、条件をつけ加えた。敵意に満ちた報告は、王軍長本人が申し開きをする機会を得るまで、鵜呑みにしないという約束を国王に求めたのだ。こうしてデュ・ゲクランは王軍長の印を受け取った。王から下賜(かし)される金の柄の剣である。しかもこの金の柄の剣は、部隊が勝ち取った戦利品についてたっぷりと分け前に与る権利も意味する。だがキュヴェリエの信憑性の高い一節によると、兵士たちの俸給がきちんと支払われることがデュ・ゲクランにとってもっと重要なのだった。

ノールズは西へ、ブルターニュへ向かってゆっくり撤退していた。デュ・ゲクランは、パリと近隣の街の住民から半ば強引に取り立てた急場しのぎの資金で募った一個小隊とともに、ノールズを追い詰める許しを取りつけた。軍資金には自身がスペインから持ち帰った食器ひと揃いを差し出した。カーンで夫と合流し、これからイングランド軍を追撃する夫と共にその食器で最後の食事をしたデュ・ゲクランの妻ティファヌが、宝飾品と銀器を差し出した。ノールズは、デュ・ゲクランが洞察した、自分より高位の人間を指揮する困難を身をもって経験していた。だからノールズの軍は二隊に分かれていた。自分が統率する先陣とトーマス・グランソンが指揮する後方部隊だ。デュ・ゲクランはルマンの南のポンヴァランでグランソンに追いついて不意を突き、命を取りとめた兵士を全員捕虜にすると、続けてふたつの街と要塞化された修道院を占領した。敵方で降伏の交渉に当たったのは、デュ・ゲクランの旧敵であり旧友でもあるカルヴェリーのヒューだった。翌年一月一日、デュ・ゲクランはパリに戻って国王に捕虜を差し出した。

その後の数年間、国王シャルルのもとでデュ・ゲクランは際立った戦果を挙げた。街も城も攻城戦、急襲、地雷、策略で相次いで陥落させた。胸壁のこちら側から脅しつけ、約束を交わし、忠誠心へ訴えかける澱みのない弁舌だけで敵が投降することもあった。一三七二年、エドワード三世がアキテーヌの守りを固めるため、ペンブルック伯の指揮のもと一大遠征隊を派遣したときは、一〇年近く前のカスティリヤ遠征が思わぬ恩恵をもたらした。いち早く海戦に火薬を取り入れたエンリケ・デ・トラスタマラの送りこんだガレー船隊がラロシェル沖でイングランドの船隊を敗走させ、ペンブルック伯を捕虜にとったのだ。伯爵の身柄はスペインの領地をエンリケに譲渡する見返りにデュ・ゲクランが手に入れ、身代金一三万ポンドはイングランドと同盟するフランドル伯領の首府ブルッヘ町議会の力添えを得て工面することをエドワード三世が請け合った。捕囚中にペンブルック伯が死亡すると法的問題が持ち上がり、ブルッヘ町議会は支払いを停止した。未払い分は結局、シャルル五世が肩代わりしてデュ・ゲクランに支払うことになった。

フランスの攻撃はさらに続いた。ポワティエ北西のモンコントゥルでは、スペインでデュ・ゲクランが作った債務が履行されていないと主張するイングランドの指揮官が、街の門の上にデュ・ゲクランの紋章入りの外衣を逆さに吊ってさらした。憤然としたデュ・ゲクランは包囲攻撃を仕掛けて街を降伏させ、その指揮官は同じ場所に吊るされるはめになった。ポワティエのフランスに好意的な一派が城門を開ける用意があるとの知らせを受けると、デュ・ゲクランは馬を飛ばし、間一髪、救援部隊とともに到着したサー・トーマス・パーシーの機先を制した。独立心の旺盛な海岸沿いの街、ラロシェルはイングランドが海戦に敗れて孤立していたが、策略によってイングランドの駐屯部隊を排除し、寛大な条件を受け入れた。

エドワード三世は「乾坤一擲の大勝負」に打って出るため、大規模遠征隊を新たに準備したが、逆風にくじかれ、解放を目指したシュルジェールの要塞はデュ・ゲクランの手に落ちた。一二月二日、王軍長デュ・ゲクランは捕虜を引き連れ、王族はじめ他の指揮官ともども厳かに再度パリへ入城する。ペンブルック伯に加え、サー・トーマス・パーシー、キャプタル・ド・ブッシュも捕虜の列に加わっていた。ド・ブッシュはシャルル五世が身代金の額を決めるのを拒んだため、亡くなるまでパリに幽閉されている。

一三七三年、デュ・ゲクランはアキテーヌに戻るとポワティエ南西のシゼを包囲攻撃し、援軍を罠にかけて降伏させ、その後シゼとシゼより大きな街、ニオールを占拠した。

エドワード三世は活路を再びシュヴォシェに求めた。今回はランカスター公が先陣を切り、ブルターニュ公、ジャン・ド・モンフォールが付き従った。またもやイングランドと同盟を結んだのだ。ランカスター公はカレーからロワールに至る広範な地域で略奪と焼き討ちを繰り返した。城と街は再び持ちこたえ、シャルルは今度も喊声をあげることを禁じた。デュ・ゲクランは決然と王を援護した。フロアサールによれば、王会に臨んだデュ・ゲクランはこのように述べている。「再びイングランドと干戈を交えることに異議を唱えるつもりはありません。しかし、［戦いは］有利に進めたい」。冬が本番を迎える頃、ランカスター公の部隊がフランスで最も荒涼とした地にあって、自分たちはにっちもさっちもいかないと気づき、しかも、兵士の半分と四分の三の馬を失い、これといった成果のないまま、満身創痍でボルドーへたどり着いたとき、王と王軍長の正しいことが実証された。

歴代のフランス国王とともに永久に眠る

公人デュ・ゲクランの栄光に、私人としての悲しみが翳を落とした。四四歳の妻、ティファヌが天に召されたのだ。シャルルのたっての願いでジャンヌ・ド・ラヴァール－タンテニアックと結婚するのは一年後、一三七四年のことである。ジャンヌはティファヌと同じくブルターニュ出身で、「三〇人の戦闘」の英雄を父に持つ。今回も一度目と同様、子どもはできなかった。何人か非嫡出子があるという説は遺言書で触れられていないことから事実ではないと思われる。

　一三七〇年代後半、南西部でまだ解放と征服が続いていた頃、ブルターニュとノルマンディは再び戦の地となった。ナバラの悪王、カルロス二世が再び、ブルターニュのジャン・

ド・モンフォールに加勢してイングランドと同盟し、デュ・ゲクランは両者に対処する必要が生じた。作戦は易々と進み、結果はブルターニュでは苦いものとなった。おそらくは広くデュ・ゲクランに向けられた歓迎ムードを見誤ったのだろう、賢明王シャルルが、後にも先にもこのとき一度きりだが、賢明とはいいかねる判断を下した（一三七八年一二月）。古来自立を通してきたブルターニュを王領に加えたのである。ブルターニュの人々は同盟相手としてならフランス王を好ましく思っていた。だが、君主として統治を委ねたいとは思ってもいなかった。ブルターニュの独立を守る同盟がレンヌで結成され、それまで人気がなかったジャン・ド・モンフォールがデュ・ゲクランに追いやられたイングランドから呼び戻された。シャルル・ド・ブロワの未亡人、ジャンヌでさえ、モンフォールを支援した。デュ・ゲクランをはじめ、ブルターニュ出身の忠臣がシャルルに譲歩を迫ったが、王はレンヌへ軍を差し向けると言って耳を貸さない。このときばかりは王軍長も王の命令を全うできなかった。なにしろブルターニュ出身の何百という数の兵士が部隊を去ったのである。デュ・ゲクランはブルターニュの入り口ポントルソンで引き返し、あらためて穏便な対応を国王に要請した。パリでは王領併合を支持する王家官僚たちがデュ・ゲクランに容赦ない批判を浴びせた。憤然となったデュ・ゲクランは王軍長の剣を王にお返しして、カスティリヤに戻りますと申し出た。シャルルは、カスティリヤではなく、ラングドックに行ってはくれまいかとデュ・ゲクランをかき口説いた。ラングドックでは、アキテーヌの戦いに介入した教皇の口添えで停戦協定が成立し、野に放たれた山賊部隊がうろついていた。麾下の部隊からあてつけがましくブルターニュ出身者を排除したシャルルに、デュ・ゲクランは抗議の弁舌をふるった。

「陛下、私は何度も戦ってきました。フランスで、スペインで、戦闘、襲撃、鉢合わせ、そして都市の包囲戦で……。立派な隊長が大勢いて、……大層力になってくれました。その者たちが陛下の命により遠ざけられた今、私は力の大半を削がれた思いがいたします……。陛下、この上なくへりくだってお願いいたします。どうかブルターニュ公と和平を結んでください。あなたがおこなったあらゆる征服において、かの地の戦士たちは大いに力になってくれたのですから」。

ベリー公に加勢して、イングランドとガスコーニュの略奪者の砦、シャリエを落とし、その後、メンドとルピュイの間にあるシャトー・ヌフ・ド・ランドンを包囲したデュ・ゲクランは、そこで「熱病」にかかった。中世の陣ではよくあることだった。命の炎が燃え尽きようとしていることを感じたデュ・ゲクランは、昔懐かしい大勢の従者たちを思い浮かべ、自身の魂のための祈りの言葉を囁きながら、遺言を口述筆記させた。亡骸はディナンのジャコバン派の教会に埋葬してほしいと希望を伝えた。ティファヌが眠る教会である。翌日、王軍長の剣を持ってこさせると、デュ・ゲクランは言った。「この剣にもっと活躍の機会を与えることのできる人間がいたのかもしれないな。陛下に伝えてほしい、もうお仕えできないことをではなく、もっと忠誠を尽くせなかったことを深く悲しんでいると」。

一三八〇年七月一三日朝、デュ・ゲクランは包囲戦の前線から騎士たちを呼び寄せて、別れを告げた。「私は残念で仕方がない……おまえたちひとりひとりの功績を陛下に奏上しないまま、旅立つことが」。そして最期の禁止命令を付け加えた。「肝に銘じておけ。おまえたちの相手は、武器を持った者だけだ。聖職者、貧者、婦人、子どもは、戦うべき相手ではない」。

デュ・ゲクランがキリストの磔刑（たっけい）の像を両手で握りしめて息を引き取ってまもなく、イングランドの隊長がやってきて街を明け渡すことを告げ、永久（とわ）の眠りについたデュ・ゲクランの前にひざまずくと、埋葬布の上に城塞の鍵を置いた。

デュ・ゲクランの遺体は近隣のピュイアンヴレーで防腐処置が施されたあと、内臓はその地で保存され、亡骸はブルターニュへと向かった。通過する街々は敬意を表し、人々はひざまずいて棺台を見送った。礼拝がおこなわれた街や村は数知れず、ルマンやシャルトルの大聖堂で催された葬祭の儀式は国王のそれに引けをとらない。ディナンが所持できるのは英雄の心臓に限るとシャルルが勅令を発したため、葬列はパリが終点となり、デュ・ゲクランは歴代のフランス国王が眠るサンドニ大聖堂に埋葬された。墓碑銘は次のように刻まれた——

「貴き男ここに眠る。ベルトラン・デュ・ゲクラン卿、ロングヴィル伯にしてフランス王軍長、ジヴォーダンのランドンの城で斃（たお）れ、ボーケアの執事長の館にて没す。一三八〇年七月一三日。この者のために神に祈り給え」。

三ヵ月後、シャルル五世も世を去った。父と祖父の代に失った領地はカレーを除いてすべて奪還され、ガスコーニュとギュイエンヌの古来のイングランド領は、バイヨンヌとボルドーの飛び地を遺すだけとなった。ブルターニュは再びフランスに接近し、イングランドとの戦争は公式には終結に至っていないものの、人々の肩にのしかかる戦争税が引き金を引いたワット・タイラーの乱が先触れとなって、休戦状態のまま次の世紀を迎えることとなった。

騎士の時代の晩鐘の音

ベルトラン・デュ・ゲクランはおそらく、一四世紀の実在の人物がなり得た、真の騎士だといえるだろう。卓越した戦士であり、生来のリーダーであると同時に「誰よりも礼儀正しく」「誰よりも欲のない」騎士という評判は、その並外れた人気からも確かなものと思われる。当のデュ・ゲクランは以下のような自己評価をしていたといわれている。「手にした財宝や領地はいっさい手元に残さず、信じて務めたものにすべてを捧げた貧しい男」。

ベルトラン・デュ・ゲクランの長い経歴を見ると、戦争と騎士道精神の双方に変革をもたらした一四世紀の意義深い流れが読み取れる。幼少の頃から訓練を受けていたにもかかわらず、騎士に叙されたのはようやく三四歳になってからで、しかも、戦場で華々しい活躍を見せたあとのことにすぎない。軍役奉仕はもはや臣下として主君の求めに応じておこなうのではなく、プロの兵士として、法と契約に則り、定期的な支払いを受けている。しかも傭兵隊の隊長として支払う立場でもあった。デュ・ゲクラン麾下の鍛錬された「山賊」部隊は、後世におけるプロの常備軍の先駆者だった。

いわゆる「重騎兵」——鎧を着て馬に乗り接近戦を行う戦士——のなかで、騎士は依然として精鋭としての地位を保っていたが、数の上ではすでに従騎士に大きく引き離されていた。従騎士は同じような装備ながら、費用は半分ほどで済んだのだ。さらに、遠距離の敵と戦う、弓手やクロスボウの戦士などが、競争相手として見過ごせない存在になってきた。こうした射手は、自前の比較的軽い鎧を身に着けるようになり、戦闘はそれまでと同様に徒歩でおこなっていたが、戦場や攻城戦の現場への行き来には馬を使った。一四世紀の初頭には、弓手や歩兵の軍事的価値は、馬に乗った騎士の一〇分の一しかなかった（有名なことわざに、騎士一〇〇人は歩兵一〇〇〇人の値打ちと言われる）が、デュ・ゲクランのアキテーヌでの作戦における馬上のクロスボウの弓手は、騎士の賃金の三分の一から半分の額の支払いを受けていた。これは従騎士のそれにほぼ匹敵する。かつてのような歩兵は、さしあたり、影を潜めた。

また、火薬を使う砲手の出現が、さらに小さいながら軍事的、社会的変化を促した。真鍮、青銅、そして鉄の大砲は、一般の職人によって作られ、操作も彼らに任されていた。こうした職人は王室権力に直々に仕え、おかげで新しい武器は昔ながらの軍人階級である騎士や貴族の手の届かないものとなった。

見方を変えれば、かつては騎士が一手に引き受けていた軍事的役割は、その担い手のすそ野が広がり、並外れた能力を有する者が軍人として（また文民として）その地位の頂点まで上り詰める道が開かれつつあった。デュ・ゲクランの経歴からはそうした事の次第が見て取れるのである。

最後に、揺籃期にある愛国心へのデュ・ゲクランの訴え――イングランドでもフランスでも人々の共感を呼んだ愛国心への訴え――には、近代ヨーロッパ国家が誕生する心理的基盤をなした国民意識の端緒を見て取ることができるのかもしれない。その流れはとりもなおさず、騎士の時代の幕引きへと向かうものだった。

原注

（1）ブリガンドという言葉には、もともと軽蔑的なニュアンスはなく、着用している鎧の種類、ブリガンダインから、特定のイタリア人傭兵を指した。

第八章　一五世紀のイングランドの騎士
サー・ジョン・ファストルフとパストン家

　フランスとの戦争に従軍したことでいかに多くの貧しい男たちが貴族になったかを、われわれは今、目の当たりにしている。ある者はうまく立ち回り、ある者は腕力で、まるある者は武勇をもってその身分を手に入れ、そして……人を気高くする別の美徳によって貴族となった者がいる。――ニコラス・アプトン『*De Studio Militari*（軍隊研究）』

　また最近では、……戦士として適格とされるには、放火、教会に対する窃盗と権利侵害、さらに聖職者の監禁などができなければならない。そのため、今日の騎士たちは、かつての英雄に与えられた栄光や称賛を手にしていないし、その行ないを一点の曇りもない善とすることは、決してできないのだ。

――オノレ・ブーヴェ『*Tree of Battles*（戦闘の木）』

　サー・ジョン・ファストルフ、彼はすこぶる賢明で勇敢な騎士とみなされた……。

――ジャン・ワヴラン・デュ・フォレスタル『*Anciennes chroniques d'Angleterre*（イングランドの古代の記）』

父はエドワード三世の「二級の供人」

サー・ジョン・ファストルフの名前は、いくつかの異なる側面から知られている。百年戦争の「ニシンの合戦」と呼ばれるマイナーな戦闘で、イングランドを勝利に導いた腕の立つ司令官として、パテーの戦いにおいて大敗を喫した指揮官のひとりとして、「焦土作戦」の要点をまとめた著名な覚書を作成し、政府に提出した人物として、パストン家の書簡の相手および登場人物として、そしてシェークスピアが風刺をきかせて描いたフォルスタッフのモデルとして。軍隊が職業軍人のものとなり、中世の騎士が衰退する戦争の進化を説明するとき、その経歴が、デュ・ゲクランの経歴の次に来るものと見なされることもあるだろう。

ファストルフは、有能かつ勇敢な兵士ではあったが、ウィリアム・マーシャルやデュ・ゲクランと異なり、詩人や伝記作家を触発して空想をかきたてる魅力に欠けていたうえに、秘書が作成した「言動」の記録は失われていた。にもかかわらず、法的文書、書簡、年代記などから伝記的情報の要点の多くを拾い集めることができるのは、中世後期の識字率や文書作成技術の向上によるものである。

ファストルフが、前の時代の大多数の騎士と違っていたのは――一五世紀になる頃までには、前例がないわけではなかったが――、あきらかに中産階級の出身だったことだ。祖先は、ノーフォークの港町、グレート・ヤーマスの裕福な商人で、祖父、アレクサンダー・ファストルフは船主だった。父、ジョン・ファストルフが妻にしたのが、地方の領主の娘で、やはり地方領主だった夫と死別した女性だったことから、下級貴族の仲間入りをした。そして国王エドワード三世一家の従者になった。つまり、騎士、従騎士、護衛官からなる二級の供人(ともびと)の一員になったということである。アレクサンダーの遺産として相続したノーフォークの荘園のひとつが、ノリッジの四〇マイル東に位置するケイスターの荘園だった。

息子のジョン・ファストルフは一三八〇年、ケイスターで生まれた。三年後に父が亡くなると母は、ノーフォーク公の祖母一家の従騎士と三度目の結婚をした。ジョンはこの公爵のもとで教育を受けた可能性もある。デュ・ゲクランや多くの以前の騎士たちと異なり、ファストルフは読み書きに堪能で、晩年は、リウィウスの『カエサル』ほか四編の歴史書、英訳されたウェゲティウスの戦争技術についての論文、二編の物語詩を含む二五編の写本を有する図書室さえ入手していた。また、数字にも明るく、すぐれた実業家でもあった。

一四〇一年、ファストルフは成年に達したが、取りまく環境はつましいものだった。ケイスターの二ヵ所、六マイル北西のレップスの一ヵ所の荘園から、毎年ささやかな収入(四六ポンド)があった。従騎士となり、国王ヘンリー四世の二男、ランカスター家のトーマスの供につき、ランカスターが、アイルランド総督に任命されると、現地へ随行した。その地で一四〇八年、ファストルフは結婚をしたが、将来を見据えた賢明な結婚だった。相手はミリセント・ティップトフト。一二歳年上だが下級貴族の娘で、ヨークシャーとウィルトシャーに所領をもつサー・スティーヴン・スクロープの未亡人だった。その領地からの収入、年二四〇ポンドが、生涯ファストルフのものになった。

インデンチュアという名の契約を取り交わす兵役制度

ファストルフがフランスの地でイングランド王に仕えたのが正確にいつからなのかは、わかっていない。秘書として長年仕えたウィリアム・ウスターが書いた伝記で、わずかに残っているのは、主に一四一二年から一四四〇年に引退するまでファストルフが務めた職の一覧表である。この資料から、ヘンリー四世の治世の最後の年に当たる一四一二年、ファストルフはボルドーの街と城の副長官（デピュティ・コンスタブル）の職にあり、一四一三年には別のガスコーニュの城の長官（ガヴァナー）になったことがわかる。一四一五年、ヘンリー五世のノルマンディ侵攻を機に、百年戦争は第二の大きな局面に入った。三五歳になり、依然として従騎士だったファストルフは、重騎兵一〇名、弓手三〇名の部隊の指揮官として軍務に就く契約を結んだ。

インデンチュアの制度は、百年戦争の早い時期にイングランドで採用され、ファストルフがこの契約を交わす頃までには定着していた。傭兵――大多数が外国人の騎士――は、ノルマン征服以来、イングランドで使われていたが、賃金を払って母国の兵士を雇うのは、一三世紀後半のウェールズ戦争のためにエドワード一世が導入した新しい制度だった。しばしば支払われる軍役免除税と、いやいや果たされる軍役に王位を託すことに終止符を打つ、見事な政策であることが証明された。イングランドでの封建制度に基づく兵の召集は、一三二七年に王位を追われたエドワード二世がスコットランド戦争のためにおこなったものが最後だった。その後は、契約書を交わすインデンチュアが、標準になる。

この新しい制度のために、議会が黙諾する形で動産税などが充てられたが、特筆すべき財源は、イングランドの羊毛に対して海外の輸入者が支払う輸出税だった。当初の年季奉公契約は、あきらかに口頭のもので、直臣（バロン）との間に結ばれた。その直臣たちが、請け負った軍務の一部を下請けさせる形で、新たに雇う兵と契約を結んだ。現存する最古の文書による下請け契約は一二八七年の日付の、ウィグモアのウェールズ辺境伯、エドマンド・モーティマーとヨークシャーの領臣（テナント・イン・チーフ）、ピーター・モーレーとの間に結ばれたもので、ピーターが持ちこむべき複数の馬、その喪失時に彼が受けるべき補償が具体的に細部にわたって記されている（「三肢が黒、一肢が白のものは六〇マーク……もう一頭の黒馬で二肢が白いものは三〇マーク……鹿毛（かげ）一八マーク……栗毛一八マーク……ぶち一四マーク……荷馬一〇〇シリング……」）。(1) のちに、契約書には一定の形式が成立し、構成部隊の人員数とその地位が明記されるようになる。旗騎士（バナレット）か、騎士か、従騎士か、騎馬の弓手か、あるいは歩兵の弓手かという具合だ。任務に就く期間と場所、賃金と報奨金、費用、喪失した馬の補償が記された。さらに「戦争利益」つまり、獲得した土地、城、捕虜、そして宝飾品、金属の食器類、硬貨といった戦利品の譲渡についても明記されている。

一四一五年、イングランドの有力諸侯は、フランス王位の継承権を要求していたヘンリー五世が休戦中のフランスに侵攻するため、軍勢を提供する契約を交わした。フランス王シャルル六世が精神を病み、ライバルのオルレアン公派とブルゴーニュ公派が対立を繰り返すなか、絶好の機会が訪れたのだ。最大規模を誇る部隊を提供したのは公爵、伯爵だった。クラレンス公トーマス〔訳注・かつてのランカスター家のトーマス。一四一二年クラレンス公に叙されている〕が重騎兵二四〇名、弓手七二〇名、グロースター公ハンフリーが重騎兵二〇〇名、弓手六〇〇名、アランデル伯トーマスはそれぞれ一〇〇名、二〇〇名、以下、重騎兵四〇名、弓手八〇名を引き連れたソールズベリー伯まで続く。下級の貴族は小規模な部隊を提供する契約を結んだ。二〇名を超える重騎兵を擁する部隊は「大部隊」で、一四一五年の時点で大部隊はすべて、身分が騎士より上の者が指揮に当たっていた。それより規模の小さな部隊を率いる五二名の指揮官――ファストルフもそのひとり――は、重騎兵三名から一九名の部隊と雇用契約を結び、さらに弓手一、二名とおそらくは従者一名につき数名の兵卒と個別契約を結んだ。このクラスの指揮官は騎士が大半を占めていたが、ファストルフを含めて一六名は従騎士だった。個別契約の兵卒は、ほぼ全員が従騎士である。重騎兵と弓手は、およそ一対三の割合で配備され、隊員はたいてい誰もが騎乗していた。ただし、戦場では、一部は歩兵として戦った。

砲兵隊は、一四世紀に登場するが、独自の組織をもっていた。フランスと同様イングランドでも、大砲には専門家(マスター)が配置された。中産または下層階級から徴用された職人である。国王は隊の監督を雇い、その者が騎士でなければ、通常、騎士に叙任し、鋳造所と武器庫の運営に当たらせた。砲手たちと契約を交わし、戦場でその指揮を執ったのも監督である。

部隊の点呼は、上陸した港でおこなわれ、そこで、給与支払担当者ひとりを含む王の事務官が、戦力と構成を書き留めた。作戦の最中にも同様の点呼がおこなわれ、戦闘に参加、不参加の日付が注意深く記録された。

部隊での任務期間は、三ヵ月、半年、九ヵ月、九一年、二年、あるいは無期限だ。戦いの地はブルターニュ、アキテーヌ、あるいはノルマンディと指定され、変更がある旨付記されていることもあった。賃金は階級ごとに違いがあり、たいていは「戦争時の慣習にしたがった額」。普通は上陸する港に指揮官が到着するのに合わせて三ヵ月分を前払いする。報奨金もまた条件を具体的に記すのが習わしだった。たとえば重騎兵三〇名の部隊による三ヵ月の軍役には、三ヵ月ごとに一〇〇マークを支払うというように。上陸する港には隊の馬を査定する特別に訓練を受けた国王の事務官一名と騎士ひとりが配置されていた。馬を失った場合に補償をするためだ。人馬は国王が費用を負担して海を渡り、帰国することが取り決められていた。遠征に帯同を許された馬は伯爵が六頭、バナレットは五頭、騎士は四頭、兵卒は三頭、そして騎馬の弓手は一頭である。

戦利品の分配についても契約書は詳細に取り決めている。当初国王は、「戦争利益」を契約を交わした指揮官に与え、戦略上最重要な城、土地、最も地位の高い捕虜のみをみずからに確保して、それらを奪って、あるいはとらえてきた者に「相応の報酬」を約束した。指揮官が、自分が契約した者たちが戦利品を山分けする場に加わるのは古くからの軍隊の慣習で、取り分は三分の一が通例だ。一四世紀半ばくらいからは、この三分の一の三分の一に加え、自分が奪ったものの三分の一を王に支払うのが指揮官の習わしとなり、王には全戦利品の「九分の一と三分の一」がもたらされることになった。(2)

残忍で容赦ない戦術が思い切って遂行される中世の戦闘

ファストルフが軍隊に籍を置いていた時期――一四一五年から一四四〇年にかけての四半世紀――、鎧(よろい)は進化を続けていた。引退したファストルフが所有していた鎧のリストには、ホーバージョン（昔のホーバークの短いタイプ）三着、（前後）六組の胴鎧、数組の鎧下、六着の鎖帷子(くさりかたびら)、二四点の面頬(めんぼお)がついた兜(かぶと)とついていない兜、そして腿当て、肩当て、脛当て、その他さまざまな板金がある。一五世紀半ばまでには、ホーバージョンが広く着用され、下には、毛または麻のジュポンをつけていた。これも昔の鎧下の短いタイプで、中綿入りで袖はなく、背中をひも、または最新の留め具だったボタンで閉じて体にぴったり沿わせて着用した。甲冑(かっちゅう)の製作で時代の最先端を行くミラノでは、板金甲冑のひとそろいは以下のようなものである。曲面をつけたウエスト部までの長さの胸板の下辺に少し重ねるように、腹部(ブラッカート)を覆う板金をストラップとバックルで留めつけ、背面を覆う同様の上下の板金を肩のストラップとウエストのベルトで胸板と一体化した胴鎧に、肩当て、腕全体、腿、そして下脚部の前後を守る板金を加え、小手は昔の砂時計型のグローブか新しいミトン型で、手首に一ヵ所、指の上に二ヵ所関節があった。そして蝶番つきの面頬がついたバシネットをかぶる。盾は一五世紀中頃には、騎馬による戦闘から、事実上姿を消していた。

一四一五年の輝かしい短期作戦では、ファストルフは戦士としても指揮官としても活躍し、戦術に長け、管理者としても尊敬される隊長であることを示した。ファストルフは、遠征軍の上陸地点であるセーヌ河口のアルフルールでおこなわれた短期の攻城戦に参加し、アザンクールの大勝利（統制のとれたイングランドの弓手が、愚かにも時代遅れの封建的な軍隊に立ち返った敵に対し、クレシーでの勝利を再現した）で頭角を現した。アザンクールの戦闘は、典型的な中世の戦闘だった。残忍で容赦ない戦術が思い切って遂行され、若いオルレアン公をはじめ、高位の人々が捕囚、あるいは虐殺された。とはいうものの、中世の戦闘の例にもれず、戦況にはほとんど影響を及ぼさなかった。ヘンリー五世は、アルフルールに駐屯部隊を残してイングランドへと撤退し、ファストルフはこの部隊の指揮官のひとりとして残った。二年後、ヘンリーがノルマンディ征服にとりかかると、ファストルフはカーンとルーアンの攻城戦に参加し、カーンの南のコンデ・シュル・ノワローの長官となる。その年、三七歳でファストルフはとうとう騎士に叙された。

一四一八年、パリが制圧され首都がブルゴーニュ軍の手に落ち、翌年、ブルゴーニュ公ジャン（無畏公）がオルレアン派とアルマニャック派に暗殺されると、新しい公爵はそれまで

15世紀の板金甲冑。聖ゲオルギオスとドラゴン。（ボドリアン図書館、MS. AUCT. D. INF. 2. II, F. 44）

密約だったイングランドとの同盟を公にした。パリ制圧で重要な働きをしたひとりであり、半独立国を治める強力な公爵の支持は、束の間だが、局面をヘンリーに有利に傾けたかに見えた。一四二〇年に調印されたトロワ条約が「二重王国」の基礎を形成し、ヘンリー五世はシャルル六世の娘と結婚して、その息子がイングランドとフランスの王位に就くことになった。イングランド軍は、招かれてパリの内郭、バスティーユに駐屯することになり、サー・ジョン・ファストルフが長官に任命される。二年後、ヘンリー五世が赤痢を患って死去すると(一四二二年八月)、幼いヘンリー六世があとを襲い、先王の有能な弟であるベッドフォード公ジョンが摂政を務めることになった。ファストルフはベッドフォード家の騎士団長に選ばれた。

戦争で稼ぎ、代理人に託して運用する

フランス北部の征服が進むなか、ファストルフはノルマンディの総督として役目を果たし、一四二三年には、戦闘最前線の地であるアンジューとメーヌの長官に任命された。同年遅く、ファストルフはパリ北東、ヴァロワの要塞奪回のために派遣され、パシー゠アン゠ヴァロワ城を占領して長官のギヨーム・レモンを捕虜にとったが、その結果引き起こされた一連のできごとからは、複雑な身代金制度と身代金追求のために騎士が見せた執念深さをうかがい知ることができる。レモンはルーアン城に連行され、ファストルフの責任で拘束されていた。ただし当のファストルフはメーヌへ向けて侵攻を続け、ルマンの北にあるボーモン－ル－ヴィコントを占領する戦闘に参戦中であった。その間に、パシーの北の要衝、コンピエーニュが再びフランスに占領される。ベッドフォード公はこれを奪還するため戦力を結集したが、街は包囲攻撃に耐えていた。そこでベッドフォードは戦略をめぐらせる。守備部隊の多くが、かつてレモンのもとで働いていたので、ルーアンからレモンを連行して、コンピエーニュの城壁の下を首に縄をかけて歩かせ、レモンの命と引きかえに降伏を呼びかけたのだ。守備隊は降伏し、レモンは解放されて、身代金支払いの義務も免除された。これには、ファストルフは補償を求めた。事態を複雑にしたのがパシー－アン－ヴァロワ城を占領した時点で、レモン自身に拘留されていた複数の外国人商人の存在だった。その者たちはレモンの捕虜からファストルフの捕虜になり、商人のうちのふたりが、グループ全体の身代金支払いの保証人となることに同意していたのだ。ひとりは、ファストルフがみずから指揮をとるバスティーユに、もうひとりはパリの司祭の監獄、シャトレに拘留さ

街の包囲戦。15世紀の『イングランドの年代記』より。（英国図書館、MS. ROYAL I4 E IV）

れていた。捕虜たちはパリ議会に嘆願書を提出した。訴訟と対抗訴訟、管轄争いに四年が費やされたのち、やっと主張が認められたとはいえ、ファストルフは、ギヨーム・レモンを失った損失は決して穴埋めされていないと感じていた。三〇年経ったのちもまだ、ファストルフは王に補償を請願していた。

一四二四年、ベッドフォード公はメーヌ征服の完了に向けて、ルーアンに隊を集結させた。八月、南に行軍したイングランド軍は、シャルトル北西のノルマンディとの境界上、ヴェルヌイユの街はずれの原野でフランス軍と遭遇した。ウィリアム・ウスターによると、ファストルフは「ヴェルヌイユの戦いで、フランス王国摂政のジョンによってバナレットに叙された」。戦闘の前かあとかについては明記されていない。ウスターによると、この「第二のアザンクール」において、ファストルフは「勝利して、およそ二万マークの戦争利益を獲得した」。もうひとりの指揮官、ウィロビー卿とともにファストルフがあげた目覚ましい戦果は、のちにジャンヌ・ダルクの気に入りの戦友となる若いアランソン公の捕囚だった。王家の血筋を引いていたため、アランソンは摂政ベッドフォード公に引き渡さなければならなかったが、ファストルフとウィロビー卿は見返りに、それぞれ五〇〇〇マークの「相応の報酬」を約束される。しかし、ふたりが受け取ったのはじっさいには一〇〇〇マークだった。アランソンは三年かけて身代金を集めたが、その金がベッドフォードによって留保されていたのはあきらかである。ファストルフは二五年後、ベッドフォードの財産を要求する訴えを起こし、ウィロビーの未亡人にも同じく訴訟を起こすよう進言した。

取り立ての問題はあったにしても、ファストルフは戦争で利益を上げた。一四二四年一一月、ファストルフはベッドフォードとの契約に署名をした。去る聖ミカエル祭（九月二九日）を初日とする「まる一年間、（自身を含めて）八〇名の重騎兵と二四〇名の弓手を擁する部隊」の指揮官を務める契約である。部隊は、メーヌ州とその境界地方「およびフランス王国内のいずれの地であれ、当該摂政卿の意思により命ぜられる地域の征服に従事するもの」とされていた。

賃金は明記されている。「重騎兵の指揮官を務めるバナレットには、イングランドの通貨で一日四シリングスターリング、同様に指揮官を務める下級勲爵士には、二シリングスターリング、重騎兵、一日に一二ペンススターリングに加えて慣習的な報酬、弓手それぞれに、上記の通貨で一日六ペンス……。なお、これらの賃金は最初の点呼の日をもって起算されれ」、六週を一期間として二期間分を前払いとし、その後三ヵ月ごとに前払いで支払われる。「そして上記摂政卿は、上記指揮官（ファストルフ）の戦争利益の三分の一、および、その供の者が戦争利益より指揮官に支払うことを義務づけられている三分の一の三分の一を、捕虜、戦利品、その他獲得されたあらゆるものについて、手にするものとする……。また上記指揮官は、当該期間中みずから、および供により捕えた捕虜をみずからのものにすることができる。ただし、王、大公は例外なく、また王の子息……その他王家の血筋の指揮官並びに人員……はそれぞれ皆、上記摂政卿に属するものとし、摂政卿は相応の報酬を、これらを捕えた個人または複数の者に支払わなければならない……」。ファストルフは見返りとして国王と摂政に仕えること、そして「知り得るかぎり最良の作法で、あるいは摂政が命じるであろう方法で、隊員を働かせる」ことを約束した。

続く作戦の成功は、ファストルフに負うところが大きく、ファストルフの運命も、その作戦に負うところが大きかった。一四二五年八月ルマンを降伏させると、ファストルフはサフォーク伯のもと街の副長官（リユーテナント）になった。九月には、ルマンの西のシレルギョーム城を陥落させ、シレルギョーム男爵位を授かった。翌年ファストルフは、めったにない新しい名誉を勝ち得る。ガーター騎士団員に任命されたのだ。

ガーター騎士団は、アーサー王の円卓を模し、イングランドのエドワード三世によって一三四四年に創設された、最初の「世俗騎士団」である。武勇に報い、騎士道に栄光を与え、騎士団の後援者と団員資格を授けられた者との絆を創出するために、多くの名誉上の「世俗騎士団」が設立されたが、短命のものもあれば何世紀にもわたって続くものもあった。各騎士団の創設者はそれぞれ、スター騎士団がフランス王ジャン二世、ポーキュパイン騎士団がオルレアン公、エルミンがブルターニュのジャン四世、ドラゴンがルネ・ダンジュー、ゴールデン・シールドがブルボン公ルイ、金羊毛（ゴールデン・フリース）騎士団がブルゴーニュ公などである。ガーター騎士団の団員資格は、王と二五名の騎士に限られていた。当初の団員はひとりを除いて全員、フランスで軍務に就いた指揮官（デュ・ゲクランの往年のライバル、ランカスター公ヘンリーやサー・ジョン・チャンドスも名を連ねる）で、二五名のうち二三名がイングランド人だった（ふたりの外国人のうちひとりは、これもデュ・ゲクランと戦ったガスコーニュのキャプタル・ド・ブッシュである）。

ファストルフは利益の蓄積を続け、それをノルマンディにいたイングランド人の代理人または、パリのイタリア人商人を通じて、イングランドのふたりの代理人に送っていた。ひとりはもともとノリッジ出身で、ファストルフ家とゆかりの深いロンドンの食糧雑貨商であり町議会議員でもあるジョン・ウェルズ、もうひとりは聖職者のジョン・カートリングで、イングランドにあるファストルフの荘園からの収入と戦争での収益を管理していた。ふたりはファストルフの銀行家兼ブローカーとしての役割を果たし、資金が長期にわたって手元にあるときには、年五パーセントの金利をファストルフに支払っていた。パリ、ロンドン、グレート・ヤーマスの他の商人たちもまた、ファストルフに資金を委託されている。そうした投資は一時的なものだった。長期的には、ファストルフは同僚の指揮官と同じように、資金を土地、家具、宝飾品、そして銀器に注ぎこんだ。

聞き捨てにされた進言と、「臆病なおどけ者」

国内の政治問題を処理するためイングランドに滞在したのち、一四二七年三月、再びフランスに上陸したベッドフォード公は、有能な戦士サー・ジョン・タルボットを伴っていた。ロワール川沿いの防衛線を突破して中央フランスを征服し、戦争を勝利へ導くために練られた新たな作戦で、陣頭指揮をとらせるためである。

　このあとの重要な作戦で、ファストルフは最大の軍功をあげるが、続けてすぐに、おそらくは不当な非難を、長期にわたって受ける事態に陥ることになる。一四二八年一〇月、イングランド軍はオルレアンに対する決死の攻城戦を開始する。タルボットとサー・トーマス・スケールズの指揮のもと、イングランドとブルゴーニュの連合部隊が参戦した。翌年二月一二日、ファストルフは包囲攻撃をしている軍に「ニシンと四旬節用の食材」を届けるため、パリからの大規模な補充物資輸送隊を率いていた。それを阻止すべくフランスとスコットランドの大隊が向かってきていることを、オルレアンの北二〇マイルの城塞都市ジャンヴィユ付近で知ったファストルフは、すぐに隊列を止めると、荷馬車で円陣を組んだ。フランスとスコットランドの部隊が到着し、荷馬車は小型大砲の砲撃で多少の被害をこうむった。続く騎兵の攻撃は、万全に防御を固めたイングランドの弓手が蹴散らした。ファストルフは、部隊に騎馬での反撃を命じ、「ニシンの合戦」と呼ばれるこの一戦は、多くの死傷者を出したフランス側の完敗に終わった。フランス軍の指揮をとった「オルレアンの私生児（バタール・ドルレアン）」デュノワは傷を負い、スコットランドの王軍長サー・ジョン・ステュワートは命を落とした。

　年代記『オルレアン攻城戦日誌』によると、ヴォークルールにいたジャンヌ・ダルクは、自分を王のもとへ送るよう、ロベール・ド・ボードラクールを説得しようとしていたが、フランス敗退を予知する啓示を受けたことでみずからの力を示し、ボードラクールを納得させたという。真偽のほどはともかく、オルレアンに到着したジャンヌの頭には、ファストルフのことが焼きついていた。再び増援部隊を伴ってファストルフが接近中という報告をデュノワから受けると、ジャンヌ・ダルクは大声を上げた。「バタール殿、神の名にかけて、ファストルフの到着を耳にしたら、すぐに私に知らせるように。知らないうちにあの男がすり抜けていくようなことがあれば、そなたの首をはねることになると思え」。その後まもなく、フランス軍の攻撃により、オルレアンの攻城戦は終結した。イングランド軍は退却し、その間、フランス軍はオルレアンの東のジャルジョーへ侵攻する準備に余念がなかった。再び、伝令が、ファストルフ率いる救援部隊の接近を知らせた。フランスの指揮官たちは躊躇したが、ジャンヌは、この作戦を指揮しているのは神なのだからいかなる大軍も恐れることはない、と宣言した。

そのとき、ファストルフはまだパリにいた。ブルゴーニュ出身の年代記作家ジャン・ワヴランはファストルフの部隊に名を連ねていて、次の作戦でファストルフが果たした役割をじっさいその目で見て詳細に記している。ジャルジョーに対するフランス軍の脅威の知らせをタルボットから受けたベッドフォード公は、「五〇〇〇名の兵を率いて」南下するようファストルフに命じた。「イングランド人のサー・トーマス・レンプストンはじめ、イングランド出身の多くの騎士や従者が顔をそろえるこの部隊」はエタンプに三日間とどまり、その後ジャンヴィユへと進み、そこでベッドフォード公がイングランドとノルマンディから召集した増援部隊を待った。

ジャルジョー陥落、ムンも危うい、フランス軍はボージェンシーを包囲攻撃中という知らせが届いたとき、ファストルフはまだジャンヴィユにいた。「非常につらい知らせだったが、その場ではどうすることもできなかった」。ワヴランは書いている。「ファストルフの部隊が、作戦を決定する会議を開いていた」。そのとき、タルボットが到着した。率いていた小隊は期待された増援部隊とは程遠い規模だったが、「四〇騎ほどの槍組(ランス)(槍組一騎は、ひとりの騎士、三、四名の従者からなる)と二〇〇名の弓手を擁し、その到着はイングランド軍にとっては非常に喜ばしいものだった……何しろタルボットは当時、イングランド王国で最も賢く、最も勇敢な騎士とみなされていたのだから」。

ファストルフ、トーマス・レンプストン以下イングランドの騎士たちは、タルボットの陣営で食事をとった。晩餐が済み、架台式テーブルが片づけられると、会議の再開である。ファストルフは警告を発した。オルレアンとジャルジョーでのイングランドの敗退は深刻で、部隊の疲弊は甚だしい。そこでボージェンシーを放棄してフランスから「なるべく有利な条件を引き出して[停戦]協定を結び」、「自軍の城や優位な場所に戻ってから」戦力を立て直すことを進言した。この進言は指揮官から歓迎されず、「とりわけタルボット卿は、自分の

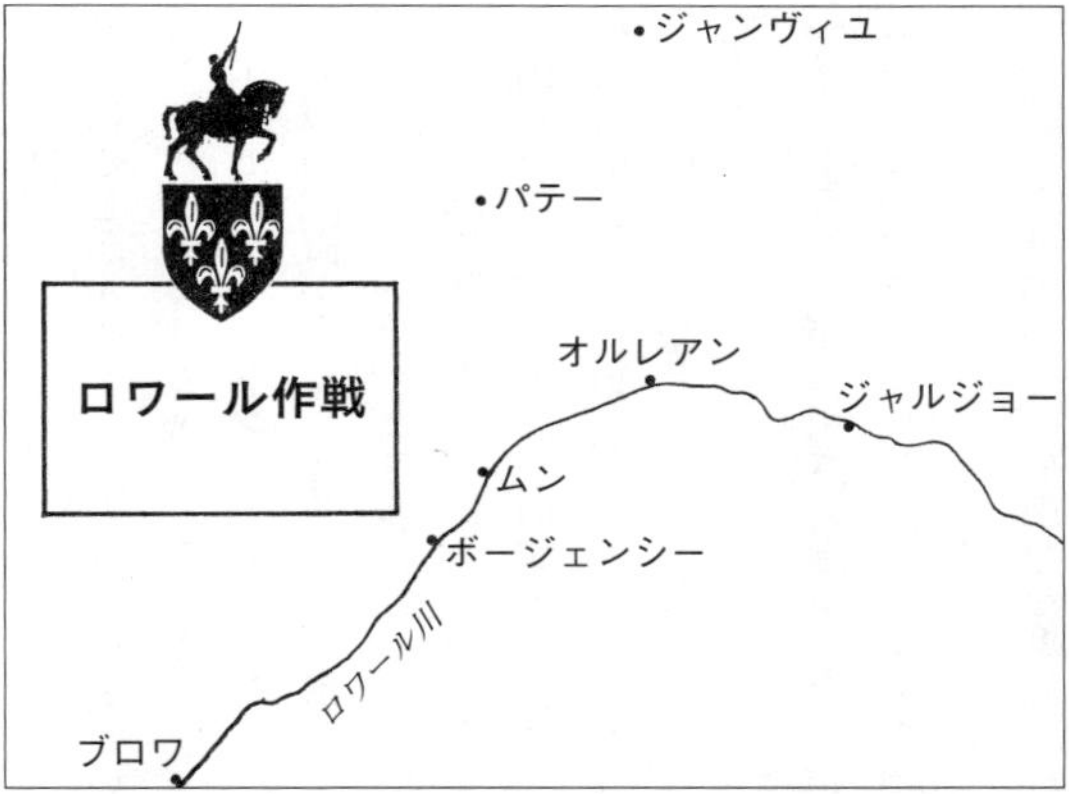

部隊と望んで従う者たちだけになっても、神とイングランドの守護聖人聖ゲオルギオスの加護のもと、自分は戦うと強硬だった」。ファストルフは、議論しても無駄であることに気づいて席を立った。「そして全部隊の隊長、小隊長に、翌朝出陣の命令が発せられた」。

部隊が結集し、スタンダード、ペナント、バナーなど、各隊の紋章旗がはためくなか、ファストルフは再び、「招きかねない大きな危険について」警告した。「フランス軍とは比較にならないほど、戦力が小さいことを指摘し、もしも運に見放されれば、亡くなったヘンリー国王が、長い時間と大変な努力の末にフランスで征服したすべてを、失うことにもなりかねないと説得を試み、戦力が補強されるまで待機することを要請した」。

助言は今回も、タルボットにも他の隊長にも聞き入れられず、ファストルフは観念して自分の配下にムンへ向けて進軍を命じた。イングランド軍は、ワヴランによると、「きわめて整然と馬を進めた」が、ムンまであと一時間の地点にさしかかると、敵の到来に気づいたフランス軍が姿を見せた。「オルレアンの乙女ジャンヌ・ダルク、ジャン・ド・デュノワ（バタール・ドルレアン）、アランソン公、ラファイエット長官、ポトン［・ド・ザントライユ］らが率いる約六〇〇〇の兵士」が、イングランド軍の配置がよく見える山の尾根に、戦闘の構えで整列していた。イングランド側は「国王ヘンリー［五世］の演習にならって」、馬から降り、弓手は先のとがった柵を地面に打ちこみ、自陣を守るよう、命令を発した。そしてふたりの伝令官をフランス側に送り、双方から出した三人ずつの騎士の間の戦闘で、勝負を決めようと提案した。「乙女に従う人びと」はこの騎士らしい提案に、「今夜はもう遅い。進んでねぐらを見つけるがよい。しかし明日、神様、聖母様のご加護のもと、われわれは、間近で汝らとまみえることになるだろう」とだけ答えた。

イングランド軍は引き続きムンを目指した。街はまだイングランドの手の内にあったが、ロワール川に架かる橋は、フランスが占拠していた。イングランド軍は、川を南へ渡って対岸からボージェンシーを解放しようと、橋への砲撃をしながらそこで一夜を過ごした。

翌朝、ミサのあと、橋襲撃を準備していたイングランド軍に伝令が到着し、ボージェンシーの降伏とフランス軍の接近を伝えた。攻撃は中止となり、軍は町はずれの草原で結集し、パリへの退却行進の隊形を整えた。前衛部隊、大砲と兵站の荷馬車、そしてファストルフ、タルボットらに率いられた本隊、さらに後衛部隊と続く。パテーの街から約一時間のところで隊は進行を止めた。後衛部隊から、追手が迫っているとの伝令があったのだ。斥候が送り出され、隊は戦闘態勢を組むよう命じられた。しかし、弓手が防衛柵を地面に打ちこむ間もなく、フランス軍の攻撃がはじまる。ファストルフは前衛に向かって、馬に拍車をかけた。前方の兵を本隊まで呼び戻すつもりの行動だったが、それを逃走の合図と誤解した前衛の指揮官は馬を駆って草原をあとにした。配下の者たちもそれに続いた。戦闘がすでに敗北であることを悟ったファストルフは、「恥をさらして逃亡し、部下を見捨てるよりは、討ち死にするか捕虜になるほうがましだ」と宣言した。しかし——ワヴランの記したところによると——、タルボットは捕囚の身となり、配下の兵は殺された。そして「サー・ジョン・ファストルフは、ごく少数の仲間だけを連れ、前代未聞の大声を発して滂沱と涙を流しつつ、戦場から姿を消した」。

ブルゴーニュの年代記作家、アンゲラン・ド・モンストルレも、その目で見たわけではないが、戦闘の様子を記録に残している。そこには「指揮官ジャン・ファストック閣下」が「一矢も報いず」戦闘から逃げたこと、そして、その卑怯な行為のためベッドフォード公によりガーター勲章を剝奪されたことが敵意に満ちた筆致で描かれている。このできごとを確認する資料はなく、ガーター騎士団に詳しいある歴史家は、ベッドフォード公にそのような権限はなかったと確信している。タルボットはファストルフの行為を厳しく批判したことで知られている。そして一〇年後、国王とその評議会の前にファストルフを告訴した。訴えは棄却されたが、ファストルフをスケープゴートにしたモンストルレの説明は、おそらく当時の世論の大勢を反映していて、それが一六世紀のイングランドの歴史家に採用された。これらの著作をもとに、その後、ファストルフの臆病をイングランド敗北の要因とする、シェークスピアの『ヘンリー六世、第一部』が書かれた。初出版となったファーストフォリオ〔訳注・フォリオ判は全紙を二つ折りにした大きさ（横三〇五ミリ、縦四八三ミリ）の本のサイズ。高価で権威あるものとされていた。シェークスピアの死後、このサイズで四度にわたって戯曲集が編まれている〕では、ファストルフの名前は「フォルスタッフ」と表記され、のちの判で「ファストルフ」に訂正されている。シェークスピアはのちに書いた『ヘンリー四世』に、ヘンリー五世の若かりし日に一緒に大騒ぎをした友として情けない臆病な老騎士を登場させ、最初、サー・ジョン・オールドカースルにちなんだ名を与えた。オールドカースルは、宗教改革に先駆けてカトリック教会の改革を求め、イングランドで広く支持されたロラード派の一員で、一四一七年に異端として処刑されている。オールドカースルの子孫が、名前を変えるようシェークスピアを説得し、「ファストルフ」の誤記だった「フォルスタッフ」に変更された。その人物造型が大成功だったため、『ウィンザーの陽気な女房たち』でもう一度、華麗な登場場面を与えられることになった。ファストルフの風貌について、史料に残された手がかりはないが、その知性と能力には疑問をはさむ余地はなく、勇気についても疑うべきところはほとんどない。しかしシェークスピアのおかげで、後世、人々の心の内に、太った臆病なおどけ者「フォルスタッフ」のイメージが定着した。

ファストルフが時をおかずにベッドフォード公の信頼を取り戻したことは、以前と変わらず続いたその経歴が物語っている。パテーの災難（一四三〇年）の翌年、ファストルフはカーンの長官に任命され、一四三三年、アラスでブルゴーニュ軍がシャルル七世と長きにわたる交渉をはじめ、イングランドも参加せざるを得なくなると、ベッドフォード公の全権大使として派遣された。一四三五年九月九日、イングランドは交渉から離脱、一四日、にわかに体調を崩したベッドフォード公が死去した。ファストルフは、その遺書の執行人のひとりとなった。数日後、フランスとブルゴーニュが和平条約を締結し、ブルゴーニュ公はシャルル七世をフランス国王と認め、戦争から手を引いた。パリに駐屯していたイングランド軍は、孤立することになった。その冬のうちに、主要部以外のほとんどがフランスの手に落ち、一四三六年四月、ついにパリがシャルル七世の側についた。ファストルフの古い戦友ウィロビー卿は、降伏してバスティーユを明け渡し、イングランドの駐屯部隊を率いてルーアンに向かった。

騎士道の相反するふたつの貌

アラス滞在中、ファストルフはルーアンにいるヘンリー六世の参謀本部に覚書を提出し、ベッドフォードの副長官かつ軍事顧問としての見解を披瀝(ひれき)している。

覚書はまず、アラスでの和平交渉から離脱するというイングランドの決定について説明している。イングランド国王がフランス国王の座を放棄するということは、先代の王たちがフランスの王冠に対しては「何ら権利を有しておらず」、過去の戦争や征服はすべて侵害、暴政以外の何物でもなかったと認めたことになる。(3) しかし、もし大義がないのであれば、神はこれほど多くの勝利を与えたもうただろうか？ ファストルフは読み手の共感を得るべく、問いかける。しかも、フランスは一度として協定を守ったことはなく「隠蔽と偽りで捻じ曲げて」ないがしろにしてきた。それゆえ国王は、フランスの民の反感を買うことをいとわず、王座への権利を主張し続けなければならない。民が「イングランド王である陛下よりもフランスのほうを愛しているのは当然のことなのですから」。

ファストルフの提言はさらに、長期にわたる攻城戦は、時間、人員、金を浪費するものとして断念するべきだと続いた。進化を遂げつつある装置や武器と、それらに対する敵軍の知識、経験を考慮すると、継続的な包囲攻撃で強大な王国を征服することは、どんな名指揮官をもってしても不可能である。そこで国王は、ふたつの軍を組織するべきである。それぞれ「およそ七五〇騎の槍組(ランス)」（三〇〇〇人の隊員）を、「互いに合意のできている、慎重で有能な指揮官に」託し、同時に遠征をおこない、必要に応じて兵力を結集する。これらの部隊の上陸は、ドーバー海峡沿いの港カレーまたはルクロトワ、日付は六月一日とする。そしてそこから、「アルトワとピカルディを通り、同様にヴェルマンドワ、ラオネ、シャンパーニュ、そしてブルゴーニュを通過しながらすべての土地を焼き払う。家屋、穀物、ブドウの木、食料となる実をつけるすべての樹木には火をかけ、運搬することができない家畜はすべて殺すこと。軍の備蓄用と食糧を確保した残りで、保持、運搬できそうなものは、ノルマンディやパリなど、イングランド王に従順な地域へ送る。その作戦を、一一月一日まで続ける」。裏切り者と抵抗する者（つまり、占領地域の住人）には、通常の敵よりも「さらに厳しく残酷な戦争」を経験させなければならない。そうしなければ、恐れも知らず抵抗しようとする者が出るだろう。「この残酷な戦争のすべて」を断行する国王が、暴君のそしりを受けるいわれはない。なぜなら、「よきキリスト教徒の王族として」和平の機会を差し出したのに、「その提案を完全に拒否したのは、敵の方なのだから」。

この覚書には、ふたつの要点があった。まず、イングランドが防戦とノルマンディの保持に徹し、少なくとも一時的に、征服地域の拡大を放棄する戦略を勧めている点。二番目に、敵にとって有用となり得るすべての領地を幅広い帯状に焼き尽くし、そうすることによって住民のフランス軍に加担する気持ちを挫（くじ）くよう進言している点である。

ファストルフの覚書は、百年戦争を研究する近代の歴史家の言葉を借りると、「老いたハゲワシ、サー・ジョン・ファストルフ」の手による政策として引用されてきた。じっさいには、イングランドは、アラスの和約以前にすでに防衛戦略へと方向を転じていて、一方、推奨された「焦土作戦」は、イングランドのいにしえからの戦術シュヴォシェ（ファストルフの確信に反して成果をあげていないことが証明されていた）を遠慮のない言葉でずけずけと語ったにすぎない。確かにこの覚書は伝統的中世の戦争をその一般的な姿において述べたもので、軍事的に見て最も注目すべきは、おそらく、火薬を使った砲撃への理解が欠けている点にある。火薬は攻城戦による戦争に根本的な変化をもたらしつつあった。アラスの和約による停戦の一〇年が終わると、フランス軍は早々にノルマンディとガスコーニュにおけるイングランドの要塞を攻め落とし、サー・ジョン・ファストルフが時間と人と金の無駄だと非難した攻城戦によって、戦争に勝利した。

哲学のレベルにおいて、百年戦争は基本的に相反する騎士道のふたつの貌を浮き彫りにした。騎士道を称揚することは、ガーター騎士団のような新しい世俗の軍事騎士団が掲げる目標であるばかりか、依然としてフロアサールをはじめとする年代記作家や詩人の主題でありつづけた。その一方で、エドワード三世らが催す趣向を凝らしたトーナメントはアーサー王物語の絢爛豪華な見世物を生きながらえさせてきた。戦場においてさえ、競技としての戦争というにしえからの概念はすっかり姿を消してしまったわけではなかった。一四二八年、オルレアンの攻城戦でのことだ。イングランドとブルゴーニュの騎士たちは、クリスマス停戦の間、前世紀のようにフランス軍の敵兵と一対一の馬上試合をおこなった。オルレアンにあるイングランドの要塞へフランス軍が攻撃を仕掛けている最中、スペインの武装兵、アルフォンソ・デ・パルタダは、ひとりのフランスの騎士に、ともに攻撃列の後方を守ろうと声をかけた。声をかけられた騎士は、後方の位置をとるのは名誉にもとるからと断った。結局、言い争いは「敵に対して並んで馬を走らせ、どちらが勇敢か証明する」ことで決着を見た。ふたりは握手をすると、イングランドの要塞目指してまっすぐ駆けだした。

もうひとつの貌は、戦争を自由な営為として請け負う考え方である。裕福な者を捕虜にとって身代金を手に入れるためであり（ただし気に入らない者は無慈悲に殺戮された）、教会と修道院を略奪するためであり、小作人から有無を言わさずものを奪い情け容赦なく痛めつけるためだった。

そんな時代に人々の蒙を啓（ひら）いたのが聖職者オノレ・ブーヴェ(4)の著書であった。何度も写本を重ねた『戦闘の木』は、騎士階級に広く読まれた。百年戦争の最終盤でフランスの王軍長だったアルテュール・ドゥ・リシュモン、ドゥ・リシュモンの敵、サー・ジョン・タルボットをはじめ、両国の多くの指揮官が『戦闘の木』の写本を持っていたし、軍事法廷や他の筆者の作品に頻繁に引用された。詩人のクリスティーヌ・ド・ピザンは『戦闘と騎士道の偉業の書』のなかに長々と引用し、ウィリアム・ウスターは一部分をファストルフのために英訳した。

ブーヴェは、一四世紀のイタリアを背景に同じく聖職者であるレニャーノのジョンが執筆した論文を下敷きに、『戦闘の木』を書いた。イタリアでは市民が戦闘に巻きこまれるなか、傭兵隊長(コンドッティエーリ)たちの傍若無人ぶりがフランスの比ではなかった。ふたりはともに、騎士階級が何世紀にもわたり戦利品の分配と身代金の設定をめぐって積み上げてきた不文律としての「戦いの掟」を題材に話を進めているが、本論はもっとレベルの高いところにあった。『戦闘の木』の関心は、個々の騎士にではなく、共同体にあった。ブーヴェの目に、戦争は自然で不可避のものと映っていたが、その邪悪さと不正の多くは、「武装兵が女性をさらって辱めや傷を与えたり、教会に火を放ったりするような間違った戦法」の結果だった。戦争は正しくおこなわれなければならず、身代金は「適正であるべきで、(捕虜の)妻、子ども、親類、友人から相続権を奪うようなものであっては」ならない。正当な相続権を奪うような取り立てをおこなう者は、「騎士とはいえない」。一般市民は尊重されるべきだ。なぜなら、「穀物の栽培に従事する者には、恵みが与えられるものだから。……貧しい労働者は、すべての戦争で、安全に、平和のうちに放置されるべきなのだ。ところが、最近の戦争の矛先はすべて、貧しい労働者階級の人々とその持ち物や財産に向けられている。それは、戦争ではなく、略奪あるいは強盗ではないか。さらに、そうした戦争の戦い方は、崇高な騎士道のしきたりに従うものでもなければ、正義、未亡人、孤児、貧者を守ったいにしえの気高い戦士の慣習に沿うものでもない」。

ブーヴェはここで四〇〇年前の「神の平和」に繰り返し言及しているが、ほかの箇所では、当時、軍の指揮官に必要とされたさまざまなルールを列挙している。騎士は規律を受け入れなければならない。「若い騎士が待機をするよりも、攻撃によって称賛を受けることが多いのは、感心できないことではあるが、あきらかな事実である」。しかし、騎士は命令なしに攻撃してはならない。大胆であれば「この世の虚飾」を勝ち取るかもしれないが、騎士は「正しい知識と理解」を通した場合に限り、大胆であるべきだ。騎士はまず国王に、次にみずからの領主に、そして「部隊の隊長として領主の代理を務めている」指揮官に、忠誠を尽くさなければならない。「［みずからの］勇気を示そうと」一対一の戦いに挑むために、本筋の戦闘から離れるべきではない。じっさい、領主の許可なしに「戦列を離れる」ことがあってはならない。自分は遍歴の騎士ではなく、戦うことを職業とする者であり、「国王の、あるいは給料を支払っている領主の代理として、行動する兵士」なのだということを肝に銘じておかなければならない。多くの読者を得た中世後期の騎士の手引書は、このようにキリスト教を取り入れた古い円卓の騎士の理想を強調しながら、近代の軍隊で強く求められる兵士像をも加味したものだった。

唸るほどの資産、豪勢な暮らし

一四四〇年、さらに五年をノルマンディで過ごしたファストルフはイングランドに帰還した。帰還するのは初めてではなかったが、今回は腰を落ち着けるつもりだった。齢（よわい）六〇となり、軍役は終えている。ただし、内々の評議会の一員として引き続き国王には仕えていた。ファストルフには唸るほどの資産があった。一四四五年の査定では、イングランドの所有地からあがる収入を一〇六一ポンドと見積もっているが、そのおよそ四分の三を戦争で得た金を元手に購入した土地が稼ぎ出していた。それに加えてノルマンディとメーヌの所有地には、一〇の城と一五の荘園、さらにルーアンにある一軒の宿屋が含まれていた。大部分はヘンリー五世とベッドフォード公が授けたもので、現金による支払いの代わりに授与したものも含まれている。自身で購入した所領もあった。いっときは併せて年六七五ポンドを上回る収入をもたらしたが、フランス国内におけるイングランドの命運が下り坂をたどるにつれて、今はわずか年四〇一ポンドへ落ちこみ、その後も減少の一途をたどって、数年のうちに消えてなくなった。

ファストルフは祖父の事業に立ち返り、交易にも手を染めた。所有する数隻の船に小麦、大麦、モルト、羊の原毛、布地、魚、煉瓦を積んで、グレート・ヤーマス、ロンドン、その他の東海岸に位置する港をせっせと行き来し、ときにはフランスまで出かけていった。荘園で生産する羊毛を販売し、少なくとも一度は穀物相場へ投資して莫大な利益をあげた。

ノリッジとグレート・ヤーマスばかりか、ロンドンブリッジの南に広がるサザクにも立派な邸宅をもち、最近はそのサザクに猪の頭亭（ボアズヘッドイン）という宿屋を購入した。しかし、最も印象的な持ち物はケイスター城である。まだフランスで戦いに明け暮れていた頃、自分が産声を上げた荘園に建設をはじめたこの城は、二六の寝室や礼拝堂を備え、堀をめぐらせて高さ九八フィートの円塔がそびえるすばらしい造りだ。同時代のネーデルラントと神聖ローマ帝国の城を手本に設計されている。現地で焼いた煉瓦を用い、装飾に使ったフランス産の石は、アーチをくぐって城壁で囲まれた敷地内へ伸びる水路で運びこまれた。木材はサフォークのコットンにある荘園から運ばれた。大広間の壁面には、四枚の翼をもったふたりの天使が支える羽毛の束が彫られているが、これは城主の紋章。この紋章をガーター勲章が取り囲み、そのなかに座右の銘――なさねばならぬ（ム・フォ・フェー）――が書きこまれている。城は一四五四年、ようやく完成。同年ケイスター城へ居を移したファストルフはこの地で余生を過ごした。

　かつての戦士の老後の暮らしぶりは、豪勢だった。一四四八年のケイスターにおける衣装と調度品の目録には、金糸織地とサ

ケイスター城。サー・ジョン・ファストルフが25年の歳月をかけ、地元産の煉瓦を使って建設。高さ98フィートの円塔がそびえ立ち、26の寝室を擁する。（ハラム・アシュリー）

テン地の長上着、ベルベット、革、上質なキャムレット地の上着、亜麻のダブレットやペチコート、絹のベッドの天蓋（てんがい）、真紅の布地に赤い十字と薔薇をあしらった上等な馬具、ファストルフの紋章が刺繍された、鎧の上に着る絹のサーコート、絹とベルベットのクッション、無数の高価なタペストリ、羽毛敷布団、絹のベッドカバー、マットレス、燭台、さまざまな布地——ダマスク織、亜麻、刺繍を施した絹、サテンなど——を巻いたもの、銀の皿類——一部は彫り模様、エナメル絵付け、めっき飾りを施したもの——、銀製の塩入れとボウル、真鍮と銅の鍋や盥（たらい）といったものが記載されている。数千ポンド相当の金、銀の延べ板も所有していた。二〇〇ポンドの価値の金の十字架と鎖を「毎日首にかけ」ていたが、所有する宝石で最も価値があるとされるのは、「エナメルで白く色づけされた薔薇にはめこまれた、鋭いカットの巨大なダイヤモンド」で、「白薔薇……と呼ばれる豪華なネックレス」に組みこまれている。四〇〇〇マークという高価なこの宝飾品は、他の宝飾品とともに、ヨーク公リチャードから贈呈されたもののひとつだった。ひとつには融資に対する返済として、またひとつには「当騎士が国王の副長官としてフランスで、後年はイングランドで仕えた際、当公爵のためにこうむった非常な骨折りと精神的苦痛」に報いるためであった。

　妻のミリセントは子をなさないまま（修道僧になった非嫡出の息子がファストルフに先んじて亡くなっている）一四四六年に世を去っており、ファストルフは再婚をしなかった。おかげで、戦争で得た利益を元手にファストルフが購入したイングランドの所領は、ファストルフ家とは別の一家の手に渡った。その一家からは騎士が幾人か誕生し、ついには上級貴族の仲間入りを果たしている。これがパストン家であり、一家がやり取りした膨大な数の書簡は、中世後期を解明する最も有用な社会史の資料となっている。ファストルフとパストン家の結びつきは、ファストルフの法的、財政的問題と、個人的苦悩が端緒になった。

ファストルフはイングランドで人気がなかった。パテーでのふるまいをめぐる不当な噂はいつまでもついて回ったし、敗戦時に国王の顧問だった責任を問う声もなかなか消えなかった。一四五〇年、「ジャック・ケイドの反乱」〔訳注・不公平な税制、汚職、フランスで領土を喪失した悪影響などに抗議してケント州からはじまった反乱〕の最中、ファストルフの部下のひとりがケイドに捕らえられた。捕虜を責めるのにケイドは主人のフランスでの行状をあげつらった。ファストルフは「ノルマンディ、ルマン、メーヌに駐屯するあらゆる部隊の規模を縮小し、おかげで国王は、海外に所有していたあらゆる称号と相続権を失う羽目になった」と。

しかも、この老兵には狭量——寛大なことを美徳とする模範的な騎士像とは対極にある——という評判がついてまわった。ファストルフはノリッジで開かれたある晩餐の席で、「私に対する侮蔑的な言葉」を発した者がいたと聞いて、代理人のひとりに懇願した。「話していたのが紳士連中のうち誰と誰なのか、どうか書面で教えてほしい……。君たちから入手した情報は、内密にするし、神の御恵みで、彼らがいつもいい思いばかりすることがないよ

うに と願うだけにする。ただ、このような時節には、誰が味方で誰が敵なのかをはっきりとわきまえておく必要がある」。

領地はさらなる大きな心労を引き起こした。所有権をめぐって訴訟騒ぎに巻きこまれ、地代の徴収には苦労し、管財人は誰もかれも無能か誠実でないかのどちらかだった。ファストルフはロンドンから、ノーフォークにいる代理人、トーマス・ハウズに手紙を書き、権利を侵害している者たちについて情報を送るよう要請している。「もしその者たちが、法を恐れることも従うこともしないなら、神によってか悪魔によって、つまりあらゆる可能な手を尽くして侵害行為をやめてもらうことになる。だから、私に敵対している者たちが、以前していたように、いまだに勝手放題をしているのかどうか、教えてほしい」。ファストルフは過去に、「ケイスターおよびその他の領地の管理」が由々しい事態になっているという多くの報告を受けていたのだ。ひそかに横流しされていたワイン、ほったらかしにされている所有物、罠を使用したウサギの捕獲、土地に関するさまざまな不正使用などである。「ストラトフォードの牧師、サー・ジョン・バックは、デダムにある私の池で魚を釣り、私のダムを壊し、私の新しい製粉所を破壊した」上に「ジョン・コールと共謀して、何年間にもわたり、デダム西の私の湖水から、二四羽の白鳥と雛を強奪していた」。消えることのないみずからの猜疑心が災いして、ファストルフは奉公人から慕われなくなっていた。代理人のひとりが、別の代理人に書いた手紙には、ファストルフはいつも「残酷で復讐心が強い……そしてたいてい、慈悲も憐れみもくださらない」とあった。

安らぎと安心をもたらした代理人

しかし、代理人のひとりが、ファストルフに安らぎと安心をもたらした。それが年若い野心家ジョン・パストンである。その祖父は「よき、つましき農夫」と呼ばれ、苦労して息子を学校にやり、法律を学ばせたという[5]。息子は出世して判事になり、裕福な騎士の娘と結婚した。孫にあたるジョン・パストンは、父と同じように法律を学び、相続財産を持つマーガレット・モートビー（ファストルフの遠縁にあたる）と結婚した。一四四〇年代から五〇年代の政治的混乱が薔薇戦争へと規模を拡大していくなか、孫のジョンは一四五〇年代の早い時期にファストルフの法律と財政の顧問に就任した。打ち続くフランスでの敗戦、追い打ちをかけるジャック・ケイドの反乱、ヘンリー六世の無能とその後の精神疾患、失墜する王権。おかげでインデンチュア制度に育まれた「擬似封建制（バスタード・フューダリズム）」〔訳注・軍役奉仕を封建的な義務としてではなく、正式な契約のもとに求め、報酬に対する見返りとして仕える主従関係を基本として成立している封建制度〕の私的軍隊に、新生面が開かれていった。国王と指揮官との間で交わされる軍役契約はせいぜい一年。それに対して、指揮官と隊員が交わす下請け契約は生涯続くのが通常だ。領主の従者たちは、契約を交わしている者も、ただ雇われている者も、国王の判事を脅し、独自の現地法を押しつける力をもった武装集団を結成した。

欲の皮が突っ張ったノーフォークの隣人たちに属するこうした集団の略奪行為にファストルフもパストン家もともに苦しんでいた。一四五一年、王立裁判所の委員がファストルフらの訴えを調査するためノリッジに送られたが、被告側は判事のひとりを買収して、原告の苦情を封じこめ（その判事は「三言目には揚げ足を取った」）、訴訟を取り下げさせている。

ジョン・パストンとの関係がはじまった当時、ファストルフはすでに七〇代で、健康も気力も衰えつつありながら、いまだ返済されていない約一万一〇〇〇ポンドにのぼる負債について王室を相手に訴訟を起こす準備を進める一方、数々の問題と相続財産の扱いに頭を悩ませていた。ファストルフの妻、ミリセントが最初の結婚でもうけた息子、スティーヴン・スクロープがケイスターに来て一緒に暮らしていたが、ファストルフは、この義理の息子を相続人に指定するつもりは毛頭なかった。じっさい、スティーヴンからは、スクロープ家の財産を不当に減らしたかどで非難をあびるほど険悪な仲だった。スクロープの後見人の権利を五〇〇マークで売り払っておきながら、新たな後見人がスクロープを自分の娘と結婚させようと申しこむと、その権利を買い戻していた。スクロープはのちに書いている。「あらゆる権利や法を無視して、あの男は獣のように私を買い、売りとばした。私の受けた痛手は一〇〇〇マークではすまない」。

体調が悪化するにつれ、ファストルフが直面する懸案に対するジョン・パストンの権限は大きくなっていった。老騎士は魂の救済を願って、ケイスターに七人の聖職者と七人の貧しい民の共同生活の場となる「コレッジ」を設立しようと決意した。こうしたことは中世には珍しいことではない。ファストルフがぜんそくの発作を起こし、「消耗熱」を発した一四五九年春、段取りはまだすっかり整っていなかった。六月、「コレッジ」を設立し、領地からの収入を当てて維持することを記した遺書が作成された。長文の遺言状には、ファストルフ自身と両親、妻、その他縁者と友人の魂のために祈りを捧げるようにと贈与を認め、使用人は六ヵ月分の給金を受け取ることも書かれていた。ファストルフの礼拝堂の祭服と装飾品は「私が埋葬されるであろう」セント・ベネット修道院教会に寄贈される。ヤーマスの聖ニコラス教区教会にある父親の墓所と、アティルバラの教区教会にある母親の墓所には大理石板を設置し、父の石板には「父と父の先祖の紋章入り盾」を、母の石板には母の三人の夫の紋章が入った盾を彫りこむこととされた。

ロンドンにいたジョン・パストンは、フランシスコ修道会の修道士でファストルフのかたわらに控えていたパストン家の友人、修道士ブラックリーから、ケイスターに戻ることを強く勧める手紙を受け取った。「いよいよかと思われます。すぐにも神のもとへ召されようとしているご様子で、めっきりと力を落とされ、痛みによる衰弱も激しいとお見受けします……。この五日というもの、連日、『神がまもなく信頼できるパストンを連れてきてくださるだろう、縁続きのあの男は誠実な人間だと私が信じているのだから。私はパストンだけをずっと信じてきた』とおっしゃいます。そこで私が、『確かにその通りでございますね』と受けると、ファストルフ様は、『食事はいらない、あの男を呼んでくれ』とおっしゃいます」ジョン・パストンは、看取りの瞬間に間に合った。七年後の聴聞会での証言は、モリエールの芝居を髣髴させる——主人が死の床に横たわる病室への出入りがある一方で、家内の日課は進められていた。馬は厩で装蹄され、召使いは朝食の卓でおしゃべりをし、洗濯婦が洗いあがったリネン類を届け、農夫が穀物や食用の鶏やヤーマスまでモルトの運搬に雇った荷馬車の料金を回収にやってくる。召使いの誰かが毎日病室を訪れ、老人のひげをあたる。遠縁にあたるリチャード・ファストルフが「何とか結婚できるよう……助けてもらえないものか」と援助を頼みにロンドンからやってきてみると、死を前にした男はふたりの召使いの腕に支えられて、部屋のなかをよろよろと歩き回っていた。リチャードの懇願に老人は、遺書はすでに作成し、おまえのことも書いてあると答えた（しかし六月に作られた遺書にそのような条項はない）。ノリッジの鍛冶屋ジョン・モンクは、ファストルフが亡くなる前の金曜と土曜には「何度もサー・ジョンの寝室に入った」こと、「サー・ジョンは、あまりにも弱っておいでで、息をするのも苦しそうで、はっきり話すことができないほどだった」こと、だから付き添っていた者たちは、その口元に耳を寄せなければならず、「病の床での慰めになるようにと誰が話しかけても、ため息しか返ってこなかった」ことを証言した。礼拝堂の牧師が、ファストルフの毎日の習慣に従って、ともに祈りを捧げるためにやってきたが、ひとりで礼拝をおこない、「その間ファストルフは、ベッドに横たわり、何も言わなかった」。

リチャード・ファストルフに言ったこととは裏腹に、一一月三日付で以前のものよりずっと短い新しい遺書が作成され、ジョン・パストンを主たる相続人とし、その相続の限度額は「コレッジ」のための資金と、他の執行人に対する形ばかりの支払いを除いた全額とされていた。二日後、老騎士ジョン・ファストルフは息を引き取る。ファストルフはケイスターの西、数マイルに位置する修道院、セント・ベネット（ベネディクツ）修道院に埋葬された。

浮き沈みの果てに負債だけを残して断絶

ジョン・パストンは、一夜にして、とてつもなく裕福になった。ケイスター城を所有するばかりでなく、ヤーマス、ノリッジ、ザクに三ヵ所の家屋敷、九四の荘園、多額の現金、そして宝石、銀器、調度品、衣装等を所有することになったのだ。それだけでなく、ファストルフが抱えていた懸案がさらに大きくなって、ひとつ残らずパストンのもとへ転がりこんだ。パストンは生前のファストルフに不当に働きかけた、あるいは新しい遺書を捏造し

サー・ジョン・ファストルフが埋葬されているセント・ベネット修道院の守衛詰所。（ハラム・アシュリー）

たとまで、噂はあっという間に広まった。声を上げたのは、相続人になりそこねて怒り心頭に発した人々で、ウィリアム・ウスターもそのひとりだった。エクセター公はファストルフのサザクの家屋敷への権利を主張し、じっさいに、すでに居座っていた。パストン家は、首尾よくノーフォークとサフォークのファストルフの荘園を押さえたが、一四六一年、再び内戦が勃発すると、ケイスター城をノーフォーク公に奪われた。ジョン・パストンは新しい国王エドワード四世に訴え、最終的には城を取り戻したものの、何件もの訴訟に追われ、一四六四年に生涯を閉じるまでに、短期間だが三度、フリート監獄に収監された。権威ある地位にある者たちを相手に繰り広げられた、影響力をめぐる熾烈（しれつ）な闘争では、ジョン・パストンも人後に落ちなかったのはあきらかで、富と権力のある地位を家族に遺した。パストンは、強く勧められていた騎士への叙任という名誉を拒絶した。名前の前に「サー」をつけるよりも、うしろに「エスクワイヤ」とつけることに満足し、軍役をはじめとする騎士の務めを現金を払うことで免れている、領地を持つ紳士階級（ジェントリー）の大多数の一員であることを選んだ。ジョン・パストンは確かに、「州の騎士」つまり議会の議員として二期務めたが、この栄誉ある職はじっさいには騎士の称号がなくても務まるものだった——現代の学者によると、「州の騎士」の位置づけでは、意味の上で「騎士」よりも「州」が重要で、この職に選出された者の多くは騎士の務めを果たすだけの十分な財産をもっていたとはいえ、じっさいに騎士だった者が半数ほどしかいないこともあった。

父親と同じくジョンと名付けられたジョン・パストンの息子は、富にも地位にも恵まれた環境で成長し、エドワード四世の宮廷に従騎士として仕え、二一歳で騎士に叙された。その頃になってもパストン家はまだ、ファストルフの遺産相続をめぐるトラブルから逃れられずにいた。べつのふたりの遺書の執行人が、略式手続きでケイスター城をノーフォーク公に売却してしまい、公爵は武装兵を送りこんでケイスターを占拠した。混同しやすいがやはりジョンと名付けられた、サー・ジョン・パストンの弟が、城を守る小隊を指揮して何日か抵抗したが、パストン家は結局、条件付きで譲歩した。一四七六年の公爵の死後、パストン家はケイスターを取り戻した。そして長いことかかってやっと、争いのなかでいくらか目減りしたとはいえ、敵対していた者たちと財産を分けあい、問題を解決して、コレッジの遺産をケイスターからオックスフォードへと移した。オックスフォードには、今日までモードリン・カレッジのホールに、ファストルフの紋章旗が置かれている。

サー・ジョン・パストンは、パストン家が富を蓄える源となった百戦錬磨の古武士とはタイプの違う騎士だった。享楽を愛する廷臣としてロンドンで快適に暮らし、倹約を懇願してきた母親への返信に、農場の売却や銀器の質入れまで進言した。ファストルフ本人よりも、シェークスピアのフォルスタッフに似ていて、戦士としては、一四七一年のバーネットの戦い（エドワード四世はウォーウィック伯率いるランカスター党の軍を打ち負かした）に負けた側で参戦したことしかない。一四七九年に死去し、家長には弟のジョンが収まった。行動的でエネルギッシュなこのジョン・パストンは、一四八五年から一四八六年にかけてノーフォークの州長官（シェリフ）として働き、一四八七年のストークの戦いに参加し、戦場で騎士に叙任されている。

一家はチューダー朝の時代に繁栄を享受し、富と権力を蓄えていった。息子たちは慣習として騎士に叙され、領地を管理し、国王に仕えた。一七世紀の内戦で王室側の立場をとったパストン家は財産の大半を失い、ケイスターを売却せざるを得なくなったが、王政復古にあたって、再び優位な立場に戻った。サー・ロバート・パストンはヤーマス伯となり、長男のウィリアムは、チャールズ二世が婚外にもうけた数えきれないほどの娘のひとりと結婚することになる。上級貴族と近づきになったのを機に、家系図によってパストン家の血統を証明するべきだということになった。一六七四年にサー・ロバート・パストンのためにまとめられた家系図は、一五世紀に確かに存在したが証拠となる文書はない、家族内のある言い伝えをもとにしていた。上質な高級羊皮紙に写され、二六〇の紋章の挿絵が描かれたその家系図は、グランヴィル伯のいとこのひとりで、祖先だと言い伝えられてきたノルマン人、「ウルスタン・ド・パストン」まで遡り、その子孫を、土地を与えられた貴族としている。ジョン・パストンの祖父、あの「よき、つましき農夫」クレメントまでが紋章を与えられていた。

しかし家系図があっても、政治が一変した一六八八年の名誉革命のあとでは、一家が失ったものを取り戻すことはできなかった。最後のヤーマス卿は、一八世紀にまで命を長らえた。ホイッグ党の有力な支持者が支配するノーフォークにおける、トーリー党の残党のひとりだった。一七三二年、相続人のないままヤーマス卿は亡くなったが、負債のほかに遺したものは何もなかった。

原注

（1）一マークは三分の二ポンドにあたる。

（2）経済史学者M・M・ポスタンは、「こうした規則にもかかわらず、兵士が略奪した成果の大方は、重騎兵、一般の兵卒など下級の者たちの手に渡った」と考える。

（3）ファストルフの覚書は英語で書かれていた。ここでは、後述のパストン家の手紙とともに、現代語に書き換えてある。

（4）またはボネ。

（5）クレメント・パストンは、ある資料に意地悪くこう描写されたが、現存している限りの文書によると、この表現はそれほど外れていないと思われる。

第九章　騎士道の長い黄昏

おお、汝らイングランドの騎士たちよ、アーサー王の時代の気高い騎士の伝統と習慣は、どこにある？　娼館に通い賽子（さいころ）で遊ぶほかに、することはなくなったのか？……。それも、これも放っておけ。そして気高い書物を読むのだ。聖杯について、ランスロットについて、ガラハッドについて、トリストラムについて、ペルセフォーレについて、パーシヴァルについて、ガウェインについて、ほかにいくらでもある。そこでいやでも目にするだろう。男らしさ、礼節、それにやさしさ。そして時代が下れば、あの征服以来の高貴な行いの数々を目の当たりにする……。フロアサールを読むがよい。そしてまた見よ、高貴にして覇者の誉れ高い王、ヘンリー五世と臣下の指揮官たちを……さらに、徳の高い高貴な生まれと、騎士としての名誉に恥じない振る舞いをし、その名をみごとに輝かせた多くの者たちを。

——ウィリアム・キャクストン訳『騎士団の本』（一四八四年）「結び」

われわれの祖先の時代、ローマカトリックは澱みとなって、イングランド全土を覆い尽くして溢れ出し、われわれの言葉で読まれた本はほとんどないなかで、騎士道の何冊かはべつだった……それは、修道院で作られたという。暇を持て余していた修道僧や、ふまじめな司祭によって書かれたのだ。たとえば一冊名前を挙げるなら、『アーサー王の死』である。この作品の見どころはすべて、特別な二点に集約される。公然と失われる人の命と臆面もないみだらな話だ。本のなかでもっとも高貴とされる騎士たちとは、もっとも多くの人の命を問答無用で取りあげ、もっともけがらわしい姦通を事もなげにやってのけた者……。

――ロジャー・アスカム『学校教師』（一五七〇年）

ラ・マンチャのとある村のこと、村の名前は覚えていない。棚にかけた槍、古ぼけた盾ひとつ、やせた馬一頭、そして機敏なグレイハウンドをいつもかたわらに置いている……。そういう老紳士がひとり、少し前だが住んでいた。その紳士は暇さえあれば（一年のほとんどは暇だった）、夢中になって騎士の本を読みふけっていた。そのため狩りに行くことも家事の指図をすることさえ、ほとんどまるきり手つかずになっていた。

――ミゲル・デ・セルバンテス『ドン・キホーテ』（一六〇五年）

戦争は仕事であって競技ではない――新しい時代の到来

中世が終盤に差しかかった数世紀、騎士道の名声が頂点を極める一方で、凋落の兆しを見せていたのは確かである。一三世紀には騎士の数は徐々に下降線をたどり、軍役だけが社会における騎士の役割ではなくなっていた。肩をたたいて爵位を授ける儀式は、栄誉を授けるだけのものになり――もはや戦う男にとって欠くべからざる要件ではない――、しかも、多くの戦う男がその栄誉を求めなくなっていた。一四世紀になると、騎士が軍のなかで独占してきた精鋭の地位は脅かされた。従騎士が、騎士と同様に契約を交わし、指揮官として雇われるようになったのだ。イングランドでは、続く一五世紀、騎士、従騎士、そしてただの「ジェントルマン」[1]が、同じように、社会における政治的機能を担っていた。「擬似封建制（バスタード・フューダリズム）」の封として授受される金銭が、領主と臣下を結びつける昔ながらの絆——土地、誓約、忠誠心——に取って代わったのはちょうどそんな頃である。

百年戦争の間、兵を募る手段として重宝してきたインデンチュア制度に代わって、一五世紀の中頃、新たな軍制が導入された。その前触れとなったのがフランスで、幾たびか王国軍隊の再編を経て、一四四五年、「勅令隊」という常設軍がシャルル七世によって創設された。槍組（ランス）一〇〇組（六〇〇名の兵士）からなる部隊がそれぞれ国王により任命された指揮官のもと、命じられた街に駐留し、州（プロヴァンス）の負担で給与の支払いと物資の供給を受ける。この槍騎兵の部隊を危機に際して補強するため、シャルル七世は「自由射手隊」を編成した。親元で暮らす八〇〇〇人あまりの予備役の歩兵で、税を減免され、必要があれば所属する教区の負担で装備を調（ととの）え、定期的な演習で腕を磨き、周期的に査察を受け、王の随意の召集に応じる。この騎士と射手に砲撃手を加えて、職業軍人からなる常設の軍隊が編成された。

一四七三年には、ブルゴーニュ公シャルル（豪胆公）が自軍を騎士、射手、歩兵の部隊に再編成した。部隊は中隊に分かれ、中隊はそれぞれ指揮官をいただくさらに小さな部隊に分かれ、近代軍隊の特徴である階層状の構造をもっていた。

他のヨーロッパ諸国はフランスとブルゴーニュにならい、個別に軍務契約を交わして兵を徴募した軍隊は、統治権力の直々の指揮下に置かれ、国庫でまかなわれる軍隊に次第に置き換えられていった。こうした新しい国家の軍隊で騎士は軍務に服したが、同じ鎧に身を包み、同じ馬に乗り、同じ給金を稼ぎに来ている騎士でない武装兵と区別がつかなかった。

こうした流れが生まれる一助となったのが大砲の発達であった。デュ・ゲクランの戦争に大砲が果たした役割は小さなものだった。ファストルフの戦争ではそれが拡大し、百年戦争が終盤を迎える頃のフランスの攻城戦と野戦においては勝敗を左右した。騎士が特別に火器に対して脆弱だったわけではない。だが、高価な大砲と火薬の使用は職業軍人からなる国家の軍隊へ一気に流れを加速させた。

ジャンヌ・ダルクのもとオルレアンで戦い、シャルル七世の助言者のひとりだった騎士のジャン・ド・ビュイユ（一四〇五年－一四七八年）は、年老いて、自伝的な散文物語を著した。そこには当時の戦争の姿と、戦争が兵士に求めるものがありのままに描かれている。(2) すなわち「戦争を通して名誉と栄光を手に入れたいと願うすべての男がただただ忍耐しなければならない」不自由だ。ド・ビュイユは言う。新しい時代の戦争は仕事であって競技ではない。宮廷で生きてきた騎士たちは、不屈の精神においても戦闘能力の点でも新しい時代の戦争に向いていなかった。必要なのは統制であり、しっかりした戦術であり、理にかなった戦略であって、一時の感情に駆られた英雄的行為ではなかった。「すぐれた騎士、指揮官、傭兵は、武器の力と兵士の数のみに頼らず、創意と思慮分別をもって作戦を立て、指揮にあたらなければならない」。大砲の役割に関しては少なくとも二四〇種の砲について、一度の発砲に必要な火薬の量、輸送に要する馬の頭数、一度の攻城戦に要する砲弾の数を記している。ド・ビュイユによれば、身代金は事前の契約で廃止され、あからさまに強奪を目的に襲撃して得た戦利品も同様に廃止されている。敵方が「三〇人の戦闘」のような戦いを提案すると、主人公（かつド・ビュイユの分身）のジュヴァンセルは拒絶した。「われわれは、「敵を」駆逐するために、そして敵方のではなく、こちらの条件で戦うために来たのだ」。馬上槍試合をジュヴァンセルは軽蔑する。熱を上げても満たされるのは虚栄心だけだ。「馬上槍試合に明け暮れる輩は相手の命または名誉を奪おうと金を投じ、我が身を危険にさらすが、得になることはほとんどない。その間は、戦争も、国王への務めも、公共の利益も顧みない。そして、我が身を危険にさらすのは、称賛に値する行動の場合に限るべきだ」。

中世騎士の個人主義よりも近代兵士の愛国主義や団結心をのぞかせながら、ジュヴァンセルは、戦争では同志愛、専制に対する憎悪、そして大義への忠誠が、「体験した者にしか言葉に表すことのできない喜び」をもたらすと言っている。こうした感情に突き動かされた者は「真の意味で何物をも恐れない」。職業軍人は、たとえ世俗の動機に駆られていようと、「この世においても、来世においても祝福されている。しかも、まぎれもない神の僕である」。

小春日和のような、騎士道の復活

　しかし、軍の近代化が個人の栄光を目指す騎士道精神を衰退させる一方で、時代は騎士個人の名声――コミュニケーション手段が向上して広範に流布するようになった――を寿(ことほ)いだ。最も名高いのがシャルル八世とフランソワ一世の治下、イタリア戦争に従軍した「バイヤールの騎士」ピエール・テライユ（一四七三年頃－一五二四年）である。テライユは戦術に長(た)け、指揮官として傑出するばかりか、人柄も高潔で、「恐れを知らず、非の打ち所がない」完璧な騎士と評判をとっていた。騎士の鑑(かがみ)の呼び名にふさわしく、マスケットの銃弾を受けて致命傷を負いながら、敵方に寝返った王軍長、ブルボン公の慰藉をはねつけた。「私に憐れみは無用です、閣下。昂然と死んでいくのですから。しかし貴殿は違う。主君も故国も臣従の誓いも敵に回して、戦っておられる」

　騎士バイヤールの伝記は、ウィリアム・マーシャルやベルトラン・デュ・ゲクランの伝記と同じく、戦場ばかりかトーナメント（馬上槍試合）に参加したバイヤール本人の業績も記録に残している。賞品あるいは賞金を総なめにしながら、騎士にふさわしく次点の者に譲ることもしばしばだった。バイヤールの時代のトーナメントは競技者が木の仕切りで隔てたコースを互いに相手に向かって突進して戦った。時にバイヤールが相手の命を奪うこともあったが、乱闘騒ぎになった以前と違って、この頃には見世物や競技会として催されていた。団体戦であるメレーで幕を閉じることも相変わらずあったが、いつも秩序は保たれ、騎士たちが入り乱れて戦うようなことは決してなかった。

15世紀のトーナメント。貴婦人たちが見守るなか、騎士たちは障壁をはさんで一騎打ちの槍試合をおこなった。（英国図書館、MS. NERO D IX, F. 32B）

騎士の慣習——主にフロアサールとアーサー王伝説の空想的描写から学んだ——は一五、一六世紀に復活したが、ある近代の歴史家はそれを騎士道の、あるいは少なくとも騎士道の表面的な形式の「小春日和」と名付けている。トーナメントは、婚礼、外交官の来訪、王位継承の折に開催され、芝居の添え物として芝居の内容を取り入れながらおこなわれた。一騎打ち——ふつうは刃を鈍磨させた武器で戦う——は、型通りに、宣誓、名乗り（チャレンジ）と進み、マニュアルの規則に従っておこなわれる試合の判定は、騎士裁判所が下した。紋章学が発達し成熟期を迎えた。個人を識別する紋章が記された外衣の下には、輝く鎧の上下。その板金はときに精巧な模様が施され、滑らかな表面が防御に果たす利点を損なった。全身をくまなく覆う板金は、重さが増したことで戦闘の際の実用性も犠牲になった。一五〇〇年頃にアウグスブルクで製作された一騎打ち用の鎧は重さ九〇ポンド（四一キログラム）だ。盛大な

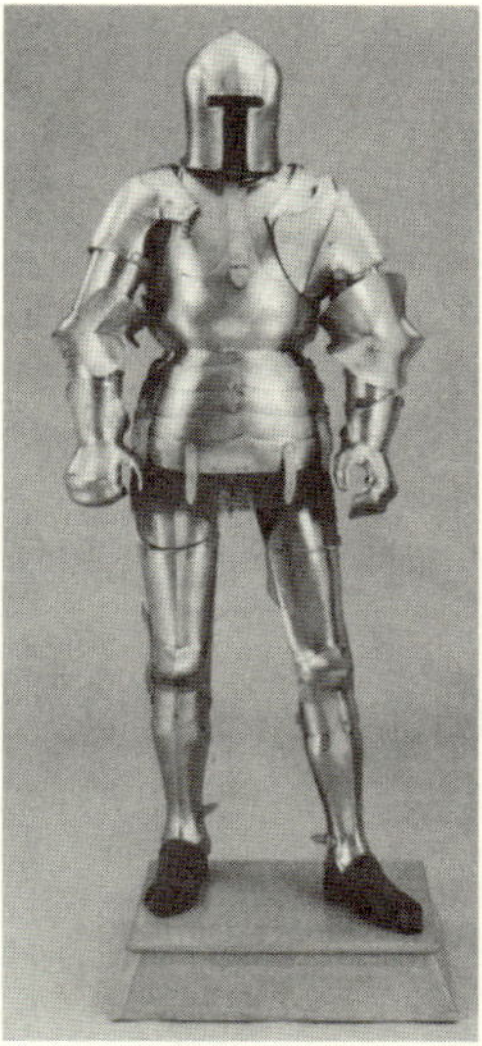

ミラノ式甲冑、1450年頃。騎士はホーバークを身に着け、頭の先からつま先まで板金甲冑で身を包んだ。手にはミトン型の小手、肩とひじには精巧な補強が施されている。（ケルヴィングローブ美術館・博物館、グラスゴー）

野外劇（ページェントリー）がしばしば戦闘に優先した。趣向を凝らしたトーナメントの一例が一四六八年、ブルッヘで催されたブルゴーニュ公とイングランド王女マーガレットとの結婚の儀であった。一〇日間にわたったこの催しは、捕われの身になった巨人と、とある島の王女が登場する奇想詩に沿って進む。巨人を解放した英雄が、王女を手に入れる。真紅と白のサテンの衣装を身に着けたこびとが鎖でつないだ巨人を先導して入場し、金色に着色された木に結びつける。するとトランペットが鳴り響き、ベルベットとアーミン毛皮の衣装をまとった「黄金の木の騎士」を召し出す。一〇日の間は連日、異なる趣向の一騎打ちを呼び物とし、それぞれ二五人の騎士同士が戦うメレーで最終日を迎えた。掉尾（ちょうび）を飾る晩餐では、金糸織地をまとったこびとの女性が機械仕掛けのライオンに跨がって宴の場に登場し、公爵夫人となったマーガレットにその名と同じマーガレット（デイジー）の花を差し出すと、六〇フィートの機械仕掛けの鯨が引き入れられた。尾ひれを動かし口から音楽を奏でながら。

イングランドの「小春日和」

イングランドでは、印刷と翻訳を生業（なりわい）とするウィリアム・キャクストンが、ふたつの出版物を世に送り出して騎士道の復活に貢献した。二世紀前にラモン・ルルが書いた騎士のための手引き、『騎士団の書』の翻訳（一四八四年頃）と、サー・トーマス・マロリー作『アーサー王の死』（一四八五年）である。マロリーの「アーサー王伝説」は、フランスの物語（ロマンス）では脇役に退いてしまったアーサー王を中心的役割に復帰させた。聖杯伝説の神秘主義、長々しい宮廷風恋愛のくだり、そして風刺はマロリーのお気に召さなかった。マロリーは、キャクストンと同じく騎士道の時代を手放しの懐古の念をもって振り返っていたのだ。ふたりは、騎士道に対する見解をより近代的な感情であるナショナリズムに適合させ、キャクストンはイングランドの人々にフロアサールを読むよう勧めた。ランスロットとアーサーを髣髴させるエドワード三世と血気盛んな指揮官たちを魅力的に描いているからだ。翻訳は一五二三年、ジョン・バウチャー、つまりバーナーズ卿による。バーナーズ卿本人の説明によると、狙いは「イングランドの高貴な紳士諸君に……勇敢な祖先が成し遂げた偉業、伝説となった振る舞い、そして輝かしい功績の数々を」届けることにあった。

バーナーズ卿の翻訳は騎士道の熱心な実践者、ヘンリー八世の「勅命」だった。ヘンリー八世といえば、みずからの即位を壮麗な一騎打ちの馬上槍試合――自身がデザインを手がけた専用の鎧を身に着けてみずから参加した――を開催して祝福し、のちには神聖ローマ皇帝マキシミリアン（これまた愛好家の）と話をつけ、グリニッジにあるドイツ兵器廠で働かせるため鎧職人をドイツから呼び寄せている。槍試合のための常設の会場をウェストミンスター、グリニッジ、そしてハンプトンコートに維持したが、カレー近郊の「金襴の陣」でフランスのフランソワ一世と対面した一五二〇年、ヘンリーの馬上槍試合はクライマックスを迎える。ふたりは一騎打ちの槍試合をおこなった。フランソワの馬は金のふちどりのある紫のサテン地にカラスの羽を刺繍した馬具をつけ、ヘンリーの馬はダマスク織の房をつけた金糸織地の馬具をつけた。フランスの騎士たちは、銀地の布と紫のベルベットのダブレット、イングランド勢は金地の布とあずき色のベルベットに身を包んでいた。当時は火薬を詰めた小銃が取って代わっていた射手隊（アーチェリー）もまた、トーナメントの郷愁をそそる特徴のひとつだが、ヘンリー自身、「射手として見事な腕前」を披露した。即興で、レスリングがプログラムに加えられた。ある年代記作家によると、一騎打ちが何試合かおこなわれたあと、ふたりの王は「天蓋（てんがい）のなかへと退出して……酒をくみかわしていたが、そのうちイングランド王がフランス王の襟首をつかんで、『兄弟よ、一番手合わせを願いたい』と言った。そして一、二回、フォールした」という。すると、剛健でレスリングが強かったフランス王はブルターニュ式の投げ技で相手を地面に転がした……。イングランド王は取り組みを続けたがったが、ふたりの王は夕食の席に出なければならず、打ち切りになった……。

エリザベス一世の治世においても、趣向を凝らしたトーナメントは続いていたが、じっさいの槍試合は二の次で、仮面劇（マスク）や寓意そして乗馬術の披露が優先した。トーナメントはもはや騎士や郷紳（ジェントリー）という経歴にとって意味のないものとなっていた。騎士、郷神は古代ローマのエクイテス（騎士階級）を髣髴させる変遷の末支配階級となり、依然として軍務に携わってはいたが、突撃戦による戦闘は彼らの役まわりではなかった。サー・ハンフリー・ギルバート（一五三七年頃‐一五八三年）が「貴族とジェントルマンの若者」を訓練する目的でロンドンのさる学校のために構想した計画に記されていた騎士教育の内容が、そうした数々の変化を物語っている。ここで学ぶ若者は、ラテン語と文学、哲学、法学、現代史、演説、紋章学、そして宮廷での儀礼を習得すべきとされた。兵法は必修だが、学ぶべきは槍や剣の技ではなく、数学、工学、弾道学、そして軍事理論だった。

キャクストンとマロリーにとって、騎士道とは、廃れたけれども息を吹き返す実際的な行動様式だった。それから一〇〇年、騎士道はエドモンド・スペンサーの「神仙女王」（一五九〇年－一五九六年出版）のなかで色あせ、「あの古き時代／剣が正義の僕だった時代」の空想の記憶となった。スペンサーにインスピレーションを与えたもののひとつがイタリアの詩人アリオスト（一四七四年－一五三三年）だ。もっとも、アリオストの意図はスペンサーとはべつのところにあった。アリオストは、武勲詩（訳注・一一世紀フランスで生まれた作者不詳の叙事詩群。題材は主にフランク王国のカール大帝にまつわる英雄譚で、名誉、勇気、忠誠といった騎士の美徳を賛美した。代表的なものに「ローランの歌」がある）の叙事詩的な素材と架空の物語を組み合わせて一五、一六世紀に発展したイタリアの詩の流れを汲んでいる。マッテオ・ボイアルドの「恋するオルランド（訳注・イタリアの男性名でフランスのローランに当たる）」（一四八三年）は、カール大帝の伝説とアーサー王物語を混ぜ合わせた、英雄の活躍あり、魔法ありの陽気な愛の物語であるのに対して、アリオスト作「怒れるオルランド」は、大砲の「残酷な技術」が剣の輝きを失わせ、「戦士としての栄光が失われた」一六世紀の世界を舞台に、古い騎士道のきまりと宮廷風の愛に生きる騎士と貴婦人を風刺をきかせて描いている。武勲詩のローランは主君に忠誠を尽くす騎士の鑑（かがみ）だが、アリオストのオルランドは、貴婦人への愛のためにカール大帝を見放す。だが女性はサラセン人の歩兵と駆け落ちし、オルランドは気も狂わんばかりに憤慨する。

朽ち果てつつある騎士道に襲いかかるパロディ

風刺をこめて騎士道を描いた詩は、アリオストの先にもあとにもあった。一五世紀中頃の作者不詳の英語で書かれた韻文「トッテナムのトーナメント」と、それより少し早い時期のスイスの滑稽詩、ハインリッヒ・ヴィッテンヴァイラーの「指輪」はどちらも、宮廷の光景を茶化した舞台で、農民が馬上槍試合をおこなう。「トッテナムのトーナメント」では、村の若者たちが代官の娘ティブとの婚約をめぐって騒動を繰り広げ、「指輪」では、農民のベルツィ・トリーフナスが、背筋が曲がり、偏平足で、喉にこぶのある恋人メッツリ・ルエレンツンプフとの結婚を、村の緑地でおこなわれる馬上槍試合で祝福する。どちらの詩でも、競技者たちはロバや役馬（えきば）に跨がり、かごやボウル、バケツを兜（かぶと）に、箕（み）を盾に、レーキ、鍬（くわ）、殻竿（からざお）といった農具を武器に戦った。「貴婦人たち」が見守るなか、初めは几帳面にルールに従っていた田舎者たちは、不意に収拾のつかない乱闘状態に突入する。続く宴会は、酒が入っての大騒ぎで、全体の印象はトーナメントの慣行と宮廷風の愛の物語によく見られる展開のパロディだ。

騎士道の神秘性に剣突を食わせたのはルネサンスのヒューマニズムだけではない。プロテスタントの教義もまたすげなくはねつけた。エリザベス朝時代のモラリスト、ロジャー・アスカムは、中世をカトリック教義と重ね合わせ、騎士道文学を「暇を持て余している修道僧または、ふしだらな司祭たちの」創作物だとみなした。アスカムは「神の聖書が宮廷［から］消え、『アーサー王の死』が王子の部屋で受け入れられた」日を嘆いた。

朽ち果てつつある騎士道に、とくに壊滅的な一撃を与えたのは、職業軍人としての経験をもつ作家だった。ミゲル・デ・セルバンテスの『ドン・キホーテ』（一六〇五年）〔訳注・一六〇五年刊行は『ドン・キホーテ』前編。後編は一六一五年に刊行されている〕は、「最初の近代小説」と呼ばれてきた。騎士文学を読みすぎて、思考が混乱した痩身、憂い顔の老騎士は、錆びた鎧と厚紙の兜に身を包み、ぽんこつの愛馬に跨がって、田園地帯を駆け巡りながら、じっさいには「見目のよい田舎娘」にすぎない「貴婦人」の名において、ラバ追い、風車、羊の群れと戦う。幻覚と覚醒を延々と繰り返したあと、死の床で、「あらゆる俗悪な騎士物語……今の今まで私の苦悩の元だった、あの数々の愚かしい物語を二度と読まない」と誓った。そして、姪に宛てて「生涯一度も騎士物語を読んだことがないことが確かな男」としか結婚してはならないと遺書に書き記す。セルバンテスは、こう結んでいる。「私のたったひとつの目的は、誤った、愚かな騎士の物語に対する人々の軽蔑の念を喚起することだった。その名声は私のこの物語、真実の『ドン・キホーテ』によって揺らぎ、そして疑いなく、じきに跡形もなく消え失せるだろう。これにてさらば」。しかしながら、皮肉ではあるが温情の伝わるセルバンテスのみごとな筆致に、読者は、世界は狂気に満ち気高い老人は正気であると結論づけるかもしれない。

「純粋に生き、史実を語り、誠意をおこない、王に従え」

一八世紀に入ると騎士道をめぐってふたつの独自な思潮が登場する。合理主義の哲学者は、中世的なものはすべて野蛮、迷信、無知として見下した。しかし、保守的な学者のなかには、芸術を研究し、歴史を批判的に分析し、中世文学を編集する者がいた。最も有名なのがJ・B・ド・ラ・キュルヌ・ド・サント・パレ（一六九七年―一七八一年）で、叙任式やトーナメントの描写、騎士の行動規範に関する説明を含む『古代騎士の記』（一七五九年）にはギボン、サー・ウォルター・スコット、ロバート・サウジーなどヨーロッパの知識階級に甚大な影響を与えた。サント・パレの評論は顧みる人のなかったフロアサールの人気を復活させ、広く出回って翻訳された『トゥルバドゥール文学の歴史』（一七七四年）は図書館の書棚に不動の地位を確保した。現在、中世年代記、文学作品、各種文書の印刷版が多数使用されているが、その下地を整えたのは一八世紀の研究者であった。

しかし、中世騎士、その境遇、戦闘、鎧に対する高い関心の復活については、産業革命時代のイギリスが群を抜いていた。とりわけ大きな関心を集めたのが行動規範である。一八〇〇年代初頭、サー・ウォルター・スコットは『アイヴァンホー』をはじめとする小説や詩で、城と武者修行、そして騎士道の美徳の世界を描き出した。それは遠い過去の世界であり、その弱点を、一八一八年、エンサイクロペディア・ブリタニカに寄せた騎士道に関するエッセーでスコットは認めている[3]——狂信と迷信、「宮廷風の愛」の不道徳、度を過ごした騎士の冒険心。しかし、「それがよって立つ理論ほど、美しく、称賛に値するものはほかにはないだろう」。「ジェントルマン」の作法を生み出したのは、騎士道の最良の行動規範である。そんな行動規範の熱心な信者だったスコットは、パートナーだった出版社が倒産したとき、みずからも破産する道を拒絶し、負債を全額引き受け、ペンで返済するため残りの生涯を捧げたほどだった——じっさい負債はスコットの死後、印税によって完済された。

スコットに続く作家たちは騎士道をテーマに取り上げた。マロリーは、フロアサールと同様に長いこと忘れられていたが、新しい版で復活を遂げ、その新版に触発されたテニスンは『国王牧歌』で最高潮に達する一連の詩を書いた。テニスンの円卓の騎士たちは、次のように誓う。

異教徒をくじいてキリストを守ること
人間の過ちを正すために外つ国へと馬を走らせること

中傷は口にせず、耳を貸すことすら決してしないこと
神の言葉であるかのようにみずからの言葉を尊重すること
清らかなる純潔を守り善意溢れる暮らしをすること
ひとりの女性を愛しぬき忠実であること
そして気高い行いを長年続けることによりその人を崇拝すること
そうすればいずれ、その人を勝ち取るだろう……

騎士道の行動規範はテニスンによって次のようにしかつめらしく要約された――「純粋に生き、史実を語り、誠意をおこない、王に従え」と。

その他のヴィクトリア時代の作家、芸術家たちもこの桂冠詩人に従った。ラファエル前派の画家たちは、ガラハッド、ランスロット、アーサー王、そしてグィネヴィアに夢中になった。その熱情は建築に伝染して、城の復元のみならず「ゴシック」様式の大流行にも及び、銃眼付きの胸壁や塔が立ち並んでカントリーハウスに彩りを添え、イギリスの平和(パクス・ブリタニカ)と呼ばれるイギリス帝国主義の絶頂期を迎えたヴィクトリア時代の豊かな文物を一切合切囲いこんだ。鎧は屋根裏から降ろされて、古物商が繁盛した。アルバート王子をはじめ、ヴィクトリア時代の名士たちは、板金鎧を身に着けた姿で肖像画を描かせたり、騎士のように大理石の墓石に自分の像を彫らせたりした。何よりも少年たちに、学校で、スポーツの場で、円卓の

騎士たちが模範として勧められ、やがて（一九〇八年）ボーイスカウトが設立されたのだった。

ヴィクトリア時代の熱狂ぶりを最も印象深く物語っているのが、エグリントン・トーナメントである。一八三九年、若く裕福なトーリー党の貴族、エグリントン伯爵が企画し、ディズレーリも『エンディミオン』のなかで触れている。ロンドンの、サミュエル・プラットのショールームが、鎧、馬具、天蓋、盾、旗、槍、剣、そして中世の衣装を用意した。会場はイングランドとの国境に近いスコットランドのエアーシアにあるエグリントン卿の城。様式は古くさく、一七九七年の築城だ。後援者は、観客を保守党員（おびただしい数の貴族、準男爵、騎士、そして貴婦人が代表する）に制限する意向だったが、大群衆が集まった。海外からの招待客には、ナポレオン三世も名を連ねていた。

当日は日の出とともに朝焼けに染まったが、盛大な人の列が会場へ向かう頃、空には雲が広がり、雷鳴が轟いて、土砂降りの雨になった。雨傘が広げら

ダンテ・ゲイブリエル・ロセッティの作品に描かれた円卓の騎士ガラハッド。（テート・ブリテン、ロンドン）

れ、一行は泥のなかを進んだ。先頭を行くロンドンデリー卿、「廉潔にして雄々しき聖騎士（パラディン）」は大きな緑の傘の庇護（ひご）を受け、美の女王と女官たちは四頭立て馬車にその身を託して。騎士たちは、滑りやすい泥の海に浸かりながら果敢に槍試合をおこない、トーナメントは、四頭立て馬車が泥にはまり、間に合わせの建物がつぶれるなか、混沌のうちに幕を下ろした。エグリントン卿と招待客たちは天候の回復を辛抱強く待ち、トーナメントは二日後、陽光の下で再開された。頭に血がのぼり、カッとなったふたりの騎士に司法官が割って入った最後のメレーを除けば、一点の曇りもなかった。中世風に趣向を凝らした晩餐——騎士一人ひとりに紋章旗を持った小姓がついた——に続いて、中世の衣装に身なりを飾った舞踏会が開かれた。しかし、人々はこのトーナメントを泥のなかで演じられた大失態と受けとめ、その記憶は長らく消えなかった。「騎士たちは槍を放り投げ、傘を差し」とエドワード・フィッツジェラルドは書いている。そして傘を持った騎士は嘲笑のシンボルとなったのだった。

多くはローランで、ガラハッドを髣髴させる騎士は稀だった

エグリントンもテニスンも、やっていることはヘンリー八世やフランソワ一世、キャクストンやマロリーと変わらなかった。幻のような魅惑的な過去を呼び起こし、その過去の内に己の時代のための行動規範を見出そうとしたのだ。しかし眠りを呼び覚まされたその過去は、世紀が進んだだけでなく、西欧社会が途方もない変化を遂げて疎遠なものになっていた。エグリントンの精神はさまざまに形を変えて二〇世紀まで生き長らえ、騎士の行動規範は後世のエチケットの端々にその名残をとどめている。こうした表面的な遺物を残し、騎士道の時代は今はアリオストやセルバンテスのような作家の風刺が届かないところへ消えてしまった。

それでも生き残ったもっと厳粛なものがある。スコットが称賛した理想は今も依然として尊重されている。原因の一端は、少なくとも、中世の男たちの多くがその理想を生きる指針としたことにある。名誉、自己犠牲をいとわぬ奉公、正義への献身、そして神の平和が体現する戦争の野蛮に対する異議申し立てである。騎士道の行動規範を高く評価する一九世紀の中世評論家であり、イートン校で教鞭をとっていたジョンソン・コーリーは言っている――「バイヤールは最後の真正の騎士というより、最初の真正の騎士だった」と。卓見だ。だが騎士であることにおいて仮にバイヤールが実在する中世の騎士を凌駕していたとすれば、それは騎士自身が創り上げた理想としての騎士像に執着したからだった。

騎士道を構成する三つの要素、軍事、宮廷、そして宗教のうち、中世騎士が何よりも容易に実践できたのは軍事だった。武勲詩の英雄に範をとって忠臣と謳われ勇名を馳せた者は数多く、軽挙と慢心を騎士にならった者ははるかに多い。ふたつ目の、トゥルバドゥールの伝統の礼節と自由もまた、騎士の生活様式に広く受け入れられた。ただし女性に対する振る舞いは、実のところ、理想には程遠いことがしばしばだった。最もないがしろにされたのが、騎士の行動規範に謳われ、アーサー王の物語で称賛を浴びる三つ目の美徳である。騎士たちは利益のために戦い、無慈悲な殺戮に手を染め、本来なら庇護すべき者を相手に強奪をはたらき、敬意を払うべき相手を陵辱した。
中世騎士は多くはローランで、ガラハッドを髣髴させる騎士は稀だったのである。

原注
(1) 二〇世紀初頭のあるイギリスの古書研究家は、「ジェントルマン」という言葉の最古の使用例が一四一三年にあることを発見したと報告している。スタッフォードのロバート・エルデスワイクという男が、住居侵入、殺人未遂と傷害、殺人教唆のかどで起訴され、抗弁に際して、自身について「ジェントルマン」と言及した。
(2) この実話小説に、「著名な騎士で、賢明で裕福だった、ジャン・エルフィ卿」としてファストルフが登場する。ベッドフォード公とジャンヌ・ダルクの戦友「ラ・イル」も登場する。
(3) スコットの記事は一八一五年から二〇年に出版された『第六版への補遺』の分冊の一冊に掲載されている。

訳者あとがき

本書は、Frances Gies, *The Knight in History* (HarperCollins Publishers, New York, 1985) の日本語訳である。

騎士といえば、板金の甲冑（かっちゅう）に身を包み、騎馬で突進する姿をまず思い浮かべる方も多いかもしれないが、そのタイプの鎧（よろい）が作られるようになるのは、後年のことであった。騎士の黎明期とされる九世紀、一〇世紀には、ずっと素朴な、言葉を換えれば野蛮な存在だった。それが下級貴族の一員となり、戦闘に携わる者としての地位を得て、キリスト教とのつながりを密接にしながら、社会の中での地位を確立していく。貴族の館での見習い修行、騎士叙任の儀式や臣従の礼によって、選ばれた存在としての階級意識を育み、十字軍への参加や宗教騎士団への入団を経験すると、宗教上の特権を得てさらに自尊心を高めた。また遠征や遠方の騎士との交流を通じて見聞を広めることにもなった。やがて戦争や軍組織の変遷に伴い過去の遺物となる一方、伝説や物語として理想の騎士像は広く世の中に流布し、その行動規範の一部はマナーやエチケットに姿を変えて、現代に伝えられている。本書はそうした流れを、時代を追ってたどる。

伝記や資料から経歴をたどることのできる三人の著名な騎士――騎士全盛期に活躍したウィリアム・マーシャル、一四世紀のブルターニュの戦士ベルトラン・デュ・ゲクラン、百年戦争の時代に中産階級からのし上がったジョン・ファストルフ――については、それぞれ時代を代表する騎士として章を割き、人となりに触れながらその生涯を追うことで、政治、軍事、経済が時代とともに変わる中で、変貌を遂げてきた騎士の姿を描く。

また、戦闘とは一線を画する分野で活躍した騎士についても、本書では取り上げる。一二世紀に活躍したトゥルバドゥールをはじめとする詩人たちである。文中に引用した彼らの詩は、プロヴァンス語（南フランスの地方言語）などで作られたものだが、日本語訳は英語訳から訳したものである。訳出にあたっては、一行に含まれる自立語を、極力変えないことに重きを置いて作成した。日本語の詩として拙い点を指摘されれば否定できず、ご容赦いただくしかないが、豊かな貴族社会の文明のなか、詩作で生計を立てていた詩人たちの作品の一端を紹介するものとして、読んでいただければ幸いである。また、これら韻文の本来の姿――読むのではなく歌う――として、古楽器の演奏に合わせて歌う音源も入手できるので、関心のある方は是非、そうしたところから原語の韻律、雰囲気を感じていただければと思う。

著者フランシス・ギースはアメリカの中世研究家であり、著書ならびに夫のジョゼフ・ギースとの共著書は、中世の社会を読み解く作品として定評がある。当講談社学術文庫にも五冊の既刊がある。本書はフランシス単独の著作だが、英語版の献辞によると、ベルトラン・デュ・ゲクランについての第七章は、夫のジョゼフ・ギースが筆を執り、写真撮影や編集作業にもかかわっていたことがうかがえる。フランシスは一九一五年生まれ、二〇〇六年に夫ジョゼフに先立たれてからは、家族との時間を楽しむ日々を過ごし、SNSや人気のファンタジー作品など新しいものにも旺盛な好奇心を示していたというが、二〇一三年、九八年の人生の幕を閉じた。

翻訳に際して、主に参考にさせていただいた書籍を以下に記しておく。

ジョルジュ・デュビィ『ヨーロッパの中世　芸術と社会』池田健二訳、一九九五年、藤原書店

アンドレア・ホプキンズ『図説　西洋騎士道大全』松田英、都留久夫、山口恵里子訳、二〇〇五年、東洋書林

新人物往来社編『十字軍全史』ビジュアル選書、二〇一一年、新人物往来社

須田武郎『騎士団』二〇〇七年、新紀元社

『フランス中世文学集1〜4』新倉俊一、他訳、一九九〇年他、白水社

エズラ・パウンド『エズラ・パウンド長詩集成』城戸朱理訳編、二〇〇六年、思潮社

Literary Essays of Ezra Pound, 1968, A New Directions Book

Ezra Pound, *Translations*, 1963, A New Directions Paperbook
Richard Barker, *The Reign of Chivalry*, 1980, The Boydell Press

最後になるが、訳者の脱稿を長らくお待ちいただいた講談社学術図書編集チームの梶慎一郎氏に御礼を申し上げたい。本書を紹介してくださった企画ＪＩＮの清水栄一氏には、辛抱強く日本語訳の推敲にお付き合いいただき、また随時、貴重なご意見、ご指摘をいただいた。氏の力なくしては、この日本語訳は生まれなかったであろう。ここに心からの感謝の意を表したい。

二〇一七年三月

椎野　淳

フランシス・ギース（Frances Gies）

1915―2013年。アメリカの歴史著作家。ジョゼフ・ギース（1916―2006）とともに，中世史に関する著作多数。共著に『中世ヨーロッパの都市の生活』『大聖堂・製鉄・水車』『中世ヨーロッパの家族』など。

椎野　淳（しいの　じゅん）

1982年，上智大学外国語学部英語学科卒業。ユニカレッジにて翻訳を学ぶ。訳書にR・マクリーン『統合失調症ぼくの手記』ほか。

講談社学術文庫

定価はカバーに表示してあります。

中世（ちゅうせい）ヨーロッパの騎士（きし）

フランシス・ギース

椎野（しいの）淳（じゅん）訳

2017年5月11日　第1刷発行

発行者　鈴木　哲
発行所　株式会社講談社
東京都文京区音羽 2-12-21 〒112-8001
電話　編集（03）5395-3512
販売（03）5395-4415
業務（03）5395-3615
装　幀　蟹江征治
印　刷　株式会社廣済堂
製　本　株式会社国宝社
本文データ制作　講談社デジタル製作

ISBN978-4-06-292428-3

「講談社学術文庫」の刊行に当たって

これは、学術をポケットに入れることをモットーとして生まれた文庫である。学術は少年の心を養い、成年の心を満たす。その学術がポケットにはいる形で、万人のものになることは、生涯教育をうたう現代の理想である。

こうした考え方は、学術を巨大な城のように見る世間の常識に反するかもしれない。また、一部の人たちからは、学術の権威をおとすものと非難されるかもしれない。しかし、それはいずれも学術の新しい在り方を解しないものといわざるをえない。

学術は、まず魔術への挑戦から始まった。やがて、いわゆる常識をつぎつぎに改めていった。学術の権威は、幾百年、幾千年にわたる、苦しい戦いの成果である。こうしてきずきあげられた城が、一見して近づきがたいものにうつるのは、そのためである。しかし、学術の権威を、その形の上だけで判断してはならない。その生成のあとをかえりみれば、その根は常に人々の生活の中にあった。学術が大きな力たりうるのはそのためであって、生活をはなれた学術は、どこにもない。

開かれた社会といわれる現代にとって、これはまったく自明である。生活と学術との間に、もし距離があるとすれば、何をおいてもこれを埋めねばならない。もしこの距離が形の上の迷信からきているとすれば、その迷信をうち破らねばならぬ。

学術文庫は、内外の迷信を打破し、学術のために新しい天地をひらく意図をもって生まれた。文庫という小さい形と、学術という壮大な城とが、完全に両立するためには、なおいくらかの時を必要とするであろう。しかし、学術をポケットにした社会が、人間の生活にとってより豊かな社会であることは、たしかである。そうした社会の実現のために、文庫の世界に新しいジャンルを加えることができれば幸いである。

一九七六年六月　　　野間省一